高职高专财经类系列教材

审计基础与实务项目化教程

主编　黄子明　王媚莎

经 济 科 学 出 版 社

图书在版编目（CIP）数据

审计基础与实务项目化教程 / 黄子明，王媚莎主编. 一北京：经济科学出版社，2011.12
ISBN 978-7-5141-1431-7

Ⅰ.①审… Ⅱ.①黄… ②王… Ⅲ.①审计学一高等职业教育一教材 Ⅳ.①F239.0

中国版本图书馆CIP数据核字（2011）第269166号

责任编辑：周胜婷　张萌
责任校对：王凡娥
技术编辑：王世伟

审计基础与实务项目化教程
主编　黄子明　王媚莎
经济科学出版社出版、发行　新华书店经销
社址：北京市海淀区阜成路甲28号　邮编：100142
总编部电话：88191217　发行部电话：88191104
网址：www.esp.com.cn
电子邮件：esp@esp.com.cn
北京中石油彩色印刷有限责任公司印刷
787×1092　16开　16.75印张　400000字
2011年12月第1版　2011年12月第1次印刷
ISBN 978-7-5141-1431-7　定价：33.00元
（图书出现印装问题，本社负责调换）

前　言

审计课程是会计、审计及相关专业的重要的专业课程。本教材适合高职高专管理类专业审计课程的教学。

本教材的主要特点是：

第一，以注册会计师财务报表审计为主线。财务报表审计是我国会计师事务所日常工作中最常见、最频繁的业务，本教材紧紧围绕财务报表审计展开，突出常用财务报表项目的审计实务操作。力求体现以学生实践能力为主、理论够用为度、理实一体的高职高专教育要求。

第二，在教学内容的选取上，根据高职高专学生就业的典型工作岗位以及财务报表审计的实际工作过程来选取教学内容。主要是依据完成审计助理岗位工作任务对知识和技能的要求，同时考虑一般的课程教学课时的安排，难度适中，详略得当，深浅适度，重视理论与实际的结合。在内容结构上，分为审计基础（项目一）和财务报表审计实务（项目二至项目五）两大部分。重点出学生职业能力和实践能力的培养。

第三，按审计项目安排教学内容。现阶段财务报表审计的程序主要包括：风险评估、控制测试和实质性程序程序。考虑到高职高专学生的现状及工作后的适用性，教材重点突出实质性程序的应用。根据审计实际工作过程设计项目和学习任务，按照“基础适度，培养技能”的原则，在财务报表审计实务部分，按实质性程序的重点项目以及课程的课时安排组织教学内容，不贪大求全，对一些非主要内容或减或删。

第四，注重审计案例分析，培养学生的职业判断能力。审计的精髓在于立足职业道德之上的职业判断。审计不是一个机械的执行审计程序的过程，必须运用大量的职业判断。本教材财务报表审计实务部分每个项目（任务）都安排了“审计工作要点和案例分析”的内容，以便于采用案例教学法，加强对学生风险审计理念、职业怀疑意识、职业判断能力的培养和训练。

第五，突出审计工作底稿填写的操作性。教材参阅了若干会计师事务所的工作底稿，采用注册会计师在执业过程中所使用的工作底稿模板，在任务设计中大量使用审计工作底稿，通过填写部分常用审计工作底稿，进一步加深对各种审计程序的理解和掌握，让学生掌握审计工作的基本操作流程和操作要领。学会从实施审计程序、收集审计证据到形成审计工作底稿全过程的操作技能。审计工作底稿中提供了实质性程序库，在实际工作中，应有针对性地在选择实质性程序并确定拟实施审计程序的时间和范围。

第六，结合注册会计师审计准则体系的最新变化。2010年11月，财政部[2010]第21号文件发布了中国注册会计师协会新修订的38项审计准则，从2010年1月1日起实施。本教材力求体现审计准则体系的新变化，并且在今后的教学实践中深入领会和贯彻新准则的要求。

为了突出对学生实际操作能力的培养，本教材配套的实训教材——《审计基础与实务项目化实训》目前正在内部试用阶段，预计2012年底出版。该配套教材结合本教材每个项目（任务）的教学，让学生进行能力训练，边教边学边做，使教、学、做一体化。

本教材在编写过程中，参考了一些相关的教材和资料，得到了有关单位和专家的指导和帮助。在此，衷心感谢湖南恒信弘正会计师事务所郴州分所、湖南省电力公司东江水电发电厂、广东华必信会计师事务所的支持、指导和帮助！由于时间和水平有限，本教材难免有疏漏及不妥之处，恳请使用者提出宝贵意见。

编者

2012年1月

目　　录

项目一　审计基础

任务1　审计职业认知

一、审计的概念

审计是由独立的专门机构或人员接受委托或根据授权对国家行政、事业单位和企业单位及其他经济组织的会计报表和其他资料及其所反映的经济活动，进行审计并发表意见。

1．审计的主体。

审计的主体是专门机构或人员。具体包括：国家审计机关、内部审计机构和民间审计机构（又称社会审计组织，即会计师事务所）。

2．审计的对象。

审计对象是指审计的客体，即审计监督的内容和范围的概括。

3．审计的性质。

审计的性质即独立性的经济监督活动。

二、审计的职能作用和特征

（一）审计的职能作用

1．经济监督职能。这是审计的基本职能。无论政府审计、内部审计与民间审计都在履行审计的这一基本职能。

2．经济鉴证职能。

3．经济评价职能。

（二）审计的特征

1．独立性。独立性是审计的本质特征。审计的独立性主要表现为组织（机构）的独立、人员的独立、经济的独立、工作的独立。

2．权威性。审计的权威性与审计的独立性密不可分。

3．公正性。审计的公正性与审计的独立性密不可分，与审计的权威性也密切相关。没有独立性，就没有公正性，也就没有权威性。审计的公正性是指审计人员站在第三者的立场进行客观的审查和公平合理的判断，最终得出公正的结论。

独立一般是指不依外力以及不受外界约束。独立性的要求是审计内在的客观需要。没有独立性便不能成为审计。这是因为，审计的独立性是审计结果客观、公正的必要条件。审计意见之所以具有权威性，能够被社会承认，就在于它的客观、公正。如果审计丧失了独立性，审计意见就失去了客观、公正的前提，得不到人们的信任，审计也就没有了存在的可能。

审计监督体系中，独立性最强的是注册会计师审计。它既独立于被审计单位，又独立于审计委托者。

三、审计的组织体系

审计的组织体系又称审计监督体系。审计按不同主体划分为以下三类：

1. 政府审计（又称国家审计）。

2. 注册会计师审计（又称民间审计、独立审计、社会审计）。

3. 内部审计。

由这三种审计形式相应地形成了三类审计组织机构，共同构成了审计监督体系。三种审计形式各有特点，相互联系又相互区别，它们不可互相替代，不存在主导和从属关系。

（一）政府审计

政府审计（又称国家审计）是由政府审计机关依法进行的审计。政府审计主要监督、检查各级政府及其部门的财政收支及公共资金的收支、运用情况。

我国的最高国家审计机关是中华人民共和国审计署，设置在国务院，在国务院总理的领导下主管全国的审计工作，县级以上的地方各级人民政府设立审计机关。

（二）注册会计师审计

注册会计师审计（又称民间审计、独立审计、社会审计）是由经政府有关部门审核批准的注册会计师组成的会计师事务所进行的审计。

注册会计师审计是伴随着商品经济的发展而产生和发展起来的；它是企业经营权与所有权分离、资本市场发展的必然产物，是市场经济条件下社会经济监督机制的主要表现形式。

1. 注册会计师审计的起源。

注册会计师审计起源于16世纪的意大利合伙企业制度，形成于英国股份企业制度，发展和完善于美国的资本市场，是伴随着商品经济的发展而产生和发展起来的。

2. 注册会计师的管理。

注册会计师是依法取得注册会计师证书并接受委托从事审计和会计咨询、会计服务等业务的执业人员。我国实行注册会计师全国统一考试制度。有规定学历或者相应技术职称的中国公民可以申请参加考试。考试成绩合格，从事审计工作两年以上，并符合相关条件者，可以向省级注册会计师协会申请注册。

我国的注册会计师审计实行法人审计制度，注册会计师不能以个人名义承办业务。注册会计师执行业务，应当加入会计师事务所。会计师事务所是依法设立并承办注册会计师业务的机构。目前我国会计师事务所的组织形式有合伙制和有限责任公司制两种。注册会计师和会计师事务所依法独立、公正执业，受法律保护。

3. 注册会计师业务范围。

根据《中华人民共和国注册会计师法》的规定，注册会计师依法承办审计业务和会计咨询、会计服务业务。具体有：审计业务（属于法定业务，包括：审查企业财务报表；验证企业资本；办理企业合并、分立、清算及其他事宜中的审计业务）；审阅业务；其他鉴证业务。相关服务（包括：对财务信息执行商定程序；代编财务信息；税务服务；管理咨询；会计服务）。

4. 注册会计师审计的主要特征。

（1）独立性。会计师事务所及其审计人员既要独立于被审计人，也要独立于审计委托人（即双向独立）。会计师事务所不附属于任何机构，自收自支，独立核算，自负盈亏、依法纳税，因此在业务上具有较强的独立性、客观性和公正性。

（2）受托性。会计师事务所及其审计人员只有接受客户的书面委托才能实施约定的审计业务，不可强制审计；且审计内容依审计业务约定书而定。如果审计业务约定书没有说明，就不属于应审计的内容。

（3）有偿性。会计师事务所及其审计人员提供了合格的约定审计服务后，应当根据约定向客户收取审计费用。

（4）审计报告没有行政强制力，只具有证明效力。注册会计师审计结论为以审计报告形式表达的审计意见。注册会计师对审计过程中发现需要调整和披露的事项，只能提请被审计单位调整和披露，没有行政强制力。

（三）内部审计

内部审计是由各部门、各单位内部设置的专门机构或人员实施的审计。内部审计主要监督检查本部门、本单位的财务收支和经营管理活动。

审计监督体系中，独立性最强的是注册会计师审计。它既独立于被审计单位，又独立于审计委托者。相对于外部审计而言，内部审计的独立性较弱。

（四）注册会计师审计、政府审计、内部审计之间的关系

1. 相互联系的方面。

（1）三者都属于审计监督体系的组成部分；具备审计的基本特征。

（2）政府审计和注册会计师审计都属于外部审计。

（3）政府审计、注册会计师审计可以利用内部审计的工作成果。

（4）凡依法属于审计机关审计监督对象的单位，其内部审计工作应当接受审计机关的业务指导和监督；国家审计机关有权对社会审计机构出具的相关审计报告进行核查。

2. 相互区别的方面。如下表所示。

序号		政府审计	注册会计师审计	内部审计
1	审计的独立性	属于政府行政机关；单向独立，独立性较强	双向独立、独立性强	相对独立、独立性较弱
2	审计的方式	强制审计、无偿	受托审计、有偿	本单位、部门自行安排
3	审计的对象	各级政府及其部门，国有资产、资金	所有营利、非营利单位	本单位、本部门经济活动

续表

序号		政府审计	注册会计师审计	内部审计
4	履行职责的法律法规依据	《中华人民共和国宪法》、《审计法》	《中华人民共和国注册会计师法》	《审计法》、《关于内部审计工作的规定》
5	审计准则	《国家审计准则》	《注册会计师执业准则》	《内部审计准则》
6	发现问题的处理方式	依法处理、处罚；责令改正，强制执行	以审计报告形式发表审计意见。具有证明效力，没有行政强制力	为本单位、部门改进经营管理提出意见、建议，发挥助手参谋作用

【资料链接】

1．注册会计师审计产生的“催产剂”——“南海公司事件”。1721年英国的“南海公司事件”是注册会计师审计产生的“催产剂”，南海公司是一家公开募集资本的公司，其以虚假的会计信息诱骗投资人上当，其股票价格一时扶摇直上。由于管理不善，经济效益差，南海公司最终未能逃脱破产倒闭的厄运，使股东和债权人损失惨重。“南海公司事件”导致英国金融市场和资本市场动荡不安。为查清事件真相，给受害人一个交代，英国议会聘请会计师查尔斯·斯耐尔对南海公司进行审计。斯耐尔以“会计师”名义提出了“查账报告书”。由此宣告了注册会计师的诞生。

2．“四大”会计师事务所。“四大”（Big4）是国际四大会计师行的简称。全球原有八大会计师行，经多次合并重组，形成著名的会计业五巨头，即安达信、普华永道、毕马威、德勤、安永。2001年，安然事件导致安达信宣告破产，由此形成如今的“四大”格局。“四大”以会计业起家，同时在金融、管理、信息系统等多个领域开展咨询业务。

学习资源查阅：

《中华人民共和国注册会计师法》。
《中华人民共和国审计法》
《审计署关于内部审计的规定》

任务2　审计职业规范

一、注册会计师审计执业准则体系

（一）注册会计师执业准则制定历程

执业准则作为规范注册会计师执行业务的权威性标准，对提高注册会计师执业质量、降低执业风险、维护社会公众利益具有重要的作用，其建设经历了三个阶段。

1．起步阶段（1980～1993年）。

1980年注册会计师行业恢复重建后不久，针对当时的审计验资业务，启动了有关标准制定工作，并陆续出台了相关执业规定。随着中国注册会计师协会（以下简称“中注协”）的成立，专业标准建设工作得到了高度重视，进入了快速发展时期。中注协设立了专业标准部，负责专业标准的研究制定工作。1991～1993年，先后发布了《注册会计师检查检验会计报表规则（试行）》等7个执业规则。这些执业规则对我国注册会计行业走向正规化和专业化起到了积极作用。

2．制定准则阶段（1994～2004年）。

1993年10月31日，第八届全国人民代表大会常务委员会第四次会议通过《注册会计师法》，赋予中注协依法拟订执业准则、规则的职能。经财政部批准同意，中注协自1994年5月开始起草独立审计准则。到2004年，中注协先后分6批制定了独立审计准则，共计发布41个项目，基本建立起我国审计准则体系框架。

3．国际趋同阶段　（2005年至今）。

审计环境的变化和公司财务舞弊事件的发生，以及国际审计准则的大规模修改，迫切要求我们大力改进审计准则，增加审计的有效性，防范和化解审计风险，维护市场经济稳定有序运行。在此背景下，财政部于2005年年初提出了我国会计审计准则国际趋同和中国会计审计准则体系建设的目标。根据这一目标，遵循科学、民主、透明和公开的制定程序，2006年2月15日，包括48项审计准则的新审计准则体系正式发布，审计准则体系实现了国际趋同的历史性突破。

为了规范注册会计师的执业行为，提高执业质量，维护社会公众利益，促进社会主义市场经济的健康发展，2009年，根据国际审计准则明细项目，启动了审计准则的修订。2010年11月1日，财政部发出《关于印发〈中国注册会计师审计准则第1101号——注册会计师的总体目标和审计工作的基本要求〉等38项准则的通知》（财会〔2010〕21号），批准并发布了中国注册会计师协会修订的38项准则，于2012年1月1日实施。同时《中国注册会计师审计准则第1101号——财务报表审计的目标和一般原则》（财会〔2006〕4号）等35项准则同时废止，另有其中未被废止的13项准则仍继续执行。

注册会计师执业准则体系的建立，为行业管理提供了新的基准，为行业执业质量检查程序和标准的制定，以及注册会计师考试和培训的设计及实施等，提供了技术依据和标准支持。

（二）注册会计师执业准则

中国注册会计师执业准则受注册会计师职业道德守则统率，包括注册会计师业务准则和会计师事务所质量控制准则。

1．注册会计师业务准则。包括：

（1）鉴证业务准则（48 项）。由《中国注册会计师鉴证业务基本准则》统领、按照鉴证业务提供的保证程度和鉴证对象的不同，分为：中国注册会计师审计准则（44 项）；中国注册会计师审阅准则（1 项）；中国注册会计师其他鉴证业务准则（2 项）。

（2）相关服务准则（2 项）。

在注册会计师执业准则体系中，审计准则是整个执业准则体系的核心。审计准则也称为审计标准，是注册会计师在执行审计业务过程中应当遵循的行为准则，是衡量审计工作质量的权威性标准。审计准则规定了审计工作应遵循的程序和规则，是审计专业行为的指南和规范。注册会计师应当遵守与审计工作相关的所有审计准则，按照审计准则和相关职业道德要求执行审计工作。

2．会计师事务所质量控制准则。

二、注册会计师职业道德守则

注册会计师的职业道德，是指注册会计师职业品德、职业纪律、专业胜任能力及职业责任的总称，是注册会计师在执业过程中应遵循的行为标准。注册会计师应当维护职业声誉，树立良好的职业形象。

注册会计师行业是诚信行业，整个社会对行业从业人员的职业精神、职业技能、职业纪律和职业作风的期望很高。遵循注册会计师的职业道德规范，是注册会计师维护行业形象、取信于社会公众的基础。注册会计师应当遵守职业道德准则，履行相应的社会责任，维护社会公众利益。

1992年9月，中国注册会计师协会发布《中国注册会计师职业道德守则（试行）》；1996年12月，中国注册会计师协会发布《中国注册会计师职业道德基本准则》；2002年，发布《中国注册会计师职业道德规范指导意见》，在规范和提升注册会计师行业道德诚信方面发挥了积极作用。

为了规范中国注册会计师协会会员的职业行为，进一步提高职业道德水平，维护职业形象，2009年10月，中国注册会计师协会发布了《中国注册会计师职业道德守则》，于2010年7月1日起施行。

《中国注册会计师职业道德守则》具体包括：

《中国注册会计师职业道德守则第1号——职业道德基本原则》

《中国注册会计师职业道德守则第2号——职业道德概念框架》

《中国注册会计师职业道德守则第3号——提供专业服务的具体要求》

《中国注册会计师职业道德守则第4号——审计和审阅业务对独立性的要求》

《中国注册会计师职业道德守则第5号——其他鉴证业务对独立性的要求》

（一）注册会计师职业道德基本原则

1．诚信原则。

注册会计师应当在所有的职业活动中，保持正直，诚实守信。注册会计师如果认为业务报告、申报资料或其他信息存在含有严重虚假或误导性的陈述；含有缺少充分依据的陈述或信息；存在遗漏或含糊其辞的信息，则不得与这些有问题的信息发生牵连。如果注意到已与有问题的信息发生牵连，应当采取措施消除牵连。

2．客观和公正原则。

注册会计师应当公正处事、实事求是，不得由于偏见、利益冲突或他人的不当影响而损害自己的职业判断。如果存在导致职业判断出现偏差，或对职业判断产生不当影响的情形，注册会计师不得提供相关专业服务。

3．独立性原则。

注册会计师执行审计和审阅业务以及其他鉴证业务时，应当从实质上和形式上保持独立性，不得因任何利害关系影响其客观性。会计师事务所在承办审计和审阅业务以及其他鉴证业务时，应当从整体层面和具体业务层面采取措施，以保持会计师事务所和项目组的独立性。

4．专业胜任能力和保持应有的关注。

注册会计师应当通过教育、培训和执业实践获取和保持专业胜任能力。注册会计师应当持续了解并掌握当前法律、技术和实务的发展变化，将专业知识和技能始终保持在应有的水平，确保为客户提供具有专业水准的服务。在应用专业知识和技能时，注册会计师应当合理运用职业判断。

注册会计师应当保持应有的关注，遵守执业准则和职业道德规范的要求，勤勉尽责，认真、全面、及时地完成工作任务。

5．保密的原则。

注册会计师应当对职业活动中获知的涉密信息保密；应当对拟接受的客户或拟受雇的工作单位向其披露的涉密信息保密；应当对所在会计师事务所的涉密信息保密。应当在社会交往中履行保密义务，警惕无意中泄密的可能性，特别是警惕无意中向近亲属或关系密切的人员泄密的可能性。在终止与客户的关系后，注册会计师应当对以前在职业活动中获知的涉密信息保密。

6．维护职业声誉，树立良好的职业形象。

注册会计师应当遵守相关法律法规，避免发生任何损害职业声誉的行为。在向公众传递信息以及推介自己和工作时，应当客观、真实、得体，诚实、实事求是，不得损害职业形象。不得夸大宣传提供的服务、拥有的资质或获得的经验；贬低或无根据地比较其他注册会计师的工作。

（二）职业道德概念框架

1．职业道德概念框架是指解决职业道德问题的思路和方法，用以指导注册会计师：（1）识别对职业道德基本原则的不利影响；（2）评价不利影响的严重程度；（3）必要时采取防范措施消除不利影响或将其降低至可接受的水平。

在运用职业道德概念框架时，注册会计师应当运用职业判断。如果发现存在可能违反职业道德基本原则的情形，注册会计师应当评价其对职业道德基本原则的不利影响。

在评价不利影响的严重程度时，注册会计师应当从性质和数量两个方面予以考虑。

如果认为对职业道德基本原则的不利影响超出可接受的水平，注册会计师应当确定是否能够采取防范措施消除不利影响或将其降低至可接受的水平。

2．可能对遵循职业道德基本原则产生不利影响的因素。

注册会计师对职业道德基本原则的遵循可能受到多种因素的不利影响。可能对遵循职业道德基本原则产生不利影响的因素包括：自身利益、自我评价、过度推介、密切关系和外在压力。

（1）自身利益导致不利影响的情形。主要包括以下各项：

①鉴证业务项目组成员在鉴证客户中拥有直接经济利益；

②会计师事务所的收入过分依赖某一客户；

③鉴证业务项目组成员与鉴证客户存在重要且密切的商业关系；

④会计师事务所担心可能失去某一重要客户；

⑤鉴证业务项目组成员正在与鉴证客户协商受雇于该客户；

⑥会计师事务所与客户就鉴证业务达成或有收费的协议；

⑦注册会计师在评价所在会计师事务所以往提供的专业服务时，发现了重大错误。

（2）自我评价导致不利影响的情形。主要包括以下各项：

①会计师事务所在对客户提供财务系统的设计或操作服务后，又对系统的运行有效性出具鉴证报告；

②会计师事务所为客户编制原始数据，这些数据构成鉴证业务的对象；

③鉴证业务项目组成员担任或最近曾经担任客户的董事或高级管理人员；

④鉴证业务项目组成员目前或最近曾受雇于客户，并且所处职位能够对鉴证对象施加重大影响；

⑤会计师事务所为鉴证客户提供直接影响鉴证对象信息的其他服务。

（3）过度推介导致不利影响的情形。主要包括以下各项：

①会计师事务所推介审计客户的股份；

②在审计客户与第三方发生诉讼或纠纷时，注册会计师担任该客户的辩护人。

（4）密切关系导致不利影响的情形。主要包括以下各项：

①项目组成员的近亲属担任客户的董事或高级管理人员；

②项目组成员的近亲属是客户的员工，其所处职位能够对业务对象施加重大影响；

③客户的董事、高级管理人员或所处职位能够对业务对象施加重大影响的员工，最近曾担任会计师事务所的项目合伙人；

④注册会计师接受客户的礼品或款待；

⑤会计师事务所的合伙人或高级员工与鉴证客户存在长期业务关系。

（5）外在压力导致不利影响的情形。主要包括以下各项：

①会计师事务所受到客户解除业务关系的威胁；

②审计客户表示，如果会计师事务所不同意对某项交易的会计处理，则不再委托其承办拟议中的非鉴证业务；

③客户威胁将起诉会计师事务所；

④会计师事务所受到降低收费的影响而不恰当地缩小工作范围；

⑤由于客户员工对所讨论的事项更具有专长，注册会计师面临服从其判断的压力；

⑥会计师事务所合伙人告知注册会计师，除非同意审计客户不恰当的会计处理，否则将影响晋升。

3．应对不利影响的防范措施。

注册会计师应当运用判断，确定如何应对超出可接受水平的不利影响，包括采取防范措施消除不利影响或将其降低至可接受的水平，或者终止业务约定或拒绝接受业务委托。

在运用判断时，注册会计师应当考虑：一个理性且掌握充分信息的第三方，在权衡注册会计师当时可获得的所有具体事实和情况后，是否很可能认为这些防范措施能够消除不利影响或将其降低至可接受的水平，以使职业道德基本原则不受损害。

（1）法律法规和职业规范规定的防范措施、主要包括以下各项：

①取得注册会计师资格必需的教育、培训和经验要求；

②持续的职业发展要求；

③公司治理方面的规定；

④执业准则和职业道德规范的要求；

⑤监管机构或注册会计师协会的监控和惩戒程序；

⑥由依法授权的第三方对注册会计师编制的业务报告、申报资料或其他信息进行外部复核。

（2）在具体工作中采取的防范措施。包括会计师事务所层面的防范措施和具体业务层面的防范措施。

会计师事务所层面的防范措施主要包括以下各项：

①领导层强调遵循职业道德基本原则的重要性。

②领导层强调鉴证业务项目组成员应当维护公众利益。

③制定有关政策和程序，实施项目质量控制，监督业务。

④制定有关政策和程序，实施项目质量控制，监督业务质量。

⑤制定有关政策和程序，识别对职业道德基本原则的不利影响，评价不利影响的严重程度，采取防范措施消除不利影响或将其降低至可接受的水平。

⑥制定有关政策和程序，确保遵循职业道德基本原则。

⑦制定有关政策和程序，识别会计师事务所或项目组成员与客户之间的利益或关系。

⑧制定有关政策和程序，监控对某一客户收费的依赖程度。

⑨制定有关政策和程序，防止项目组以外的人员对业务结果施加不当影响。

⑩及时向所有合伙人和专业人员传达会计师事务所的政策和程序及其变化情况，并就这些政策和程序进行适当的培训。

⑪制定高级管理人员负责监督质量控制系统是否有效运行；向合伙人和专业人员提供鉴证客户及其关联实体的名单，并要求合伙人和专业人员与之保持独立；制定有关政策和程序，鼓励员工就遵循职业道德基本原则方面的问题与领导层沟通；建立惩戒机制，保障相关政策和程序得到遵守。

（3）具体业务层面的防范措施。主要包括以下各项：

①对已执行的非鉴证业务，由未参与该业务的注册会计师进行复核，或在必要时提供建议；

②对已执行的鉴证业务，由鉴证业务项目组以外的注册会计师进行复核，或在必要时提供建议；

③向客户审计委员会、监管机构或注册会计师协会咨询；

④与客户治理层讨论有关的职业道德问题；

⑤向客户治理层说明提供服务的性质和收费的范围；

⑥由其他会计师事务所执行或重新执行部分业务；

⑦轮换鉴证业务项目组合伙人和高级员工。

（三）审计和审阅业务对独立性的要求

注册会计师在执行审计（审阅）业务时应当遵守独立性要求。客观和公正原则要求注册会计师与审计客户保持独立。在执行审计业务时，审计项目组成员、会计师事务所应当维护公众利益，独立于审计客户。

1．独立性

独立性包括实质上的独立性和形式上的独立性。

（1）实质上的独立性。实质上的独立性是一种内心状态，使得注册会计师在提出结论时不受损害职业判断的因素影响，诚信行事，遵循客观和公正原则，保持职业怀疑态度。

（2）形式上的独立性。形式上的独立性是一种外在表现，使得一个理性且掌握充分信息的第三方，在权衡所有相关事实和情况后，认为会计师事务所或审计项目组成员没有损害诚信原则、客观和公正原则或职业怀疑态度。

2．独立性概念框架

独立性概念框架是指解决独立性问题的思路和方法，用以指导注册会计师做到以下几点：

①识别对独立性的不利影响；

②评价不利影响的严重程度；

③必要时采取防范措施消除不利影响或将其降低至可接受的水平。

如果无法采取适当的防范措施消除不利影响或将其降低至可接受的水平，注册会计师应当消除产生不利影响的情形，或者拒绝接受审计业务委托或终止审计业务。在运用独立性概念框架时，注册会计师应当运用职业判断，在评价不利影响的严重程度时，注册会计师应当从性质和数量两个方面予以考虑。

在执行业务过程中，如果注意到对独立性产生不利影响的新情况，会计师事务所应当运用独立性概念框架评价不利影响的严重程度。

注册会计师应当在业务期间和财务报表涵盖的期间独立于审计客户。业务期间自审计项目组开始执行审计业务之日起，至出具审计报告之日止。如果审计业务具有连续性，业务期间结束日应以其中一方通知解除业务关系或出具最终审计报告两者时间孰晚为准。

（四）中国注册会计师职业道德守则有关术语

【可接受水平】指注册会计师可以容忍的对遵循职业道德基本原则所产生不利影响的最大程度。一个理性且掌握充分信息的第三方，在权衡注册会计师当时所能获得的所有具体事实和情况后，很可能认为该不利影响并不损害遵循职业道德基本原则。

【关联实体】指与客户存在下列任一关系的实体：

（1）能够对客户施加直接或间接控制的实体，并且客户对该实体重要；

（2）在客户内拥有直接经济利益的实体，并且该实体对客户具有重大影响，在客户内的利益对该实体重要；

（3）受到客户直接或间接控制的实体；

（4）客户（或受到客户直接或间接控制的实体）拥有其直接经济利益的实体，并且客户能够对该实体施加重大影响，在实体内的经济利益对客户（或受到客户直接或间接控制的实体）重要；

（5）与客户处于同一控制下的实体（即“姐妹实体”），并且该姐妹实体和客户对其控制方均重要。

【经济利益】因持有某一实体的股权、债券和其他证券以及其他债务性的工具而拥有的利益，包括为取得这种利益享有的权利和承担的义务。

【直接经济利益】

（1）个人或实体直接拥有并控制的经济利益（包括授权他人管理的经济利益）；

（2）个人或实体通过投资工具拥有的经济利益，并且有能力控制这些投资工具，或影响其投资决策。

【间接经济利益】指个人或实体通过投资工具拥有的经济利益，但没有能力控制这些投资工具，或影响其投资决策。

【审计项目组】指会计师事务所为执行审计业务成立的项目组。会计师事务所中能够直接影响审计业务结果的其他人员，通常也被视为审计项目组成员。

【项目质量控制复核】指项目组在出具审计报告前，由会计师事务所内部专门机构或人员对项目组作出的重大判断和在编制报告时得出的结论进行客观评价的过程。

【近亲属】包括主要近亲属的其他近亲属。

【主要近亲属】指配偶、父母或子女。

【其他近亲属】指兄弟姐妹、祖父母、外祖父母、孙子女、外孙子女。

【专业服务】注册会计师提供的需要会计或相关技能的服务，包括会计、审计、税务重要工作。

三、注册会计师审计的法律责任

（一）注册会计师审计的法律责任

注册会计师审计的法律责任是指在履行职责过程中，因违约、过失或欺诈而导致委托单位或利益相关人员损失而承担的法律后果。可承担的法律责任包括：民事责任、刑事责任、行政责任。

行政责任是指注册会计师由于行政违法而应承担的法律后果。

民事责任是指对委托人和第三方的赔偿责任。

刑事责任是指会计师事务所或注册会计师由于违反国家法律、法规，情节严重，按照有关法律程序判处一定的徒刑。

（二）会计责任与审计责任

1．会计责任。根据相关规定，被审计单位负有以下会计责任：建立和健全内部控制制度；保护资产安全和完整；保证提交审计的会计资料真实、合法和完整。

2．审计责任。审计责任是注册会计师对委托人应尽义务，是审计职业赖以生存和发展的基础。注册会计师应当在审计报告中清楚地表达对会计报表整体的意见，并对出具的审计报告负责。

被审计单位的会计责任和注册会计师的审计责任归属于不同的责任主体，彼此不可替代、减轻或免除。

（三）注册会计师法律责任的成因

1．被审计单位的责任。

（1）错误、舞弊和违反法规行为；

错误是指会计报表中存在的非故意的错报或漏报。主要包括：原始记录和会计数据的计算、抄写错误；对事实的疏忽和误解；对会计政策的误用。

舞弊是指导致会计报表中产生不实反映的故意行为。主要包括：伪造、编造记录或凭证；侵占资产；隐瞒或删除交易或事项；记录虚假的交易或事项；蓄意使用不当的会计政策。

无意的问题叫做错误，有意的问题叫做舞弊。

（2）经营失败。

经营失败是指企业由于经济或经营条件的变化，而无法满足投资者的预期。

2．注册会计师的责任。

（1）违约。指合同的一方或几方未能达到合同条款的要求。

（2）过失。指在一定条件下，缺少应具有的合理的谨慎。过失分为普通过失与重大过失。

普通过失通常是指没有保持职业上应有的合理的谨慎对于注册会计师则是指没有完全遵循专业准则的要求。

重大过失是指连起码的职业谨慎都不保持，对业务或事务不考虑，满不在乎；对于注册会计师而言则是指根本没有遵循专业准则或没有按专业准则的基本要求执行审计。

（3）欺诈。欺诈是以欺骗或坑害他人为目的的一种故意的错误的行为。对于注册会计师而言，欺诈是为了达到欺骗他人的目的。明知委托单位的财务报表有重大错报，却加以虚伪的陈述，出具无保留意见的审计报告。

（四）注册会计师减少过失，避免法律诉讼的措施

1．严格遵循职业道德与审计准则的要求。

2．建立健全会计师事务所质量控制制度。

3．谨慎选择被审计单位，深入了解被审计单位的业务。

4．与委托人签订业务约定书，明确双方的责权利。

5．提取风险基金或购买责任保险。

6．聘请熟悉注册会计师法律责任的律师。

学习资源查阅：

《中华人民共和国注册会计师法》

《中国注册会计师执业准则》

《中国注册会计师职业道德守则》

《注册会计师执业准则目录》

【资料链接】

1．财政部（财会[2010]21号）文件发布的新修订的38项准则。

《中国注册会计师审计准则第1101号——注册会计师的总体目标和审计工作的基本要求》

《中国注册会计师审计准则第 1111 号——就审计业务约定条款达成一致意见》

《中国注册会计师审计准则第 1121 号——对财务报表审计实施的质量控制》

《中国注册会计师审计准则第 1131 号——审计工作底稿》

《中国注册会计师审计准则第 1141 号——财务报表审计中与舞弊相关的责任》

《中国注册会计师审计准则第 1142 号——财务报表审计中对法律法规的考虑》

《中国注册会计师审计准则第 1151 号——与治理层的沟通》

《中国注册会计师审计准则第 1152 号——向治理层和管理层通报内部控制缺陷》

《中国注册会计师审计准则第 1153 号——前任注册会计师和后任注册会计师的沟通》

《中国注册会计师审计准则第 1201 号——计划审计工作》

《中国注册会计师审计准则第 1211 号——通过了解被审计单位及其环境识别和评估重大错报风险》

《中国注册会计师审计准则第 1221 号——计划和执行审计工作时的重要性》

《中国注册会计师审计准则第 1231 号——针对评估的重大错报风险采取的应对措施》

《中国注册会计师审计准则第 1241 号——对被审计单位使用服务机构的考虑》

《中国注册会计师审计准则第 1251 号——评价审计过程中识别出的错报》

《中国注册会计师审计准则第 1301 号——审计证据》

《中国注册会计师审计准则第 1311 号——对存货、诉讼和索赔、分部信息等特定项目获取审计证据的具体考虑》

《中国注册会计师审计准则第 1312 号——函证》

《中国注册会计师审计准则第 1313 号——分析程序》

《中国注册会计师审计准则第 1314 号——审计抽样》

《中国注册会计师审计准则第 1321 号——审计会计估计（包括公允价值会计估计）和相关披露》

《中国注册会计师审计准则第 1323 号——关联方》

《中国注册会计师审计准则第 1324 号——持续经营》

《中国注册会计师审计准则第 1331 号——首次审计业务涉及的期初余额》

《中国注册会计师审计准则第 1332 号——期后事项》

《中国注册会计师审计准则第 1341 号——书面声明》

《中国注册会计师审计准则第 1401 号——对集团财务报表审计的特殊考虑》

《中国注册会计师审计准则第 1411 号——利用内部审计人员的工作》

《中国注册会计师审计准则第 1421 号——利用专家的工作》

《中国注册会计师审计准则第 1501 号——对财务报表形成审计意见和出具审计报告》

《中国注册会计师审计准则第 1502 号——在审计报告中发表非无保留意见》

《中国注册会计师审计准则第 1503 号——在审计报告中增加强调事项段和其他事项段》

《中国注册会计师审计准则第 1511 号——比较信息：对应数据和比较财务报表》

《中国注册会计师审计准则第 1521 号——注册会计师对含有已审计财务报表的文件中的其他信息的责任》

《中国注册会计师审计准则第 1601 号——对按照特殊目的编制基础的财务报表审计的特殊考虑》

《中国注册会计师审计准则第 1603 号——对单一财务报表和财务报表特定要素审计的特殊考虑》

《中国注册会计师审计准则第 1604 号——对简要财务报表出具报告的业务》

《质量控制准则第 5101 号——会计师事务所对执行财务报表审计和审阅、其他鉴证和

相关服务业务实施的质量控制》

2．财政部财会[2006]4号文中未被废止、仍继续执行的13项准则。

《中国注册会计师鉴证业务基本准则》

《中国注册会计师审计准则第 1602 号——验资》

《中国注册会计师审计准则第 1611 号——商业银行财务报表审计》

《中国注册会计师审计准则第 1612 号——银行间函证程序》

《中国注册会计师审计准则第 1613 号——与银行监管机构的关系》

《中国注册会计师审计准则第 1631 号——财务报表审计中对环境事项的考虑》

《中国注册会计师审计准则第 1632 号——衍生金融工具的审计》

《中国注册会计师审计准则第 1633 号——电子商务对财务报表审计的影响》

《中国注册会计师审阅准则第 2101 号——财务报表审阅》

《中国注册会计师其他鉴证业务准则第 3101 号 ——历史财务信息审计或审阅以外的鉴证业务》

《中国注册会计师其他鉴证业务准则第 3111 号 ——预测性财务信息的审核》

《中国注册会计师相关服务准则第 4101 号 ——对财务信息执行商定程序》

《中国注册会计师相关服务准则第 4111 号——代编财务信息》

3．安达信会计师事务所倒闭案（“双安”事件）。

基本案情：能源巨头安然公司成立于1930年，总部设在得克萨斯州的休斯敦。该公司曾是全球最大的天然气交易商和最大的电力交易商，鼎盛时期其年收入达1000亿美元，雇用了2万多名员工，其业务遍布世界，在政治经济界的影响力一时无人能及，令对手羡慕。但迫于市场竞争的压力，其利润很快下降，偏离了市场对其的预期。于是，安然公司通过“特别目的实体”高估利润、低估负债，通过空挂应收票据，高估资产和股东权益，通过设立众多的有限合伙企业，以关联交易等手段操纵利润。2001年10月22日，安然公司开始受到美国证券交易委员会的调查；11月8日，安然公司被迫承认做假账，多年来虚报盈利共计近6亿美元，从而曝出了震惊世界的财务丑闻。此后，标准普尔将安然公司的债券调低评级至“垃圾”，并且将其从代表美国经济的标准普尔500种股票中取消；穆迪公司也将安然公司等级调至最低。2001年12月2日，安然公司宣布破产保护，在申请破产之时，账面总资产不过498亿美元，致使众多投资者遭受重大损失。

安达信创建于1913年，与普华永道、德勤、毕马威、安永并称为“五大”会计师事务所。“安然事件”发生前，安达信全球雇员共8.5万名，美国雇员2.8万名，其中仅芝加哥就有5000名雇员。安达信在同行中拥有多项首创纪录：第一个创建企业竞争力评价体系；第一个引入咨询业概念；在信息时代来临前就创立了数据库，引入了第一台商用计算机。然而，就是这样一个重量级大公司，在“安然”毁大量重要文件，扮演了极不光彩的角色，仅仅九个月时间，安达信就从美国顶尖会计师事务所之列滑落到几乎关门大吉的地步。

从美国国会等部门的初步调查和新闻媒体的报道看，安达信会计师事务所对安然公司的审计至少存在以下缺陷：

（1）独立性严重受损。安达信不仅为安然公司提供审计鉴证服务而且提供收入不菲的咨询服务，甚至帮助安然公司代理记账；安然公司的许多高层管理人员为安达信的前雇员，他们之间的密切关系至少有损安达信形式上的独立性。其中，安然公司的首席财务主管首席会计主管等高层管理人员都是安然公司从安达信招聘过来的。

（2）安达信的资深合伙人早在2001年2月就已经在讨论是否解除与安然公司的业务关系，理由是安然公司的会计政策过于激进。而这个时间是在安达信为安然公司出具2000年度的审计报告（2001年2月23日）之前。故可以证明，安达信在出具审计报告时就已经觉察到安然公司存在的会计问题，但未及时纠正。

（3）2000年10月份，安达信主审计师大卫·邓肯销毁了数以千计的关于安然公司的重要审计资料，严重妨碍司法调查，也严重违反了注册会计师的职业道德。

4．深圳原野公司被追究行政责任案。

深圳经济特区会计师事务所（下称特区所）对原野公司一案，由于会计师事务所出具虚假报告造成严重后果而被撤销、没收财产，有关注册会计师被吊销资格，是追究行政责任的经典案例。

基本案情：特区所自原野公司成立以来一直担任该公司主要查账验资工作，在5年内先后为公司出具了71份查账和验资报告。在出具的验资报告中，特区所主要存在三个方面的重大过失：

第一，原野公司自成立到上市的两年时间内特区所先后3次主要的验资报告中，对存在的投资不实、分配不合理、虚列资产项目等未做任何披露和提出任何异议，而全部予以确认；第二，特区所对原野下属的“原丰”、“原野时装”、“福华”，均存在严重虚假问题；第三，对于1989～1991年连续3年原野公司年度财务报表的审计报告严重不实。

根据财政部《关于对深圳经济特区会计师事务所严重失职给予严肃处理的通知》精神和中国注册会计师协会、财政部会计师事务管理司联合调查组的建议处理意见，广东省财政厅于1992年9月18日正式作出处理决定，主要处理意见如下。

（1）特区所立即停业整顿，由深圳市财政局冻结特区所一切财产，并派出得力干部组成工作组，负责整顿工作；

（2）注销 3 人注册会计师资格；

（3）对于其他签署过不实查账验资报告的有关人员，待进一步查清责任后再做处理。

原野案件发生时，正是注册会计师发展过程中出现的一个新阶段，注册会计师被赋予越来越重大的社会监督职责，也将对其工作结果负有越来越大的经济责任和法律责任。行政责任的出现说明党中央、国务院和各级人民政府以及社会各界对注册会计师的高度期望。

任何一种职业，其应承担的责任与其社会地位之间有着直接的联系。对注册会计师来说，只有当准备承担责任并对因未能满足规定的要求而引起的后果负责时，其地位与执业水平才会被认可。

5．长城公司非法集资案（注册会计师被追究刑事责任案）。

基本案情：长城公司涉及的是注册会计师首次卷入刑事责任的案件。北京市长城机电产业公司（简称长城公司）是一家所谓的民营高科技企业，利用公司的科研成果，以签订“技术开发合同”的形式进行非法集资活动。而这一大规模、大范围的集资活动未经国家金融管理机构的批准。

1993年，广大投资者对公司的集资行为产生怀疑，要求长城公司退回投资款。这时公司找到中诚注册会计师事务所，要求中诚所为其出具验资报告。中诚所为了获得审计费收入，为长城公司出具了不实的验资报告。该验资报告为长城公司非法集资提供了便利，对向长城公司索退集资款的投资者起到了搪塞、欺骗的作用，给国家的金融管理带来了不好的影响，造成了严重的后果。

除了审计署、财政部和中国证监会对中诚会计师事务所作出的行政处罚之外，法院审理裁决，对承办长城公司审计业务的两名注册会计师判处有期徒刑，鉴于其年龄偏大，监外执行。

在本案例中，由于注册会计师的验资报告是一部分投资者遭受损失的直接原因，因此，注册会计师难辞其咎，对社会的金融秩序造成如此之大的重大恶劣影响后，必须追究其刑事责任。

该案例告诉我们，会计师事务所和注册会计师在执业过程中，必须认真遵守职业道德规范和独立审计准则，实施审计时应保持应有的职业谨慎。否则，可能会给会计信息使用者带来损失，审计组织、审计人员也要承担相应法律责任。因没有执行审计准则而导致利益相关人蒙受损失的，审计人员将承担过失责任。明知委托单位的会计报表有重大错报或漏报，却出具虚假审计报告欺骗公众的，则属欺诈犯罪，将追究其刑事责任。

6．四川德阳市会计师事务被追究民事责任案。

基本案情：四川德阳市会计师事务所民事纠纷案是追究注册会计师民事责任的经典案件，尤其是最高人民法院“56号函”的签发，标志着中国注册会计师涉及民事法律责任的起源。1993年，四川德阳市东方贸易公司（简称贸易公司）和山西省某化工厂（简称化工厂）签订购销合同。化工厂发货以后，迟迟未收到货款，后来发现经办人将货物骗到后即逃之夭夭。化工厂一怒之下，一纸诉状，将贸易公司和其主管单位告上法庭。在审理过程中，法庭发现注册会计师的验资报告中有这样一段话：“……上述情况属实。如果发现验资不实时，由我单位负责承担证明金额内的赔偿责任。”因此，在法院的建议下，化工厂将德阳市会计师事务所列为第三被告。最高人民法院据此颁发1996年“56号法函”，要求注册会计师承担赔偿责任。这也就是著名的“56号函”的起源。

“56号函”发布以后，案件再次审理，德阳市会计师事务所被追究连带责任，要求其承担民事责任，赔偿合同全部价款。

7．审计人员违反职业道德案。

基本案情：X公司在短短的半年时间里，非法集资10多亿元。中国人民银行等有关部门察觉其所作所为后，发出通报，要求该公司立即停止其集资活动并退还集资款。但X公司置之不理，非但不执行通报的要求，反而到处散布谣言，欺骗纷纷要求清退集资款的群众，并胆大妄为地向法院起诉，状告中国人民银行。为了证明其清白，X公司千方百计地寻找会计师事务所为其资信情况出具验资报告。该公司副总裁王某在朋友的介绍下，与ABC会计师事务所取得联系，谎称为在深圳和香港等地集资，需要资信证明。ABC会计师事务所派审计人员王某和刘某前去X公司实地了解情况。但王某和刘某仅在X公司转了一圈，随后吃了午饭，拿了小礼品，与该公司约定第二天办理验资手续，便匆匆结束了此次实地调查。

第二天上午，王某和刘某来到了X公司，首先与该公司财务经理签订协议书，确定内容为验资。但该公司总经理提出要当天出具报告，理由是公司明后天开董事会要用。于是，王某和刘某便根据X公司提供的账表开始工作。中午到华天酒楼吃饭至下午两点，两人继续工作一会儿后，刘某便开始起草报告，报告草稿经过X公司总经理看后即交付打印。这两名审计人员待报告打印、校对完毕后，于下午七点多钟由X公司派车送回家，并给每人加班、夜餐费200元。第三天上午，ABC会计师事务所在100份打印完毕的验资报告上加盖了注册会计师名章和ABC会计师事务所公章后，收取验资费用10万元。

至此，一笔验资业务在两天内结束，而审计人员从工作开始至结束所用时间仅为半天。与此同时，ABC会计师事务所出具的这份验资报告被X公司广为散发，对该公司的信用已有怀疑的一些投资者到公司去退资，因看到此份报告而未退。

任务3　审计重要性与审计风险

注册会计师以审计风险模型为基础进行的审计，称为风险导向审计。风险导向审计以审计风险理论作为基础，要求注册会计师以重大错报风险的识别、评估和应对为审计的主线，并贯穿于整个审计过程，以提高审计效率和效果。

随着审计环境的变化，审计方法经历了账项基础审计、制度基础审计和风险导向审计三个审计阶段的演进。风险导向已成为当今审计行业的主导理念，它要求审计人员在审计过程中围绕重大错报风险的识别、评估和应对，计划和实施审计工作，其中识别和评估重大错报风险，构成了审计人员应对重大错报风险的前提。风险导向审计的战略核心是将风险降至可接受的水平。

风险导向审计要求审计人员在审计过程中围绕重大错报风险的识别、评估和应对，计划和实施审计工作。在审计过程中运用审计风险理论和重要性原则，了解被审计单位及其相关情况，运用职业判断，根据可能存在的问题的性质、数额判断其重要性，评估可能存在的重要问题，即重要风险领域或者风险点，以此确定审计应对措施，确定拟实施审计程序的性质、时间和范围，将审计资源分配到最容易导致财务报表出现重大错误的领域，将审计风险降低到可以接受的水平。

一、审计重要性

审计重要性是审计学的一个基本概念。审计重要性概念的运用贯穿于整个审计过程。

（一）审计重要性的概念

审计重要性是指鉴证对象信息中存在错报的严重程度。重要性概念可从下列方面进行理解：

1. 如果合理预期错报（包括漏报）单独或汇总起来可能影响财务报表使用者依据财务报表作出的经济决策，则通常认为错报是重大的。

什么是重大错报？如果一项错报单独或连同其他错报可能影响预期使用者依据鉴证对象信息作出的经济决策，则该项错报是重大的（重要性概念中的错报包含漏报）。

2. 对重要性的判断是根据具体环境作出的，并受错报的金额或性质的影响，或受两者共同作用的影响。即重要性取决于在具体环境下对错报金额和性质的判断，包括数量和性质两方面因素。

（1）数额大小毫无疑问是判断重要性的一个重要因素，同样类型的错报，数额大的显然比数额小的更严重。

（2）在考虑性质因素时，需要重点关注以下几个方面：

①错报属于错误还是舞弊，后者通常被认为更为严重。

②错报是否涉及履行合同义务。例如，某项错报使企业营运资金虚增几千元，从数量上看并不重要，但该错报可能使企业营运资金从不满足贷款合同的要求变为达到贷款合同的要求。

③错报是否影响收益趋势。例如，错报使经营成果由亏损变为盈利，利润变动趋势由下降变为增长。

3．重要性的概念是从财务报表使用者的角度而言的。如果一项错报单独或连同其他错报可能影响预期使用者依据鉴证对象信息作出的经济决策，则该项错报是重大的。判断某事项对财务报表使用者是否重大，是在考虑财务报表使用者整体共同的财务信息需求的基础上作出的。

（二）在计划和执行审计工作中重要性概念的运用

注册会计师在计划和执行审计工作时，应恰当地运用重要性概念，将审计重要性概念的运用贯穿于整个审计过程。

1．在计划审计工作时，注册会计师需要对认为重大的错报金额作出判断。作出的判断为下列工作提供了基础：

（1）确定风险评估程序的性质、时间安排和范围；

（2）识别和评估重大错报风险；

（3）确定进一步审计程序的性质、时间安排和范围。

2．实际执行的重要性。注册会计师应当确定实际执行的重要性，以评估重大错报风险并确定进一步审计程序的性质、时间安排和范围。

3．审计过程中修改重要性。如果在审计过程中获知了某项信息，而该信息可能导致注册会计师确定与原来不同的财务报表整体的重要性或者特定类别的交易、账户余额或披露的一个或多个重要性水平（如适用），注册会计师应当予以修改。

4．在完成审计工作时，要根据重要性标准，评价识别出的错报对审计的影响，以及未更正错报对财务报表和审计意见的影响。

（三）关于重要性水平的确定

注册会计师对重要性的确定属于职业判断。重要性水平是一个经验值，注册会计师只能通过职业判断确定重要性水平。影响重要性的因素很多，注册会计师应当根据被审计单位面临的环境，并综合考虑其他因素，合理确定重要性水平。确定多大错报会影响到财务报表使用者所作决策，是注册会计师运用职业判断的结果。

在审计工作中，注册会计师应当考虑财务报表层次以及各类交易、账户余额、列报（含披露）认定层次的重要性水平。

1．财务报表层次的重要性水平的确定（以便发现在金额上的重大错报）。

注册会计师要对整体财务报表发表审计意见，必须考虑财务报表层次的重要性，这样才能得出财务报表是否公允反映的结论。很多注册会计师根据所在会计师事务所的惯例及自己的经验，在确定财务报表层次重要性水平时，通常先选择一个恰当的基准，再选用适当的百分比乘以该基准，从而得出财务报表层次的重要性水平。

在实务中，有许多汇总性财务数据可以用做确定财务报表层次重要性水平的基准，如总资产、净资产、销售收入、费用总额、毛利、净利润等。

在选择适当的基准时，通常选择一个相对稳定、可预测且能够反映被审计单位正常规模的基准。由于销售收入和总资产具有相对稳定性，注册会计师经常将其用做确定计划重要性水平的基准。

在确定恰当的基准后，注册会计师通常运用职业判断合理选择百分比，据以确定重要性水平。以下是一些参考数值的举例：

（1）对以营利为目的的企业，来自经常性业务的税前利润或税后净利润的 5%，或总收入的 0.5%；

（2）对非营利组织，费用总额或总收入的 0.5%；

（3）对共同基金公司，净资产的 0.5%。

在执行具体审计业务时，应当根据实际情况和职业判断决定采用恰当的基准和百分比。如果同一时期财务报表层次重要性水平不同时，注册会计师应当选择最低者作为财务报表层次重要性水平。

2．各类交易、账户余额、列报（披露）认定层次的重要性水平的确定。以便确定进一步审计程序的性质、时间安排和范围，将审计风险降至可接受的低水平。

各类交易、账户余额、列报（披露）认定层次的重要性水平称为“可容忍错报”，对审计证据数量有直接的影响，因此，注册会计师应当合理确定可容忍错报。可容忍错报的确定以对财务报表层次的重要性水平的初步评估为基础，它是在不导致财务报表存在重大错报的情况下，注册会计师对各类交易、账户余额、列报（披露）确定的可接受的最大错报。

注册会计师在确定各类交易、账户余额、列报（披露）认定层次的重要性水平时，应当考虑以下主要因素：

（1）各类交易、账户余额、列报的性质及错报的可能性。

（2）各类交易、账户余额、列报的重要性水平与财务报表层次重要性的关系。

可容忍错报通常可以采用分配法予以确定。在采用分配法时，各账户或交易层次的重要性水平之和应当等于财务报表层次的重要性水平，而且分配的对象一般是资产负债表账户。

3．在评价审计结果、确定审计意见类型时，注册会计师也要考虑重要性水平。

评价识别出的错报对审计的影响；评价未更正错报对财务报表的影响。

注册会计师应当在汇总审计过程中识别出但企业尚未更正的错报或漏报， 并将其与确定的财务报表层次的重要性水平相比较，评价未更正的错报对财务报表整体的影响是否重大，以确定审计意见和审计报告的类型。

【案例】广州诚信达会计师事务所接受委托，对广州飞达工业有限公司2010年度财务报表进行审计。注册会计师通过查阅该公司的会计报表，找到如下表所示的数据。

项 目	金额（万元）
资产总额	9000
净资产	4500
主营业务收入	8000
净利润	2500

根据以往审计经验，确定了在计算重要性水平时各项目对应的百分比：资产总额的0.5%；净资产的1%；主营业务收入的0.5%；净利润的5%。要求：试计算确定会计报表层次的重要性水平。

分析：

同一期间各会计报表的重要性水平不同，审计人员应当取其最低者作为会计报表层次的重要性水平。所以，会计报表层次的重要性水平定为32.5万元。

根据该公司2010年的资产负债表，注册会计师按这一财务报表的重要性水平分配给资产负债表各账户。

项 目	金额（万元）	百分比（%）	重要性水平（万元）
资产总额	9027	0.5	45.13
净资产	4500	1	45
主营业务收入	8000	0.5	40
净利润	650	5	32.5

方案甲：进行分配时按同比例分配，一般来说，这并不可行。

方案乙：注册会计师根据职业判断和以往的审计经验进行分配。如由于应收账款和存货错报或漏报的可能性较大，审计成本较大，故分配较高的重要性水平，以节省审计成本，见下表。

资产负债表及认定层次重要性水平分配表

项 目	金额	方案甲	方案乙	
			分配比例（%）	
货币资金	900 000	3240		800
应收账款	27 000 000	97200	4	100000
存货	42 000 000	151200	4.6	193700
固定资产	20 370 000	73360	1.5	30500
合计	90 270 000	325000	3.6	325000

在以上分配方案中，应采用方案乙。

实际工作中，重要性水平的初步判定是相当复杂的。审计人员需要大量运用以往的审计经验以做出专业判断。在审计测试过程中，随着新的审计证据的发现，审计人员需要及时调整各项目的重要性水平。

二、审计风险

（一）审计风险的概念

（1）审计风险，指当财务报表存在重大错报时，注册会计师发表不恰当审计意见的可能性。审计风险取决于重大错报风险和检查风险。

（2）重大错报风险，指财务报表在审计前存在重大错报的可能性。重大错报风险分为财务报表层次的重大错报风险和认定层次的重大错报风险。认定层次的重大错报风险由固定风险和控制风险两个部分组成。

（3）固有风险。指在考虑相关的内部控制之前，某类交易、账户余额或披露的某一认定易于发生错报（该错报单独或连同其他错报可能是重大的）的可能性。

（4）控制风险。指某类交易、账户余额或披露的某一认定发生错报，该错报单独或连同其他错报可能是重大的，但没有被内部控制及时防止或发现并纠正的可能性。

（5）检查风险。指如果存在某一错报，该错报单独或连同其他错报可能是重大的，注册会计师为将审计风险降至可接受的低水平而实施程序后没有发现这种错报的风险。

（6）特别风险。指注册会计师识别和评估的、根据判断认为需要特别考虑的重大错报风险。

（二）审计风险的模型

审计风险取决于重大错报风险和检查风险。在既定的审计风险水平下，可接受的检查风险水平与认定层次重大错报风险的评估结果成反向关系，用数学模型表示为：

审计风险=重大错报风险×检查风险

评估的重大错报风险越高，可接受的检查风险越低；评估的重大错报风险越低，可接受的检查风险越高。注册会计师应当获取认定层次充分、适当的审计证据，以便在完成审计工作时，能够以可以接受的低审计风险对财务报表整体发表审计意见。

1. 检查风险取决于审计程序设计的合理性和执行的有效性。注册会计师应当合理设计审计程序的性质、时间和范围，并有效执行审计程序，以控制检查风险。

存在检查风险的原因如下：

（1）注册会计师通常并不对所有的交易、账户余额和列报进行检查。

（2）注册会计师可能选择了不恰当的审计程序，或是审计程序执行不当。

2. 注册会计师应当实施审计程序，评估重大错报风险。并根据重大错报风险的评估结果设计和实施进一步审计程序，以控制检查风险。

（三）了解被审计单位及其环境，识别和评估财务报表重大错报风险

注册会计师的目标是，通过了解被审计单位及其环境，识别和评估财务报表层次和认定层次的重大错报风险（无论该错报由于舞弊或错误导致），从而为设计和实施针对评估的重大错报风险采取的应对措施提供基础。

1．了解被审计单位及其环境。注册会计师应当从下列方面了解被审计单位及其环境：

（1）相关行业状况、法律环境和监管环境及其他外部因素，包括适用的财务报告编制基础。

（2）被审计单位的性质，包括经营活动、所有权和治理结构、正在实施和计划实施的投资（包括对特殊目的的实体的投资）的类型、组织结构和筹资方式。了解被审计单位的性质，可以使注册会计师了解预期在财务报表中反映的各类交易、账户余额和披露。

（3）被审计单位对会计政策的选择和运用，包括变更会计政策的原因。注册会计师应当根据被审计单位的经营活动，评价会计政策是否适当，并与适用的财务报告编制基础、相关行业使用的会计政策保持一致。

（4）被审计单位的目标、战略以及可能导致重大错报风险的相关经营风险。

（5）对被审计单位财务业绩的衡量和评价。

（6）被审计单位的内部控制。

2．实施风险评估程序，识别和评估重大错报风险。

风险评估程序是指注册会计师为了解被审计单位及其环境，以识别和评估财务报表层次和认定层次的重大错报风险（无论错报由于舞弊或错误导致）而实施的审计程序。但是，风险评估程序本身并不能为形成审计意见提供充分、适当的审计证据。

风险评估程序应当包括以下几个方面：

（1）询问管理层以及被审计单位内部其他人员。

（2）分析程序。

（3）观察和检查。

需要询问的被审计单位内部其他人员，是注册会计师根据判断认为可能拥有某些信息的人员，这些信息有助于识别由于舞弊或错误导致的重大错报风险。

3．注册会计师应当在下列两个层次识别和评估重大错报风险，为设计和实施进一步审计程序提供基础：①财务报表层次；②各类交易、账户余额和披露的认定层次。在识别和评估重大错报风险时，注册会计师应当实施下列审计程序：

（1）在了解被审计单位及其环境（包括与风险相关的控制）的整个过程中，结合对财务报表中各类交易、账户余额和披露的考虑，识别风险；

（2）评估识别出的风险，并评价其是否更广泛地与财务报表整体相关，进而潜在地影响多项认定；

（3）结合对拟测试的相关控制的考虑，将识别出的风险与认定层次可能发生错报的领域相联系；

（4）考虑发生错报的可能性（包括发生多项错报的可能性），以及潜在错报的重大程度是否足以导致重大错报。

注册会计师应当根据职业判断，确定识别出的风险是否为特别风险。如果认为存在特别风险，注册会计师应当了解被审计单位与该风险相关的控制（包括控制活动）。

4．修正风险评估结果。注册会计师对认定层次重大错报风险的评估，可能随着审计过程中不断获取审计证据而作出相应的变化。如果实施进一步审计程序获取的审计证据，或获取的新信息，与注册会计师之前作出评估所依据的审计证据不一致，注册会计师应当修正风险评估结果，并相应修改原计划实施的进一步审计程序。

在得出总体结论之前，注册会计师应当根据实施的审计程序和获取的审计证据，评价对认定层次重大错报风险的评估是否仍然适当。注册会计师应当确定是否已获取充分、适当的审计证据。

三、审计风险与审计重要性的关系

重要性与审计风险相关。注册会计师应当关注财务报表的重大错报，但没有责任发现对财务报表整体不产生重大影响的错报。

重要性与审计风险之间存在反向关系。重要性水平越高，审计风险越低；重要性水平越低，审计风险越高。重要性水平与审计证据的数量之间也存在反向关系。

例如，4000元的重要性水平比2000元的重要性水平高。如果重要性水平是4000元，则意味着低于4000元的错报不会影响到财务报表使用者的决策，此时注册会计师需要通过执行有关审计程序合理保证能发现高于4000 元的错报。

如果重要性水平是2000元，则金额在2000元以上的错报就会影响财务报表使用者的决策，此时注册会计师需要通过执行有关审计程序合理保证能发现金额在2000元以上的错报。

显然，重要性水平为2000元时，审计不出这样的重大错报的可能性即审计风险，要比重要性水平为4000元时的审计风险高。审计风险越高，越要求注册会计师收集更多更有效的审计证据，以将审计风险降至可接受的低水平。因此，重要性和审计证据之间也是反向变动关系。

对重要性及其与审计风险的关系的考虑贯穿于注册会计师审计工作的全过程。在不同的审计阶段，重要性与审计风险的关系都会对审计程序产生影响。

注意：注册会计师不能通过不合理的人为调高或调低重要性水平，降低或提高审计风险。因为重要性是依据重要性概念中所述的判断标准确定的，而不是由主观期望的审计风险水平决定的。

四、针对评估的重大错报风险采取的应对措施

注册会计师应当针对评估的财务报表层次重大错报风险，设计和实施总体应对措施。通过设计和实施恰当的应对措施，获取充分、适当的审计证据，将审计风险降至可接受的低水平。

（一）正确评估重大错报风险

通过实施风险评估程序，正确评估重大错报风险，并根据评估重大错报风险分别采取应对措施。

1．向项目组强调在获取和评价审计证据过程中保持职业怀疑态度的必要性。

2．分派更有经验或具有特殊技能的审计人员，或利用专家的工作。

3．提供更多的督导。

4．在选择进一步审计程序时，应当注意使某些程序不被管理层预见或事先了解。

5．对拟实施审计程序的性质、时间和范围作出总体修改。

（二）合理设计审计程序

合理设计审计程序的性质、时间和范围，并有效执行审计程序，控制检查风险。

注册会计师应当针对评估的认定层次重大错报风险，设计和实施进一步审计程序。进一步审计程序包括控制测试和实质性程序。在设计拟实施的进一步审计程序时，注册会计师应当：考虑形成某类交易、账户余额和披露的认定层次重大错报风险评估结果的依据；评估的风险越高，需要获取越有说服力的审计证据。

1．控制测试。

这是指用于评价内部控制在防止或发现并纠正认定层次重大错报方面的运行有效性的审计程序。当存在下列情形之一时，注册会计师应当设计和实施控制测试，针对相关控制运行的有效性，获取充分、适当的审计证据：

（1）在评估认定层次重大错报风险时，预期控制的运行是有效的。

（2）仅实施实质性程序并不能够提供认定层次充分、适当的审计证据。

如果确定评估的认定层次重大错报风险是特别风险，并拟信赖针对该风险实施的控制，注册会计师应当在本期审计中测试这些控制运行的有效性。

2．实质性程序。

这是指用于发现认定层次重大错报的审计程序。无论评估的重大错报风险结果如何，注册会计师都应当针对所有重大类别的交易、账户余额和披露，设计和实施实质性程序。实质性程序包括下列程序：

（1）对各类交易、账户余额和披露的细节测试。

（2）实质性分析程序。

（3）实质性程序还应当包括下列与财务报表编制完成阶段相关的审计程序：

①将财务报表与其所依据的会计记录进行核对或调节；

②检查财务报表编制过程中作出的重大会计分录和其他调整。

如果认为评估的认定层次重大错报风险是特别风险，注册会计师应当专门针对该风险实施实质性程序。如果针对特别风险实施的程序仅为实质性程序，这些程序应当包括细节测试。

五、关于合理保证和绝对保证、错误和舞弊、经营风险和审计失败的概念

（一）绝对保证和合理保证

绝对保证是指注册会计师对财务报表整体不存在重大错报提供百分之百的保证。合理保证要求注册会计师按照审计准则的规定执行审计工作，获取充分、适当的审计证据，对财务报表整体发表审计意见，它提供的是一种高水平但非百分之百的保证。当注册会计师获取充分、适当的审计证据将审计风险降至可接受的低水平时，就获取了合理保证。

由于审计存在固有限制，注册会计师据以得出结论和形成审计意见的大多数审计证据是说服性而非结论性的，因此，审计只能提供合理保证，不能提供绝对保证。注册会计师应当关注财务报表的重大错报，但没有责任发现对财务报表整体不产生重大影响的错报。

这是因为由于审计中存在以下的固有限制，影响了发现重大错报的能力：（1）选择性测试方法的运用；（2）内部控制的固有局限性；（3）大多数审计证据是说服性而非结论性的；（4）为形成审计意见而实施的审计工作涉及大量职业判断；既然是判断就有失误的可能。

（二）错误和舞弊

财务报表的错报可能由于舞弊或错误所致。舞弊和错误的区别在于，导致财务报表发生错报的行为是故意行为还是非故意行为。

舞弊是指被审计单位的管理层、治理层、员工或第三方使用欺骗手段获取不当或非法利益的故意行为。舞弊风险因素是指表明实施舞弊的动机或压力，或者为实施舞弊提供机会的事项或情况。

与财务报表审计相关的故意错报，包括编制虚假财务报告导致的错报和侵占资产导致的错报。注册会计师关注的是导致财务报表发生重大错报的舞弊。注册会计师应识别和评估由于舞弊导致的财务报表重大错报风险；通过设计和实施恰当的应对措施，针对评估的由于舞弊导致的重大错报风险，获取充分、适当的审计证据；恰当应对审计过程中识别出的舞弊或舞弊嫌疑。

（三）应对措施

针对评估的由于舞弊导致的财务报表层次重大错报风险确定总体应对措施：

1. 在分派和督导项目组成员时，考虑承担重要业务职责的项目组成员所具备的知识、技能和能力，并考虑由于舞弊导致的重大错报风险的评估结果；

2. 评价被审计单位对会计政策（特别是涉及主观计量和复杂交易的会计政策）的选择和运用，是否可能表明管理层通过操纵利润对财务信息作出虚假报告；

3. 在选择审计程序的性质、时间安排和范围时，增加审计程序的不可预见性。

如果由于舞弊或舞弊嫌疑导致出现错报，致使注册会计师遇到对其继续执行审计业务的能力产生怀疑的异常情形，注册会计师应当做以下工作：

（1）确定适用于具体情况的职业责任和法律责任，包括是否需要向审计业务委托人或监管机构报告；

（2）在相关法律法规允许的情况下，考虑是否需要解除业务约定。

（四）经营风险与审计失败

经营风险是指可能对被审计单位实现目标和实施战略的能力产生不利影响的重要状况、事项、情况、作为（或不作为）而导致的风险，或由于制定不恰当的目标和战略而导致的风险。在审计准则中之所以强调经营风险，是因为经营风险与财务报表发生重大错报的风险密切相关。许多经营风险最终都会有财务后果，因而影响到财务报表，进而对财务报表审计产生影响。

例如，宏观经济形势不景气可能对商业银行贷款损失准备产生重大影响；化工企业面临的环境保护问题可能意味着需要确认预计负债；技术升级可能导致企业原有的生产设备和存货发生减值，甚至影响持续经营假设的适当性。更为严重的是，在经营风险引起经营失败时，可能促使被审计单位管理层通过财务报表舞弊对此加以掩盖。

审计失败是指注册会计师由于没有遵守审计准则的要求而发表了错误的审计意见。例如，注册会计师可能指派了不合格的助理人员去执行审计任务，未能发现的财务报表中存在的重大错报。

学习资源查阅：

《中国注册会计师鉴证业务基本准则》

《中国注册会计师审计准则第1101号—— 注册会计师的总体目标和审计工作的基本要求》

《中国注册会计师审计准则第1221号——计划和执行审计工作时的重要性》

《中国注册会计师审计准则第1141号——财务报表审计中与舞弊相关的责任》

《中国注册会计师审计准则第1211号—— 通过了解被审计单位及其环境识别和评估重大错报风险》

《中国注册会计师审计准则第1231号—— 针对评估的重大错报风险采取的应对措施》

《中国注册会计师审计准则第1251号—— 评价审计过程中识别出的错报》

【资料链接】

1．香港商人张某伪造证据案。

基本案情：香港商人张某在海南省注册成立一家注册资本为1000万美元的外商独资企业X公司。根据我国外商投资企业管理办法，海南省工商管理局要求外商投资企业必须办理年检，以审核公司现行的注册资本与实收资本情况。这一举措对于已取得营业执照，但尚未投入实收资本的X公司来说，无疑是当头一棒。如果不能通过年检，就意味着要被注销登记，并被吊销营业执照。因此，作为X公司总经理的张某决定不惜一切代价，打通关节，一定要通过年检。在对该公司的有关材料作了一番精心整理后，张某首先来到了海南省工商管理局，提出要进行年检。工商管理局人员在审阅了材料之后，明确告知材料中缺少一份重要证明文件，即验资报告。

对于并未投入注册资本的X公司而言，如何才能顺利通过审计人员的年检呢？张某绞尽脑汁，终于想出“良策”。首先，他将1000美元存入银行。银行按照通常手续开具了1000美元的现金解款单。然后，他又要求银行开具1000美元的存款证明单。在取得了这两张凭证后，张某拿出涂改液，将现金解款单上阿拉伯数字1000美元改写为“US＄1000万美元”。而在存款证明单上，由于数字后面的空白较多，就轻易地加上了4个0，这样，存款证明单上的金额就变成了“＄10 000 000”。由于使用了涂改液，而解款单和证明单上均注明了“此件涂改无效”的字样。因此，他将“此件涂改无效”的字样用纸遮住，然后再用复印机复印，便几乎看不出涂改的痕迹了。只是，“美中不足”的是，这是两张复印件。但是，张某仍抱着侥幸的心理，开始寻找会计师事务所。几经周折，他找到了海南省ABC会计师事务所，审计人员仅用半个多小时时间匆匆浏览一遍全部文件，就动手起草验资报告，刷刷几笔，一份证明有1000万美元实收资本的验资报告草稿拟完。

案情分析：如果当时审计人员保持了应有的职业谨慎，对验资业务中最重要的证据加以重视，最起码会要求X公司出具两份证明凭证的原件，与此同时，还可以采用其他一些审计常用程序，比如前往开户银行进行查询、核实，等等，那么，张某的把戏很容易就会被戳穿。即使不采取这些行动，稍有经验的审计人员也会发现现金解款单上的“US＄1000万美元”一栏存在着可疑之处，即正式凭证上不可能将1000万美元表述成“1000”与“万美元”。但是，该案例中的审计人员连这一破绽也没发现，仅凭X公司提供的一些文件，在并未采取其他任何审计程序的情况下，就出具了报告，可谓大意至极。而张某正是用了这份验资报告，开始其骗取商业信用、欺诈以牟取暴利的行动。

2. **“银广夏”舞弊案。**

基本案情：银广夏集团全称广厦实业股份有限公司，1994年6月17日，广夏（银川）实业股份公司以“银广夏A”的名字在深圳交易所上市。开始时公司的主要业务为软磁盘生产，然后便进入了全面多元化投资的阶段。银广夏业绩的奇迹性转折是从1998年开始的，这主要是天津广夏的“功劳”。天津广夏是银广夏集团于1994年在天津成立的控股子公司，原名为天津保洁制品有限公司。该公司在1996年从德国进口了一套由德国五德公司生产的500立升×3二氧化碳超临界萃取设备，此后3年间，银广夏连创超常业绩。请看，1998年，天津广厦接受的第一张销售订单（来自德国诚信贸易公司购买萃取产品）创造了7 000多万元的收入。对外公布的1999年利润总额1. 58亿元，其中天津广夏占76%，每股盈利为0. 51元。2000年在股本扩大1倍的情况下，每股收益增长超过60%，每股盈利0. 827元，盈利能力之强，令人瞠目结舌，更令人怀疑。2001年“银广厦”事件首先被媒体揭露，尔后，中国证监会展开一系列的立案调查，经过艰苦的内查外调，终于查明：“银广夏”通过伪造购销合同，伪造出口报关单，虚开增值税专用发票，伪造免税文件和伪造金融票据等手段，虚构主营业务收入，虚增利润高达7. 7亿元。

面对这样一家超级造假公司，为它审计的深圳中天勤会计师事务所是如何审计办案的呢？中天勤会计师事务所规模很大，执业注册会计师近100人，经批准获得证券业务资格的注册会计师40名，承担国内60多家上市公司的审计业务。据称，中天勤曾创下2000年度国内业务量全国第一的好业绩。对“银广夏”年度报表进行审计的注册会计师刘××、徐××，在年度利润和每股收益过度增长的不合理情况下，缺少应有的职业谨慎，审计态度随意。对一些自己没有把握的，又对报表有重大影响的事项，没有向专家请教和聘请专家协助工作，直接发表了无保留意见审计报告。

真相大白之后，银广夏集团进入“PT”公司的行列。中天勤会计师事务所信誉全失，已经解体。签字注册会计师刘××、徐××被吊销注册会计师资格；事务所的执业资格被吊销，其证券、期货相关业务许可证被吊销；证监会已经依法将李××等7人移送公安机关追究刑事责任。

案例点评：从“银广夏”事件可以看出，注册会计师审计中存在以下几点缺陷：

（1）迷信客户。按理说，在审计执业过程中，注册会计师应时刻保持合理的职业怀疑态度，不盲目相信客户。但是在“银广夏”事件中，注册会计师根本没有做到这一点。这正如其负责人在事后坦言，由于近几年银广夏在证券市场上业绩一直非常好，在宁夏种草治沙也产生了良好社会效益，并且承担着科技部重点科技攻关项目800多项，同时又是合作多年的老伙伴，放松戒备是情理之中。（2）事务所质量控制混乱。可以说，质量控制的好坏直接关系着事务所的存亡。而在对“银广夏”的审计中看出，事务所根本未履行审计工作底稿的三级复核制度，审阅与签发均由刘××一人包办，审核工作实际上流于形式，事务所的质量控制存在严重问题。（3）对客户了解不够。了解客户的基本情况是注册会计师的一项基本工作。尽管“银广夏”是中天勤会计师事务所的老客户，但是根据披露出来的资料看，注册会计师对天津广夏采用的“二氧化碳超临界萃取”技术及其应用情况了解不够；另外对于客户所处行业的整体发展情况也没有进行有效的调查，否则也不可能在萃取产品行业整体销售不理想的情况下，相信银广夏的巨额出口销售。（4）自身素质不过硬，难以做到胜任。合格的注册会计师必须是胜任的注册会计师，精通专业知识是对其的基本要求。但是，注册会计师在“银广夏”事件中所表现出来的专业知识，实在不能令人满意。其一，对于客户报表明显存在的违背重要性原则的情况漠然不见；其二，对于报表及其附注之间的相互矛盾居然没有察觉；其三，对于报表中显而易见的税务处理纰露竟然没有怀疑。另外，胜任能力还包括对于其他方面知识的掌握，在此事件中注册会计师连客户提供的虚假海关报关单都识别不出来，何谈胜任。（5）除了知识掌握方面的欠缺以外，在具体审计执业中仍然存在问题。面对异常的毛利率水平，注册会计师是否利用了分析性程序，以探究其虚假披露？面对巨额的应收账款，注册会计师是否进行了必要的函证？面对存货，注册会计师是否已实施监盘？如果注册会计师严格按照专业准则的要求，实施必要的审计程序是完全可以发现存在的欺诈事项的。

注册会计师对银广夏的审计失败完全是重大过失所致，这起事件的发生为我国审计职业界敲响了警钟。

任务4　财务报表审计的工作程序及初步业务活动

《中国注册会计师审计准则第1101号——注册会计师的总体目标和审计工作的基本要求》规范了注册会计师执行财务报表审计业务的总体目标、基本要求以及在执行财务报表审计业务时承担的责任。

财务报表审计是对被审计单位的财务报表（包括相关附注）及其会计资料进行的审计，是现代审计中最主要的审计。财务报表审计属于鉴证业务，是注册会计师审计的主要业务。注册会计师作为独立第三方应运用专业知识、技能和经验对财务报表进行审计并发表意见。

任务4.1　财务报表审计的工作程序

一、财务报表审计的目标

财务报表审计的目的是提高财务报表预期使用者对财务报表的信赖程度。注册会计师针对财务报表是否在所有重大方面按照财务报告编制基础编制并实现公允反映发表审计意见。在执行财务报表审计工作时，注册会计师的总体目标如下：

1．对财务报表整体是否不存在由于舞弊或错误导致的重大错报获取合理保证，使注册会计师能够对财务报表是否在所有重大方面按照适用的财务报告编制基础编制发表审计意见。

2．按照审计准则的规定，根据审计结果对财务报表出具审计报告，并与管理层和治理层沟通。

二、财务报表审计的要求

1．注册会计师应当按照审计准则的规定，对财务报表整体是否不存在由于舞弊或错误导致的重大错报获取合理保证，以作为发表审计意见的基础。

2．遵守职业道德。注册会计师应当遵守与财务报表审计相关的职业道德要求，包括遵守有关独立性的要求。

3．运用重要性概念。在计划和执行审计工作，以及评价已识别出的错报对审计的影响和未更正的错报对财务报表的影响时，注册会计师应当运用重要性概念。

4．运用职业判断，保持职业怀疑。注册会计师对财务报表整体是否不存在重大错报获取合理保证，在整个审计过程中运用职业判断和保持职业怀疑。需要运用职业判断并保持职业怀疑的重要审计环节主要包括以下几个方面：

（1）通过了解被审计单位及其环境，识别和评估由于舞弊或错误导致的重大错报风险。

（2）通过对评估的风险设计和实施恰当的应对措施，针对是否存在重大错报获取充分、适当的审计证据。

（3）在计划和实施审计工作时，注册会计师应当保持职业怀疑，认识到可能存在导致财务报表发生重大错报的情形。

（4）在计划和实施审计工作时，注册会计师应当运用职业判断。

被审计单位的具体情况千差万别，审计准则中不可能针对所有可能遇到的情况规定对应的审计程序。因此，在审计过程中，注册会计师运用职业判断至关重要。

注册会计师在确定审计程序的性质、时间和范围，评价审计证据，得出审计结论和形成审计意见时，都离不开职业判断。离开了职业判断，审计就成为简单机械地执行审计程序的过程。

5．获取充分、适当的审计证据。为了获取合理保证，注册会计师应当获取充分、适当的审计证据，以将审计风险降至可接受的低水平，使其能够得出合理的结论，作为形成审计意见的基础。

6．遵守审计准则。注册会计师应当按照审计准则的规定执行审计工作。应当遵守与审计工作相关的所有审计准则。

三、财务报表审计中几个重要的概念

（1）职业怀疑。指注册会计师执行审计业务的一种态度，包括采取质疑的思维方式，对可能表明由于错误或舞弊导致错报的迹象保持警觉，以及对审计证据进行审慎评价。

（2）职业判断。指在审计准则、财务报告编制基础和职业道德要求的框架下，注册会计师综合运用相关知识、技能和经验，作出适合审计业务具体情况、有根据的行动决策。

（3）管理层和治理层。

管理层是指对被审计单位经营活动的执行负有经营管理责任的人员。在某些被审计单位，管理层包括部分或全部的治理层成员，如治理层中负有经营管理责任的人员，或参与日常经营管理的业主（以下简称业主兼经理）。

治理层是指对被审计单位战略方向以及管理层履行经营管理责任负有监督责任的人员或组织。治理层的责任包括监督财务报告过程。在某些被审计单位，治理层可能包括管理层，如治理层中负有经营管理责任的人员，或业主兼经理。

财务报表是由被审计单位管理层在治理层的监督下编制的。管理层和治理层认可与财务报表相关的责任，是注册会计师执行审计工作的前提，构成注册会计师按照审计准则的规定执行审计工作的基础。财务报表审计并不减轻管理层或治理层的责任。

（4）合理保证。合理保证是一种高水平保证。当注册会计师获取充分、适当的审计证据，将审计风险降至可接受的低水平时，就获取了合理保证。

由于审计存在固有限制，注册会计师据以得出结论和形成审计意见的大多数审计证据是说服性而非结论性的，因此，审计只能提供合理保证，不能提供绝对保证。

在任何情况下，如果不能获取合理保证，并且在审计报告中发表保留意见也不足以实现向财务报表预期使用者报告的目的，注册会计师应当按照审计准则的规定出具无法表示意见的审计报告，或者在法律法规允许的情况下终止审计业务或解除业务约定。

（5）错报。指某一财务报表项目的金额、分类、列报或披露，与按照适用的财务报告编制基础应当列示的金额、分类、列报或披露之间存在的差异。错报可能是由于错误或舞弊导致的。

四、财务报表审计工作程序

财务报表审计的工作程序是指审计工作从开始到结束的整个过程中系统性的审计工作步骤。

为了使审计工作有计划、有步骤地进行，保证审计工作质量，提高审计工作效率，在执行审计业务时，必须遵循一定的工作程序。财务报表审计（小型企业）的工作程序划分为三个阶段：审计计划阶段；审计实施阶段；审计业务完成阶段。

（一）审计计划阶段

1．开展初步业务活动。

注册会计师应当在本期审计业务开始时开展下列初步业务活动：

（1）针对保持客户关系和具体审计业务，实施相应的质量控制程序；

（2）评价遵守相关职业道德要求（包括评价遵守独立性要求）的情况；

（3）就审计业务约定条款与被审计单位达成一致意见。签订审计业务约定书。

2．实施风险评估程序。

风险评估程序是指注册会计师为了解被审计单位及其环境，以识别和评估财务报表层次与认定层次的重大错报风险（无论错报是由于舞弊或错误导致）而实施的审计程序。但是，风险评估程序本身并不能为形成审计意见提供充分、适当的审计证据。

注册会计师应当实施风险评估程序，为识别和评估财务报表层次和认定层次的重大错报风险提供基础。但是，风险评估程序本身并不能为形成审计意见提供充分、适当的审计证据。风险评估程序应当包括：（1）询问管理层以及被审计单位内部其他人员；（2）分析程序；（3）观察和检查。

实施风险评估程序，应了解被审计单位及其环境；对被审计单位财务业绩进行衡量和评价；了解被审计单位的内部控制；识别和评估重大错报风险。

注册会计师应当在下列两个层次识别和评估重大错报风险，为设计和实施进一步审计程序提供基础：(1) 财务报表层次；(2) 各类交易、账户余额和披露的认定层次。

3．编制审计计划。

注册会计师应当制定总体审计策略，以确定审计工作的范围、时间安排和方向，并指导具体审计计划的制订。在制定总体审计策略时，注册会计师应当确定财务报表整体的重要性。应当确定实际执行的重要性，以评估重大错报风险并确定进一步审计程序的性质、时间安排和范围。

4．实施风险评估程序，编制审计计划应编制的工作底稿：

（1）了解被审计单位及其环境（不包括内部控制）程序表（索引号 2100）。

（2）了解被审计单位及其环境（不包括内部控制）调查表（索引号 2100）。

（3）分析程序表（用作风险评估程序）（索引号 2120）。

（4）了解整体层面内部控制结论汇总表（索引号 2210）。

（5）了解整体层面内部控制调查表（索引号 2211）。

（6）了解业务流程层面内部控制；了解业务流程层面内部控制结论汇总表（索引号 2220）。

（7）业务流程层面内部控制设计与执行情况评价表（索引号 2221）。

（8）穿行测试表（索引号 2221）。

（9）舞弊风险评估（索引号 2300）。

（10）项目组讨论纪要——风险评估（索引号 2400）。

（11）风险评估汇总表（索引号 2500）。

（12）审计计划（索引号 2600）。

（二）审计实施阶段（进一步审计程序）

审计实施阶段以搜集、整理、分析、评价审计证据，编制审计工作底稿为核心。这是审计全过程的中心环节。在实施审计程序时，应对审计工作过程中搜集的审计证据进行整理、分析并进行记录，形成审计工作底稿。

审计实施阶段实施进一步审计程序。进一步审计程序是指注册会计师针对评估的各类交易、账户余额、列报（包括披露）认定层次重大错报风险实施的审计程序。

进一步审计程序包括：控制测试程序和实质性程序。

1．实施控制测试程序（必要时或决定测试时）

控制测试是指用于评价内部控制在防止或发现并纠正认定层次重大错报方面的运行有效性的审计程序。当存在下列情形之一时，注册会计师应当设计和实施控制测试，针对相关控制运行的有效性，获取充分、适当的审计证据：(1) 在评估认定层次重大错报风险时，预期控制的运行是有效的；(2) 仅实施实质性程序并不能够提供认定层次充分、适当的审计证据。

（1）实施控制测试程序，可按企业业务循环流程进行内部控制测试。

一般来说，企业的业务循环可分为以下六个方面的业务循环：

①采购与付款业务循环；

②工薪与人事循环业务循环；

③生产与仓储业务循环；

④销售与收款循环业务循环；

⑤筹资与投资业务循环；

⑥固定资产业务循环。

（2）实施控制测试程序应编制的工作底稿。

①控制测试结果汇总表（索引号 3000）。

②控制运行有效性测试表（索引号 3100）。

③控制测试审计抽样（索引号 3110）。

2．实施实质性审计程序

实质性程序是指用于发现认定层次重大错报的审计程序。无论评估的重大错报风险结果如何，注册会计师都应当针对所有重大类别的交易、账户余额和披露，设计和实施实质性程序。

（1）实质性程序包括下列程序：

1）对各类交易、账户余额和披露的细节测试。

2）实质性分析程序。

3）下列与财务报表编制完成阶段相关的审计程序也应属于实质性程序：

①将财务报表与其所依据的会计记录进行核对或调节；

②检查财务报表编制过程中作出的重大会计分录和其他调整。

（2）实施实质性程序的内容及应编制的审计工作底稿。

1）实施资产类审计的实质性程序；编制资产类审计工作底稿（索引号 4100 ～ 4123）。

2）实施负债类审计的实质性程序；编制负债类审计工作底稿（索引号 4200 ～ 4214）。

3）实施所有者权益类审计的实质性程序；编制所有者权益类审计工作底稿（索引号 4300 ～ 4304）。

4）实施损益类审计的实质性程序；编制损益类审计工作底稿（索引号 4400 ～ 4412）。

（三）审计业务完成阶段

审计业务完成阶段以完成审计报告为核心。在实施审计工作的基础上对被审计单位财务报表形成审计意见并出具审计报告。

1．审计业务完成阶段的工作步骤

（1）汇总审计过程中发现的审计差异。根据错报的重要性建议被审计单位调整的事项，编制账项调整分录汇总表、重分类调整分录汇总表、列报调整汇总表、未更正错报汇总表及试算平衡表。

（2）与被审计单位相关人员进行沟通，并签字确认。

（3）编制正式的试算平衡表。

（4）对财务报表进行总体复核，评价其总体合理性。

（5）将项目组成员间意见分歧的解决过程，记录于专业意见分歧解决表中。汇总重大事项，编制重大事项概要。

（6）评价审计结果，形成审计意见，并草拟审计报告。

（7）由项目负责经理复核工作底稿。由项目负责合伙人复核工作底稿。必要时实施项目质量控制复核。

（8）向适当的高级管理人员获取经签署的管理层声明书，并确定其日期与审计报告的日期一致。

（9）撰写审计总结。

（10）完成审计工作情况核对表。

（11）完成业务复核表。

（12）正式签发审计报告。

2．审计业务完成阶段应编制的审计工作底稿

业务完成阶段审计工作（索引号 6000）；试算平衡表及审计调整表（索引号 6100）；资产负债表试算平衡表（索引号 6110）；利润表试算平衡表（索引号 6120）；账项调整分录汇总表（索引号 6130）；重分类调整分录汇总表（索引号 6140）；列报调整汇总表（索引号 6150）；未更正错报汇总表（索引号 6160）；与治理层的沟通函（索引号 6200）；专业意见分歧解决表（索引号 6300）；重大事项概要汇总表（索引号 6400）；管理层声明书（索引号 6500）；审计总结（索引号 6600）；审计工作完成情况核对表（索引号 6700）；业务复核核对表（索引号 6800）。

3．审计报告

审计报告是指注册会计师根据审计准则的规定在执行审计工作的基础上对被审计单位财务报表发表审计意见的书面文件。审计报告是审计工作的最终成果，具有法定证明效力。

注册会计师应当按照审计准则的要求，实施必要的审计程序，以经过核实的审计证据为依据形成审计意见才能出具审计报告。

注册会计师应当根据由审计证据得出的结论，清楚表达对财务报表的意见，并对出具的审计报告负责。应当将已审计的财务报表附于审计报告后。

（1）审计报告的分类。

1）审计报告按性质分类。分为：标准审计报告；非标准审计报告。其中非标准审计报告包括：①带强调事项段或其他事项段的无保留意见的审计报告；② 非无保留意见的审计报告。

2）审计报告按是否保留意见分类。分为：无保留意见的审计报告；非无保留意见的审

计报告。其中：无保留意见的审计报告分为：①标准审计报告；②带强调事项段或其他事项段的无保留意见的审计报告。非无保留意见的审计报告分为：①保留意见的审计报告；②否定意见的审计报告；③无法表示意见的审计报告；审计报告的具体类型如图1-1所示：

- 审计报告
  - 标准审计报告
  - 非标准审计报告
    - 带强调事项段或其他事项段的无保留意见的审计报告（无保留意见的审计报告）
    - 保留意见的审计报告（非无保留意见的审计报告）
    - 否定意见的审计报告（非无保留意见的审计报告）
    - 无法表示意见的审计报告（非无保留意见的审计报告）

图1-1　审计报告的具体类型

（2）审计报告的要素。

1）标题。统一规范为“审计报告”。

2）收件人。应当按照审计业务约定的要求载明收件人。

3）引言段。应当包括：指出被审计单位的名称；说明财务报表已经审计；指出构成整套财务报表的每一财务报表的名称。财务报表附注，包括重要会计政策概要和其他解释性信息；指明构成整套财务报表的每一财务报表的日期或涵盖的期间。

4）管理层对财务报表的责任段。描述被审计单位中负责编制财务报表的人员的责任；应当说明，编制财务报表是管理层的责任，这种责任包括：按照适用的财务报告编制基础编制财务报表，并使其实现公允反映；设计、执行和维护必要的内部控制，以使财务报表不存在由于舞弊或错误导致的重大错报。

5）注册会计师的责任段。应当说明下列内容：注册会计师的责任是在执行审计工作的基础上对财务报表发表审计意见。注册会计师按照中国注册会计师审计准则的规定执行了审计工作。中国注册会计师审计准则要求注册会计师遵守中国注册会计师职业道德守则，计划和执行审计工作以对财务报表是否不存在重大错报获取合理保证。

审计工作涉及实施审计程序，以获取有关财务报表金额和披露的审计证据。注册会计师相信获取的审计证据是充分、适当的，为其发表审计意见提供了基础。

6）审计意见段。如果对财务报表发表无保留意见，除非法律法规另有规定，审计意见应当使用“财务报表在所有重大方面按照［适用的财务报告编制基础］编制，公允反映了……”的措辞。如果对财务报表发布非无保留意见，注册会计师应当直接在审计意见段之前增加该段落，并使用恰当的标题，如“导致保留意见的事项”、“导致否定意见的事项”或“导致无法表示意见的事项”。

注册会计师应当直接在审计意见段之前增加该段落，并使用恰当的标题，如“导致保留意见的事项”、“导致否定意见的事项”或“导致无法表示意见的事项”。

7）注册会计师的签名和盖章。

8）会计师事务所的名称、地址和盖章。

9）报告日期。审计报告的日期不应早于注册会计师获取充分、适当的审计证据，并在此基础上对财务报表形成审计意见的日期。在确定审计报告日期时，注册会计师应当确信已获取下列两方面的审计证据：构成整套财务报表的所有报表（包括相关附注）已编制完成；

被审计单位的董事会、管理层（或类似机构）已经认可其对财务报表负责。

任务4.2 初步业务活动

初步业务活动主要是针对审计客户的情况和注册会计师自身的能力进行了解和评估，确定是否接受或保持客户，是控制审计风险的第一道屏障。

一、注册会计师应当在本期审计业务开始时开展的初步业务活动

1．针对保持客户关系和具体审计业务，实施相应的质量控制程序。
2．评价遵守相关职业道德要求（包括评价遵守独立性要求）的情况。
3．就审计业务约定条款与被审计单位达成一致意见。签订审计业务约定书。

二、初步业务活动目标

1．确定是否接受业务委托。
2．如果接受业务委托，确保在计划审计工作时达到下列要求：
（1）注册会计师已具备执行业务所需要的独立性和专业胜任能力；
（2）不存在因管理层诚信问题而影响注册会计师承接或保持该项业务意愿的情况；
（3）与被审计单位不存在对业务约定条款的误解。

三、初步业务活动程序的实施（以首次接受业务委托为例）

（一）实施“与委托人面谈”程序

注册会计应委托人面谈，讨论下列事项：
1．审计的目标。
2．审计报告的用途。
3．管理层对财务报表的责任。
4．审计范围。
5．执行审计工作的安排，包括出具审计报告的时间要求。
6．审计报告格式和对审计结果的其他沟通形式。
7．管理层提供必要的工作条件和协助。
8．注册会计师不受限制地接触任何与审计有关的记录、文件和所需要的其他信息；。
9．与审计涉及的客户、内部审计人员和其他员工工作的协调（必要时）。
10．审计收费，包括收费的计算基础和收费安排。

（二）实施“初步了解客户及其环境，进行初步业务风险评估并予以记录”程序

1．了解客户的基本情况。包括：

（1）单位名称、地址、电话、联系人、主要业务、所有制性质、组织形式；
（2）所有权结构、股东名称、注册资本、实收资本；
（3）公司成立日期、子公司、合营企业、联营企业、分公司的基本情况；
（4）所处行业是否属于高风险行业、发展趋势和竞争情况；
（5）会计记录是否完整。

2．审计业务基本情况。
（1）审计报告用途；
（2）已审计财务报表的预期使用者；
（3）提交审计报告的时间。

3．评价客户的诚信，做出评价结论。
（1）主要股东、关键管理人员、关联方及治理层的身份和商业信誉；
（2）客户的经营性质；
（3）主要股东、关键管理人员及治理层对内部控制环境和会计准则等的态度；
（4）客户是否过分考虑将会计师事务所的收费维持在尽可能低的水平；
（5）注册会计师的工作范围受到不适当限制的迹象；
（6）客户可能涉嫌洗钱或其他刑事犯罪行为的迹象；
（7）变更会计师事务所的原因。

另外还有：评价客户诚信的信息来源：与为客户提供专业会计服务的现任或前任人员进行沟通，并与其讨论；向会计师事务所其他人员、监管机构、金融机构、法律顾问和客户的同行等第三方询问；从互联网等相关数据库中搜索客户的背景信息等。

4．作出可审性评价结论。

根据上述对会计记录、内部控制和客户诚信的了解，评价客户是否具有可审性。

（三）实施“征得客户书面同意后，与前任注册会计师沟通”程序

注册会计师应在征得客户书面同意后，与前任注册会计师沟通。

（四）实施“评价是否具备执行该项审计业务所需要的独立性”程序

识别并记录会计师事务所是否存在自身利益威胁、自我评价威胁、过度推介威胁、密切关系威胁和外在压力胁迫等损害独立性的情形。这些情形包括但不限于以下各项：

1．向客户收取的全部费用是否在会计师事务所审计收入总额中占有很大比重？
2．是否存在或有收费？
3．是否存在逾期收费？
4．会计师事务所的审计人员是否曾接受客户提供的贵重礼品或超规格招待？
5．会计师事务所是否与客户发生讼诉或可能发生诉讼？
6．会计师事务所高级管理人员是否与客户的董事或高级管理人员存在直系亲属或近缘亲属关系？
7．会计师事务所高级管理人员是否与客户对财务报表产生重大影响的员工存在直系关系或近缘亲属关系？
8．客户的董事或高级管理人员，或所处职位能够对财务报表产生重大影响的员工近期

是否曾是会计师事务所的合伙人？

9．会计师事务所是否在客户中拥有经济利益？

10．会计师事务所是否为客户提供可能威胁独立性的服务，包括行使管理层职责的服务、代理记账或代编报表等服务？

11．会计师事务所是否在法律诉讼中以客户名义进行辩护或在共同的推广活动中以客户名义进行宣传？

12．是否存在会计师事务所同一名高级职员多年执行该客户的审计业务的情况？

如果对上述问题回答“是”，应当说明采取的防范措施。

根据评价情况，对是否具备执行该项审计业务所需要的独立性作出评价结论。

（五）实施“评价是否具备执行该项审计业务所需要专业胜任能力”程序

1．在时间和资源方面，评价能否胜任该项业务。

（1）根据会计师事务所目前的人力资源情况，是否拥有足够的必要素质和专业胜任能力的人员组成项目组。

（2）是否能够在提交报告的最后期限内完成业务。

2．评价专业胜任能力。

（1）项目组关键人员是否熟悉客户所处行业及主要业务，是否能够获取对客户及其环境的整体了解。

（2）项目组关键人员是否充分了解适用于客户所处行业的会计处理。如是，是否能够获取相关知识，说明途径。

（3）执行业务是否需要特定专业知识？如是，是否能够获取这些知识或利用专家的工作，说明途径。

（4）如果需要项目质量控制复核，是否具备符合标准和资格要求的项目质量控制复核人员。

根据评价情况，对是否具备执行该项审计业务所需要的专业胜任能力作出评价结论。

（六）完成对受委托业务的总体评价，编制完成业务承接/保持评价表。确定是否接受委托

根据初步业务活动的结果，基于会计师事务所目前对客户的了解，评价客户的风险水平（高风险、中等风险或低风险）；评价审计收费可回收性（预计审计收费、成本能否收回）。做出接受或不接受该项业务的最终结论。

（七）签订审计业务约定书

审计业务约定书是指会计师事务所与被审计单位签订的，用以记录和确认审计业务的委托于受托关系、审计的目标和范围、双方的责任以及报告的格式等事项的书面协议。审计业务约定书具有经济合同的性质，一经约定各方签字或盖章认可，即成为法律上生效的契约，对各方均具有法定约束力。会计师事务所承接任何审计业务，都应与被审计单位签订审计业务约定书。审计业务约定书的签订是会计师事务所初步业务活动阶段最重要的工作之一。

注册会计师根据初步业务活动的结果，作出了可承接（或保持）该项委托业务的结论，应依法与被审计单位签订审计业务约定书。

1．承接或保持审计业务。只有通过实施下列工作就执行审计工作的基础达成一致意见，才承接或保持审计业务：

（1）确定审计的前提条件存在。审计的前提条件是指管理层在编制财务报表时采用可接受的财务报告编制基础，以及管理层对注册会计师执行审计工作的前提的认同。

（2）如果审计的前提条件不存在，注册会计师应当就此与管理层沟通，否则注册会计师不应承接拟议的审计业务。

（3）确认注册会计师和管理层已就审计业务约定条款达成一致意见。

如果管理层或治理层在拟议的审计业务约定条款中对审计工作的范围施加限制，以致注册会计师认为这种限制将导致其对财务报表发表无法表示意见，注册会计师不应将该项业务作为审计业务予以承接，除非法律法规另有规定。

2．审计业务约定条款应当包括下列主要内容：

（1）财务报表审计的目标与范围；

（2）注册会计师的责任；

（3）管理层的责任；

（4）指出用于编制财务报表所适用的财务报告编制基础；

（5）提及注册会计师拟出具的审计报告的预期形式和内容，以及对在特定情况下对出具的审计报告可能不同于预期形式和内容的说明。

3．在缺乏合理理由的情况下，注册会计师不应同意变更审计业务约定条款。如果注册会计师不同意变更审计业务约定条款，而管理层又不允许继续执行原审计业务，注册会计师应当：

（1）在适用的法律法规允许的情况下，解除审计业务约定；

（2）确定是否有约定义务或其他义务向治理层、所有者或监管机构等报告该事项。

在接受业务委托前，应当充分了解小型被审计单位的基本情况，初步评价审计风险，以确定是否接受委托。一些小型被审计单位可能具有所有权和管理权过于集中、缺乏充分的分工和牵制、没有正式的控制程序、会计记录不够完整等特点，可能使注册会计师无法设计和实施必要的审计程序以获取充分、适当的审计证据。此时如果贸然接受委托，必然会招致难以承受或难以降低的审计风险。应当考虑拒绝接受委托，或解除业务约定。

四、初步业务活动阶段应编制的工作底稿

1．初步业务活动程序表（索引号 1000）。

2．业务承接（业务保持）评价表（索引号 1100）。

3．审计业务约定书（索引号 1200）。

学习资源查阅：

《中国注册会计师鉴证业务基本准则》

《中国注册会计师审计准则第 1201 号——计划审计工作》

《中国注册会计师审计准则第1101号——注册会计师的总体目标和审计工作的基本要求》

《中国注册会计师审计准则第 1111 号——就审计业务约定条款达成一致意见》
《中国注册会计师审计准则第 1121 号——对财务报表审计实施的质量控制》
《中国注册会计师审计准则第 1141 号——财务报表审计中与舞弊相关的责任》
《中国注册会计师审计准则第 1142 号——财务报表审计中对法律法规的考虑》
《中国注册会计师审计准则第 1153 号——前任注册会计师和后任注册会计师的沟通》
《中国注册会计师审计准则第 1201 号——计划审计工作》
《中国注册会计师审计准则第 1501 号——对财务报表形成审计意见和出具审计报告》
《中国注册会计师审计准则第 1502 号——在审计报告中发表非无保留意见》
《中国注册会计师审计准则第 1503 号——在审计报告中增加强调事项段和其他事项段》
《中国注册会计师协会小型企业财务报表审计工作底稿编制指南》

附：

初步业务活动程序表

被审计单位：		索引号：1000	
项目：		截止日/期间：	
编制：　　　　日期：		复核：　　　　日期：	
一、初步业务活动目标			
1．确定是否接受业务委托。			
2．如果接受业务委托，确保在计划审计工作时达到下列要求： （1）注册会计师已具备执行业务所需要的独立性和专业胜任能力； （2）不存在因管理层诚信问题而影响注册会计师承接或保持该项业务意愿的情况； （3）与被审计单位不存在对业务约定条款的误解。			
二、初步业务活动程序			
初步业务活动程序		索引号	执行人
1．如果是首次接受业务委托，实施下列程序：			
（1）与委托人面谈，讨论下列事项：			
①审计的目标；			
②审计报告的用途；			
③管理层对财务报表的责任；			
④审计范围；			
⑤执行审计工作的安排，包括出具审计报告的时间要求；			
⑥审计报告格式和对审计结果的其他沟通形式；			
⑦管理层提供必要的工作条件和协助；			
⑧注册会计师不受限制地接触任何与审计有关的记录、文件和所需要的其他信息；			
⑨与审计涉及的客户内部审计人员和其他员工工作的协调（必要时）；			
⑩审计收费，包括收费的计算基础和收费安排。			
（2）初步了解客户及其环境，进行初步业务风险评估并予以记录。			
（3）征得被审计客户书面同意后，与前任注册会计师沟通。			
2．如果是连续审计，实施下列程序：			
（1）了解审计的目标，审计报告的用途，审计范围和时间安排等是否发生变化；			
（2）查阅以前年度审计工作底稿，重点关注非标准审计报告、管理建议书和重大事项概要等；			

续表

初步业务活动程序	索引号	执行人
（3）初步了解客户及其环境发生的重大变化，进行初步业务风险评估并予以记录；		
（4）考虑是否需要修改业务约定条款，是否需要提醒客户注意现有的业务约定条款。		
3．评价是否具备执行该项审计业务所需要的独立性和专业胜任能力。		
4．完成业务承接/业务保持评价表。		
5．签订审计业务约定书（适用于首次接受业务委托，以及连续审计中修改长期审计业务约定书条款的情况）。		

业务承接/保持评价表

<table>
<tr><td>被审计单位：</td><td colspan="2">索引号：1100</td></tr>
<tr><td>项目：</td><td colspan="2">截止日/期间：</td></tr>
<tr><td>编制：</td><td colspan="2">复核：</td></tr>
<tr><td>日期：</td><td colspan="2">日期：</td></tr>
<tr><td>一、客户基本情况</td><td colspan="2"></td></tr>
<tr><td>1.客户法定名称：</td><td colspan="2"></td></tr>
<tr><td>地址：</td><td colspan="2"></td></tr>
<tr><td>电话：</td><td>传真：</td><td>电子信箱：</td></tr>
<tr><td>网址：</td><td colspan="2"></td></tr>
<tr><td>联系人：</td><td colspan="2"></td></tr>
<tr><td colspan="3">2.主要业务</td></tr>
<tr><td colspan="3">3.所有制性质（国有/外商投资/民营/其他）</td></tr>
<tr><td colspan="3">组织形式</td></tr>
<tr><td colspan="3">4.所有权结构、股东名称、注册资本、实收资本、公司成立日期</td></tr>
<tr><td colspan="3"></td></tr>
<tr><td colspan="3"></td></tr>
<tr><td colspan="3"></td></tr>
<tr><td colspan="3">5.子公司、合营企业、联营企业、分公司的基本情况</td></tr>
<tr><td colspan="3"></td></tr>
<tr><td colspan="3"></td></tr>
<tr><td colspan="3">6.所处行业是否属于高风险行业、发展趋势和竞争情况</td></tr>
<tr><td colspan="3"></td></tr>
<tr><td colspan="3">7.会计记录是否完整</td></tr>
<tr><td colspan="3"></td></tr>
<tr><td colspan="3">8.内部控制情况</td></tr>
<tr><td colspan="3"></td></tr>
<tr><td colspan="3">本表主要适用于首次接受业务委托。对于连续审计业务，注册会计师应侧重记录客户及其环境的变化情况。</td></tr>
<tr><td colspan="3"></td></tr>
<tr><td colspan="3">二、审计业务基本情况</td></tr>
<tr><td rowspan="2">审计报告用途</td><td colspan="2">☐ 通用目的</td></tr>
<tr><td colspan="2">☐ 特殊目的（如是，要写明）：</td></tr>
<tr><td colspan="3">已审计财务报表的预期使用者</td></tr>
<tr><td colspan="3">提交审计报告的时间</td></tr>
<tr><td colspan="3"></td></tr>
<tr><td colspan="3">三、评价客户的诚信</td></tr>
</table>

续表

客户的诚信	记录内容
考虑因素： 1．主要股东、关键管理人员、关联方及治理层的身份和商业信誉；	
2．客户的经营性质；	
3．主要股东、关键管理人员及治理层对内部控制环境和会计准则等的态度；	
4．客户是否过分考虑将会计师事务所的收费维持在尽可能低的水平；	
5．注册会计师的工作范围受到不适当限制的迹象；	
6．客户可能涉嫌洗钱或其他刑事犯罪行为的迹象；	
7．变更会计师事务所的原因；	
……	
信息来源：（1）与为客户提供专业会计服务的现任或前任人员进行沟通，并与其讨论； （2）向会计师事务所其他人员、监管机构、金融机构、法律顾问和客户的同行等第三方询问； （3）从互联网等相关数据库中搜索客户的背景信息等。	
评价结论：	
四、可审性评价结论	
根据上述对会计记录、内部控制和客户的诚信的了解，评价客户是否具有可审性。	
五、评价独立性	

评价项目	是/否
1．识别并记录会计师事务所是否存在自身利益威胁、自我评价威胁、过度推介威胁、密切关系威胁和外在压力胁迫等损害独立性的情形。这些情形包括但不限于：	
（1）向客户收取的全部费用是否在会计师事务所审计收入总额中占有很大比重？	
（2）是否存在或有收费？	
（3）是否存在逾期收费？	
（4）会计师事务所的审计人员是否曾接受客户提供的贵重礼品或超规格招待？	
（5）会计师事务所是否与客户发生诉讼或可能发生诉讼？	
（6）会计师事务所高级管理人员是否与客户的董事或高级管理人员存在直系亲属或近缘亲属关系？	
（7）会计师事务所高级管理人员是否与客户对财务报表产生重大影响的员工存在直系关系或近缘亲属关系？	
（8）客户的董事或高级管理人员，或所处职位能够对财务报表产生重大影响的员工近期是否曾是会计师事务所的合伙人？	
（9）会计师事务所是否在客户中拥有经济利益？	
（10）会计师事务所是否为客户提供可能威胁独立性的服务，包括行使管理层职责的服务、代理记账或代编报表等服务？	
（11）会计师事务所是否在法律诉讼中以客户名义进行辩护或在共同的推广活动中以客户名义进行宣传？	
（12）是否存在会计师事务所同一名高级职员多年执行该客户的审计业务的情况？	
2.如果对上述问题回答“是”，说明采取的防范措施。	
评价结论：	
六、评价专业胜任能力、时间和资源	

续表

时间和资源	是/否/不适用	详细情况
1.根据会计师事务所目前的人力资源情况，是否拥有足够的具有必要素质和专业胜任能力的人员组成项目组?		
2.是否能够在提交报告的最后期限内完成业务?		
专业胜任能力		
1.项目组关键人员是否熟悉客户所处行业及主要业务，是否能够获取对客户及其环境的整体了解?		
2.项目组关键人员是否充分了解适用于客户所处行业的会计处理；如否，是否能够获取相关知识，说明途径。		
3.执行业务是否需要特定专业知识？如是，是否能够获取这些知识或利用专家的工作，说明途径。		
4.如果需要项目质量控制复核，是否具备符合标准和资格要求的项目质量控制复核人员？		
评价结论：		
七、总体评价		
对该项业务的总体评价：		
基于我们目前对客户的了解，该客户的风险水平为：		
□高风险　□中等风险　□低风险		
八、审计收费可回收性评价		
1.预计审计收费：		
2.成本能否收回：		
九、结论		
项目负责人：	风险管理负责人（必要时）：	
基于上述方面，我们（接受或不接受）此项业务。	基于上述方面，我们（接受或不接受）此项业务。	
签名：	签名：	
日期：	日期：	
最终结论：		

审计业务约定书

索引号：1200

甲方：　　　　　　　　　　公司

乙方：　　　　　　　　　　会计师事务所

兹由甲方委托乙方对　年度财务报表进行审计，经双方协商，达成以下约定：

一、业务范围与审计目标

1.乙方接受甲方委托，对甲方按照企业会计准则和《　　会计制度》编制的　　年12月31日的资产负债表，　　年度的利润表、股东权益变动表和现金流量表以及财务报表附注（以下统称财务报表）进行审计。

2.乙方通过执行审计工作，对财务报表的下列方面发表审计意见：（1）财务报表是否按照企业会计准则和《　　会计制度》的规定编制；（2）财务报表是否在所有重大方面公允反映甲方的财务状况、经营成果和现金流量。

二、甲方的责任与义务

（一）甲方的责任

1. 根据《中华人民共和国会计法》及《企业财务会计报告条例》，甲方及甲方负责人有责任保证会计资料的真实性和完整性。因此，甲方管理层有责任妥善保存和提供会计记录（包括但不限于会计凭证、会计账簿及其他会计资料），这些记录必须真实、完整地反映甲方的财务状况、经营成果和现金流量。

2．按照企业会计准则和《　　会计制度》的规定编制财务报表是甲方管理层的责任，这种责任包括：（1）设计、实施和维护与财务报表编制相关的内部控制，以使财务报表不存在由于舞弊或错误而导致的重大错报；（2）选择和运用恰当的会计政策；（3）做出合理的会计估计。

（二）甲方的义务

1．及时为乙方的审计工作提供其所要求的全部会计资料和其他有关资料（在　　年　　月　　日之前提供审计所需的全部资料），并保证所提供资料的真实性和完整性。

2．确保乙方不受限制地接触任何与审计有关的记录、文件和所需的其他信息。

3．甲方管理层对其作出的与审计有关的声明予以书面确认。

4．为乙方派出的有关工作人员提供必要的工作条件和协助，主要事项将由乙方于外勤工作开始前提供清单。

5．按本约定书的约定及时足额支付审计费用以及乙方人员在审计期间的交通、食宿和其他相关费用。

三、乙方的责任和义务

（一）乙方的责任

1．乙方的责任是在实施审计工作的基础上对甲方财务报表发表审计意见。乙方按照中国注册会计师审计准则(以下简称审计准则)的规定进行审计。审计准则要求注册会计师遵守职业道德规范,计划和实施审计工作,以对财务报表是否不存在重大错报获取合理保证。

2.审计工作涉及实施审计程序，以获取有关财务报表金额和披露的审计证据。选择的审计程序取决于乙方的判断，包括对由于舞弊或错误导致的财务报表重大错报风险的评估。在进行风险评估时，乙方考虑与财务报表编制相关的内部控制，以设计恰当的审计程序，但目的并非对内部控制的有效性发表意见。审计工作还包括评价管理层选用会计政策的恰当性和作出会计估计的合理性，以及评价财务报表的总体列报。

3.乙方需要合理计划和实施审计工作，以使乙方能够获取充分、适当的审计证据，为甲方财务报表是否不存在重大错报获取合理保证。

4.乙方有责任在审计报告中指明所发现的甲方在某个重大方面没有遵循企业会计准则和《　　会计制度》编制财务报表且未按乙方的建议进行调整的事项。

5.由于测试的性质和审计的其他固有限制，以及内部控制的固有局限性，不可避免地存在着某些重大错报在审计后可能仍然未被乙方发现的风险。

6.在审计过程中，乙方若发现甲方内部控制存在乙方认为的重要缺陷，可向甲方提交管理建议书。但乙方在管理建议书中提出的各种事项，并不代表已全面说明所有可能存在的缺陷或已提出所有可行的改善建议。甲方在实施乙方提出的改善建议前应全面评估其影响。未经乙方书面许可，甲方不得向任何第三方提供乙方出具的管理建议书。

7.乙方的审计不能减轻甲方及甲方管理层的责任。

（二）乙方的义务

按照约定时间完成审计工作，出具审计报告。乙方应于　年　月　日前出具审计报告。

四、商定的沟通对象

双方商定，乙方在根据审计准则的规定与治理层沟通时，主要与甲方董事会或执行董事进行沟通，同时，乙方保留针对特定事项或在特定情形下与甲方[股东会整体或执行董事]沟通的权利。

五、审计收费

1．本次审计服务的收费是以乙方各级别工作人员在本次工作中所耗费的时间为基础计算的。乙方预计本次审计服务的费用总额为人民币____万元。

2．甲方应于本约定书签署之日起____日内支付____%的审计费用，其余款项于［审计报告草稿完成日］结清。

3．如果由于无法预见的原因，致使乙方从事本约定书所涉及的审计服务实际时间较本约定书签订时预计的时间有明显的增加或减少时，甲乙双方应通过协商，相应调整本约定书第五条第1项下所述的审计费用。

4．如果由于无法预见的原因，致使本约定书所涉及的审计服务不再进行，由双方协商确定解决办法；如上述情况发生于乙方人员完成现场审计工作，并离开甲方的工作现场之后，甲方应另行向乙方支付人民币____元的补偿费，该补偿费应于甲方收到乙方的收款通知之日起____日内支付。

5．与本次审计有关的其他费用（包括交通费、食宿费、询证费等）由甲方承担。

六、审计报告的出具及使用限制

1．乙方按照《中国注册会计师审计准则第1501号——对财务报表形成审计意见和出具审计报告》、《中国注册会计师审计准则第1502号——在审计报告中发表非无保留意见》、《中国注册会计师审计准则第1503号——在审计报告中增加强调事项段和其他事项段》规定的格式和类型出具审计报告。

2．乙方向甲方致送审计报告一式____份。

3．甲方在提交或对外公布审计报告时，不得修改乙方出具的审计报告及其后附的已审计财务报表。当甲方认为有必要修改会计数据、报表附注和所作的说明时，应当事先通知乙方，乙方将考虑有关的修改对审计报告的影响，必要时，将重新出具审计报告。

七、本约定书的有效期间

本约定书自签署之日起生效，并在双方履行完毕本约定书约定的所有义务后终止。但其中第三（二）2、五、六、九、十、十一项并不因本约定书终止而失效。

八、约定事项的变更

如果出现不可预见的情况，影响审计工作如期完成，或需要提前出具审计报告，甲、乙双方均可要求变更约定事项，但应及时通知对方，并由双方协商解决。

九、终止条款

1．如果根据乙方的职业道德及其他有关专业职责、适用的法律法规或其他任何法定的要求，乙方认为已不适宜继续为甲方提供本约定书约定的审计服务时，乙方可以采取向甲方提出合理通知的方式终止履行本约定书。

2．在终止业务约定的情况下，乙方有权就其于本约定书终止之日前对约定的审计服务项目所做的工作收取合理的审计费用。

十、违约责任

甲、乙双方按照《中华人民共和国合同法》的规定承担违约责任。

十一、适用法律和争议解决

本约定书的所有方面均应适用中华人民共和国法律进行解释并受其约束。本约定书履行地为乙方出具审计报告所在地，因本约定书所引起的或与本约定书有关的任何纠纷或争议（包括关于本约定书条款的存在、效力或终止，或无效之后果），双方选择以下第____种解决方式：

1. 向有管辖权的人民法院提起诉讼；

2. 提交×仲裁委员会仲裁。

十二、双方对其他有关事项的约定

本约定书一式两份，甲、乙方各执一份，具有同等法律效力。

甲方：　　　公司（盖章）　　　　　　乙方：　　会计师事务所（盖章）

法定代表人或授权代表：　　　　　　　法定代表人或授权代表：

（签名并盖章）：　　　　　　　　　　（签名并盖章）：

年　　月　　日　　　　　　　　　　　年　　月　　日

要求被审计单位提供的主要资料

类别	资料名称		是否应有（√或×）	是否提供（√或×）	注释
备查类（1）	公司历史沿革及法律资料	政府批文			
		营业执照			
		税务登记证			
		公司章程及章程修正案			
		公司代码			
		历史发展资料			
	组织结构	组织结构图			
		各投资方简介			
		管理层和财务人员（名单、职责）			
		董事会成员清单			
		分支机构资料			
		所投资企业资料			
		董事会议事规则			
		经理会议事规则			
		与投资者关系管理制度			
		重大经营决策的程序、规则及权限			
		重大投资决策的程序、规则及权限			
		对外担保的程序、规则及权限			
		关联方交易决策的程序与规则			
		考核、激励管理办法			

续表

<table>
<tr><th>类别</th><th colspan="2">资料名称</th><th>是否应有（√或×）</th><th>是否提供（√或×）</th><th>注 释</th></tr>
<tr><td rowspan="14">备查类（1）</td><td rowspan="14">主要业务与技术资料</td><td>公司经营范围与主营业务</td><td></td><td></td><td></td></tr>
<tr><td>主要产品生产工艺流程</td><td></td><td></td><td></td></tr>
<tr><td>主要产品的主要原材料和能源及成本构成</td><td></td><td></td><td></td></tr>
<tr><td>主要产品销售情况</td><td></td><td></td><td></td></tr>
<tr><td>主要客户和供应商情况</td><td></td><td></td><td></td></tr>
<tr><td>特殊行业许可证书</td><td></td><td></td><td></td></tr>
<tr><td>资质证书</td><td></td><td></td><td></td></tr>
<tr><td>商标证书</td><td></td><td></td><td></td></tr>
<tr><td>专利证书</td><td></td><td></td><td></td></tr>
<tr><td>非专利技术</td><td></td><td></td><td></td></tr>
<tr><td>重要特许权利</td><td></td><td></td><td></td></tr>
<tr><td>质量管理体系认证证书</td><td></td><td></td><td></td></tr>
<tr><td>环境管理系统认证证书</td><td></td><td></td><td></td></tr>
<tr><td>生产安全认证证书</td><td></td><td></td><td></td></tr>
<tr><td rowspan="26">备查类（2）</td><td rowspan="3">关联方资料</td><td>关联方名称清单</td><td></td><td></td><td></td></tr>
<tr><td>关联方资料</td><td></td><td></td><td></td></tr>
<tr><td>重大关联方交易资料</td><td></td><td></td><td></td></tr>
<tr><td rowspan="11">财务管理制度</td><td>资金管理办法</td><td></td><td></td><td></td></tr>
<tr><td>存货管理办法</td><td></td><td></td><td></td></tr>
<tr><td>固定资产管理办法</td><td></td><td></td><td></td></tr>
<tr><td>在建工程管理办法</td><td></td><td></td><td></td></tr>
<tr><td>合同管理办法</td><td></td><td></td><td></td></tr>
<tr><td>费用报销管理办法</td><td></td><td></td><td></td></tr>
<tr><td>会计稽核管理办法</td><td></td><td></td><td></td></tr>
<tr><td>会计电算化管理办法</td><td></td><td></td><td></td></tr>
<tr><td>会计档案管理办法</td><td></td><td></td><td></td></tr>
<tr><td>授权控制制度</td><td></td><td></td><td></td></tr>
<tr><td>员工福利及奖励制度</td><td></td><td></td><td></td></tr>
<tr><td rowspan="12">重要经济合同或协议</td><td>无形资产转让协议</td><td></td><td></td><td></td></tr>
<tr><td>资产出让或出售协议</td><td></td><td></td><td></td></tr>
<tr><td>资产置换协议</td><td></td><td></td><td></td></tr>
<tr><td>对外投资或股权转让协议</td><td></td><td></td><td></td></tr>
<tr><td>债务重组协议</td><td></td><td></td><td></td></tr>
<tr><td>融资租赁协议</td><td></td><td></td><td></td></tr>
<tr><td>重要销售合同</td><td></td><td></td><td></td></tr>
<tr><td>重要采购合同</td><td></td><td></td><td></td></tr>
<tr><td>重大设施、设备经营租赁协议</td><td></td><td></td><td></td></tr>
<tr><td>托管协议</td><td></td><td></td><td></td></tr>
<tr><td>委托理财协议</td><td></td><td></td><td></td></tr>
<tr><td>担保协议</td><td></td><td></td><td></td></tr>
</table>

续表

类别	资料名称		是否应有（√或×）	是否提供（√或×）	注释
备查类（2）	重要实物资产	重要土地目录			
		国有土地使用证			
		土地出让合同或转让协议			
		发票或收据			
		房地产开发用地规划许可证			
		房地产开发工程规划许可证			
		房地产开发建设工程许可证			
		房地产开发商品房销售许可证			
		重大拆迁补偿协议			
	监管机构相关资料	海关监管报告			
备查类（3）		所得税减免批准证明			
		税收资料			
	中介机构相关资料	验资报告			
		审计报告			
		管理建议书			
		内部控制审核报告			
		资产评估报告			
	会议纪要	历届董事会决议			
		主要经理会纪要			
业务类	各循环内控制度及业务流程	采购与付款内控制度及业务流程图（表）			
		销售与收款内控制度及业务流程图（表）			
		仓储与生产内控制度及业务流程图（表）			
		工薪与人事内控制度及业务流程图（表）			
		财务报告编制内控制度			
		……			
	实质性程序	未审计会计报表			
		减免税及纳税鉴定文件			
		年终纳税清算表或纳税申报表			
		借款合同、贷款证及抵押合同复印件			
		审计截止日银行对账单			
		审计截止日银行余额调节表			
		存货盘点表			
		固定资产盘点表			
		房屋产权证及车辆行驶证			
		完整填写或提供各会计报表项目明细表（见电子表格表样）			
		……			
其他类	签字盖章类	审计业务约定书（现场审计开始前）			
		各类函证资料（盖章并邮寄送达）			
		管理当局声明书（审计工作结束时）			
		审计确认函（对审计调整事项及审定报表作确认）			

任务5 审计证据

一、审计证据的含义

审计证据是指注册会计师为了得出审计结论和形成审计意见而使用的信息。审计证据包括构成财务报表基础的会计记录所含有的信息和其他信息。

（一）会计记录

会计记录是指对初始会计分录形成的记录和支持性记录。例如，支票、电子资金转账记录、发票和合同；总分类账、明细分类账、会计分录以及对财务报表予以调整但未在账簿中反映的其他分录；支持成本分配、计算、调节和披露的手工计算表和电子数据表。会计记录是编制财务报表的基础，构成财务报表审计所需获取的审计证据的重要部分。

（二）其他信息

会计记录中含有的信息本身并不足以提供充分的审计证据。除此之外，还应当获取用作审计证据的其他信息。包括以下几个方面：

1. 从被审计单位内部或外部获取的会计记录以外的信息。如被审计单位会议记录、内部控制手册、询证函的回函、分析师的报告、与竞争者的比较数据等。

2. 通过询问、观察和检查等审计程序获取的信息，如通过检查存货获取存货存在性的证据等。

3. 自身编制或获取的可能合理推断得出结论的信息，如注册会计师编制的各种计算表、分析表等。财务报表依据的会计记录和其他信息的关系。

财务报表依据的会计记录中包含的信息和其他信息共同构成了审计证据，两者缺一不可。如果没有前者，审计工作将无法进行；如果没有后者，可能无法识别重大错报风险。只有将两者结合在一起，才能将审计风险降至可接受的低水平，为发表审计意见提供合理基础。

二、获取充分、适当的审计证据是审计工作的核心

为了获取合理保证，注册会计师应当获取充分、适当的审计证据，以将审计风险降至可接受的低水平，使其能够得出合理的结论，作为形成审计意见的基础。

审计证据是审计中的一个核心概念。审计凭证据“说话”。收集和评价审计证据是注册会计师得出审计结论、支撑审计意见的基础。要实现审计目标，必须收集和评价审计证据。注册会计师形成任何审计结论和意见都必须以合理的证据作为基础，否则，审计报告就不可信赖。

整个审计过程就是取得审计证据和编制审计工作底稿的过程。审计的大量工作就是按照一定的原则和方法，实施必要的审计程序，搜集、评价、鉴定审计证据，最后据以形成审计结论和审计意见。获取充分、适当的审计证据是审计工作的核心。

依据会计记录编制财务报表是被审计单位管理层的责任，注册会计师应当测试会计记录

以获取审计证据。审计的主要工作通过实地审查来搜集整理审计证据，以此作为对财务报表发表审计意见的基础。因此搜集审计证据是审计工作的核心，也是考核审计工作质量的重要环节，关系审计工作的成败。

三、审计证据的种类

审计证据按其外形特征分为四大类。

（一）实物证据

这是指通过实际清点或观察所取得的，用于确定某项实物资产是否确实存在的证据（如资产的监盘）。

实物证据是证实实物资产是否存在的非常有说服力的证据，但实物证据不能证明资产的所有权、完整性和价值。对于取得的实物证据应就其所有权及其价值情况另行审计。

（二）书面证据

这是审计证据的主要组成部分，也可称之为基本证据，按其来源不同分为外部证据和内部证据。收集书面证据时，应注意反映内容的真实程度和对证据的整理归类。

（三）口头证据

这是指有关人员对审计人员的提问进行口头答复所形成的证据。对各种重要的口头证据应尽快做成记录，还应取得被询问者的签名确认。

口头证据是佐证证据。一般情况下，口头证据需要得到其他相关证据的支持。

（四）环境证据（状况证据）

这是指对被审计单位产生影响的各种环境事实（被审计单位的内部控制情况、人员的素质、各种管理条件和管理水平等）。

环境证据一般不属于基本证据，但可以帮助审计人员了解被审计单位及其经济活动所处的环境，是审计人员进行判断必须掌握的资料。审计证据的充分性，是对审计证据数量的衡量。注册会计师需要获取的审计证据的数量受其对重大错报风险评估的影响，并受审计证据质量的影响。

四、审计证据的特性

1. 审计证据的特性。即审计证据的充分性和适当性。这是审计证据的基本特性。

2. 审计证据的充分性。这是对审计证据数量的衡量。注册会计师需要获取的审计证据的数量受其对重大错报风险评估的影响，并受审计证据质量的影响。

3. 审计证据的适当性。这是对审计证据质量的衡量，即审计证据在支持审计意见所依据的结论方面具有的相关性和可靠性。

注册会计师应当根据具体情况设计和实施恰当的审计程序，以获取充分、适当的审计证据。注册会计师应当保持职业怀疑态度，运用职业判断，评价审计证据的充分性和适当性。

4．职业怀疑。这是指注册会计师执行审计业务的一种态度，包括采取质疑的思维方式，对可能表明由于错误或舞弊导致错报的迹象保持警觉，以及对审计证据进行审慎评价。注册会计师不能假定“管理层是诚实的”，而应当考虑他们不诚实的可能性。

（一）审计证据的充分性

审计证据的充分性是对审计证据数量的衡量，是指审计证据的数量足以使注册会计师形成和发表具有说服力的审计意见，是为形成审计意见所需审计证据的最低数量要求。注册会计师需要获取的审计证据的数量受其对重大错报风险评估的影响，并受审计证据质量的影响。

1．注册会计师需要获取的审计证据的数量受错报风险的影响。错报风险越大，需要的审计证据可能越多。

例如，注册会计师对某电脑公司进行审计，经过分析认为，受被审计单位行业性质的影响，存货陈旧的可能性相当高，存货计价的错报可能性就比较大。为此，注册会计师在审计中，就要选取更多的存货样本进行测试，以确定存货陈旧的程度，从而确认存货的价值是否被高估。

2．注册会计师需要获取的审计证据的数量受审计证据质量的影响。一般而言，审计证据的相关与可靠程度越高，即质量越高，需要的审计证据数量可能越少。反之，审计证据的数量就要相应增加。

（二）审计证据的适当性

审计证据的适当性是对审计证据质量的衡量，即审计证据在支持审计意见所依据的结论方面具有的相关性和可靠性。

1．审计证据的相关性。

审计证据的相关性是指审计证据要有证明力，与审计目标相关。

例如，在审计过程中怀疑被审计单位发出存货却没有给顾客开票，需要确认销售是否完整。注册会计师应当从发货单中选取样本，追查与每张发货单相应的销售发票副本，以确定是否每张发货单均已开具发票。如果从销售发票副本中选取样本，并追查至与每张发票相应的发货单，由此所获得的证据与完整性目标就不相关。

2．审计证据的可靠性。

审计证据的可靠性是指证据的可信程度。审计证据应能如实地反映客观事实。审计证据的可靠性受其来源和性质的影响，并取决于获取审计证据的具体环境。判断审计证据可靠性的一般原则包括以下几项：

(1) 从被审计单位外部独立来源获取的审计证据比从其他来源获取的审计证据更可靠。

从外部独立来源获取的审计证据由完全独立于被审计单位以外的机构或人士编制并提供，未经被审计单位有关职员之手，从而减少了伪造、更改凭证或业务记录的可能性，因而其证明力最强。如银行询证函回函、应收账款询证函回函、保险公司等机构出具的证明等。相反，从其他来源获取的审计证据，由于证据提供者与被审计单位存在经济或行政关系等原因，其可靠性应受到质疑。如被审计单位内部的会计记录、会议记录等。

（2）相关控制有效时内部生成的审计证据比控制薄弱时内部生成的审计证据更可靠。

如果被审计单位有着健全的内部控制且在日常管理中得到一贯的执行，会计记录的可信赖程度将会增加。如果被审计单位的内部控制薄弱，甚至不存在任何内部控制，被审计单位内部凭证记录的可靠性就大为降低。例如，如果与销售业务相关的内部控制有效，注册会计师就能从销售发票和发货单中取得比内部控制不健全时更加可靠的审计证据。

（3）直接获取的审计证据比间接获取或推论得出的审计证据更可靠。

例如，注册会计师观察某项控制的运行得到的证据比询问被审计单位某项内部控制的运行得到的证据更可靠，而间接获取的证据有被涂改及伪造的可能性，降低了可信赖程度。推论得出的审计证据，其主观性较强，人为因素较多，可信赖程度也受到影响。

（4）以文件记录形式（包括纸质、电子或其他介质）存在的审计证据比口头形式的审计证据更可靠。

例如，会议的同步书面记录比对讨论事项事后的口头表述更可靠。口头证据本身并不足以证明事实的真相，仅仅是提供一些重要线索，为进一步调查确认所用。

如注册会计师在对应收账款进行账龄分析后，可以向应收账款负责人询问逾期应收账款收回的可能性。如果该负责人的意见与注册会计师自行估计的坏账损失基本一致，则这一口头证据就可成为证实注册会计师对有关坏账损失的判断的重要证据。但在一般情况下，口头证据往往需要得到其他相应证据的支持。

（5）从原件获取的审计证据比从复印、传真或通过拍摄、数字化或其他方式转化成电子形式的文件获取的审计证据更可靠。

注册会计师可审查原件是否有被涂改或伪造的迹象，排除伪证，提高证据的可信赖程度。而传真件或复印件容易是变造或伪造的结果，可靠性较低。

通常情况下，注册会计师以函证方式直接从被询证者获取的审计证据，比被审计单位内部生成的审计证据更可靠。通过函证等方式从独立来源获取的相互印证的信息，可以提高注册会计师从会计记录或管理层书面声明中获取的审计证据的保证水平。

（6）评价审计证据的可靠性可能出现的重要例外情况。

例如，审计证据虽是从独立的外部来源获得，但如果该证据是由不知情者或不具备资格者提供，审计证据也可能是不可靠的。

同样，如果注册会计师不具备评价证据的专业能力，那么即使是直接获取的证据，也可能不可靠。例如，如果注册会计师无法区分人造玉石与天然玉石，那么他对天然玉石存货的检查就不可能提供有关天然玉石是否实际存在的可靠证据。

（三）审计证据的充分性和适当性之间的关系

充分性和适当性是审计证据的两个重要特征，两者缺一不可，只有充分且适当的审计证据才是有证明力的。

审计证据的适当性会影响审计证据的充分性。审计证据的数量也受审计证据质量的影响。一般而言，审计证据的相关与可靠程度越高，即质量越高，需要的审计证据数量可能越少。反之，审计证据的数量就要相应增加。

需要注意的是，尽管审计证据的充分性和适当性相关，但如果审计证据的质量存在缺陷，那么注册会计师仅靠获取更多的审计证据可能无法弥补其质量上的缺陷。例如，注册会计师应当获取与销售收入完整性相关的证据，实际获取到的却是有关销售收入真实性的证据，审计证据与完整性目标不相关，即使获取的证据再多，也证明不了收入的完整性。同样的，如果注册会计师获取的证据不可靠，那么证据数量再多也难以起到证明作用。

需指出的是，注册会计师获取审计证据时，可以考虑成本－效益原则。需注意的是，对于重要的审计项目，注册会计师不应该以审计成本的高低或获取审计证据的难易程度作为减少必要审计程序的理由。不重要的才可以适当考虑。

五、获取审计证据所需实施的审计总体程序

在获取审计证据方面注册会计师的目标是：通过恰当的方式设计和实施审计程序，获取充分、适当的审计证据，以得出合理的结论，作为形成审计意见的基础。

审计的总体程序，按审计程序的目的分为：风险评估程序、控制测试、实质性程序。注册会计师应当通过实施风险评估程序、控制测试（必要时或决定测试时）、实质性程序等审计程序，获取充分、适当的审计证据。

（一）风险评估程序

实施风险评估程序是评估财务报表层次和认定层次重大错报风险的基础。风险评估程序为注册会计师确定重要性水平、识别需要特别考虑的领域、设计和实施进一步审计程序等工作提供了重要基础，有助于注册会计师合理分配审计资源，获取充分、适当的审计证据。

需要注意的是，风险评估程序并不能识别出所有的重大错报风险，虽然它可作为评估财务报表层次和认定层次重大错报风险的基础，但并不能为发表审计意见提供充分、适当的审计证据。为获取充分、适当的审计证据，注册会计师还需要实施进一步程序，包括实施控制测试（必要时或决定测试时）和实质性程序。

（二）控制测试（必要时或决定测试时）

实施控制测试的目的是测试内部控制在防止、发现并纠正认定层次重大错报方面运行的有效性，从而支持或修正重大错报风险的评估结果，据以确定实质性程序的性质、时间和范围。

当存在下列情形之一时，控制测试是必要的：

（1）在评估认定层次重大错报风险时，预期控制的运行是有效的，应当实施控制测试以支持评估结果。

（2）仅实施实质性程序不足以提供有关认定层次的充分、适当的审计证据，注册会计师应当实施控制测试，以获取内部控制运行有效性的审计证据。

（三）实质性程序

实质性程序包括对各类交易、账户余额、列报的细节测试以及实质性分析程序。注册会计师应当执行实质性程序，以获取充分、适当的审计证据。

注册会计师对重大错报风险的评估是一种判断，可能无法充分识别所有的重大错报风险，并且由于内部控制存在固有局限性，无论对重大错报风险的评估结果如何，都应当针对所有重大的各类交易、账户余额、列报实施实质性程序。

六、注册会计师获取审计证据的具体审计程序

在实施风险评估程序、控制测试和实质性程序时，可根据需要单独或综合运用以下程序，以获取充分、适当的审计证据：检查记录或文件；检查有形资产；观察；询问；函证；重新计算；重新执行；分析程序。

上述审计程序单独或组合起来，可用做风险评估程序、控制测试和实质性程序。

（一）检查记录或文件

检查记录或文件是指对被审计单位的记录或文件进行审查。目的是对财务报表所包含或应包含的信息进行验证。

例如，被审计单位通常对每一笔销售交易都保留一份顾客订单、一张发货单和一份销售发票副本。这些凭证对于注册会计师验证被审计单位记录的销售交易的正确性是有用的证据。

检查记录或文件可提供可靠程度不同的审计证据，审计证据的可靠性取决于记录或文件的来源和性质。外部记录或文件通常被认为比内部记录或文件可靠。如土地使用权证、保险单、契约和合同等文件。

（二）检查有形资产

检查有形资产是指对资产实物进行审查。检查有形资产程序主要适用于存货和现金，也适用于有价证券、应收票据和固定资产等。检查存货项目前，可先对客户实施的存货盘点进行观察。

检查有形资产可为其存在性提供可靠的审计证据，但不一定能够为权利和义务或计价认定提供可靠的审计证据。

（三）观察

观察是指注册会计师察看相关人员正在从事的活动或执行的程序。

例如，对客户执行的存货盘点或控制活动进行观察。观察提供的审计证据仅限于观察发生的时点，并且在相关人员已知被观察时，相关人员从事活动或执行程序可能与日常的做法不同，从而会影响注册会计师对真实情况的了解。因此，有必要获取其他类型的佐证证据。

（四）询问

询问是指以书面或口头方式，向被审计单位内部或外部的知情人员获取财务信息和非财务信息，并对答复进行评价的过程。

知情人员对询问的答复可能为注册会计师提供尚未获悉的信息或佐证证据，也可能提供与已获悉信息存在重大差异的信息。注册会计师应当根据询问结果考虑修改审计程序或实施追加的审计程序。询问本身不足以发现认定层次存在的重大错报，也不足以测试内部控制运行的有效性，注册会计师还应当实施其他审计程序以获取充分、适当的审计证据。

（五）函证

函证是指注册会计师为了获取影响财务报表或相关披露认定的项目的信息，通过直接来自第三方的对有关信息和现存状况的声明，获取和评价审计证据的过程。例如对应收账款余额或银行存款的函证。

通过函证获取的证据可靠性较高，因此，函证是受到高度重视并经常被使用的一种重要程序。

（六）重新计算

重新计算是指注册会计师以人工方式或使用计算机辅助审计技术，对记录或文件中的数据计算的准确性进行核对。

重新计算通常包括计算销售发票和存货的总金额，加总日记账和明细账，检查折旧费用和预付费用的计算，检查应纳税额的计算等。

（七）重新执行

重新执行是指注册会计师以人工方式或使用计算机辅助审计技术，重新独立执行作为被审计单位内部控制组成部分的程序或控制。

例如，注册会计师利用被审计单位的银行存款日记账和银行对账单，重新编制银行存款余额调节表，并与被审计单位编制的银行存款余额调节表进行比较。

（八）分析程序

分析程序是指注册会计师通过研究不同财务数据之间以及财务数据与非财务数据之间的内在关系，对财务信息作出评价。分析程序还包括调查识别出的、与其他相关信息不一致或与预期数据严重偏离的波动和关系。

在设计控制测试和细节测试时，注册会计师应当确定选取测试项目的方法以有效实现审计程序的目的。审计证据之间存在不一致或对审计证据可靠性存有疑虑。如果存在下列情形之一，注册会计师应当确定需要修改或追加哪些审计程序予以解决，并考虑存在的情形对审计其他方面的影响：（1）从某一来源获取的审计证据与从另一来源获取的不一致；（2）注册会计师对用作审计证据的信息的可靠性存有疑虑。

七、审计取证的基本方法和审计证据的形成过程

（一）逆查法和顺查法

按照审计工作的顺序与会计核算程序的关系，审计方法可分为逆查法和顺查法。

逆查法又称倒查法，是逆着会计核算程序，从检查财务报表核对会计账簿，再由会计账簿核对会计凭证以确定会计认定的一种检查方法。这是审计工作最常用的一种方法，也就是从表到账、到证来证明交易或事项“存在”的认定。

顺查法又称正查法，是顺着会计核算的程序，从检查会计凭证开始，用会计凭证核对会计账簿，再用会计账簿核对财务报表以确定会计认定的一种检查方法。这种方法检查得比较系

统、全面，但工作量大，一般适用于财务管理比较混乱的被查对象，也就是从证、到账、到表。

（二）详查法和抽样法

按照审查经济业务资料的规模大小和收集审计证据的范围的大小不同，审计取证方法又可分为详查法和抽样法。

详查法又称详细审计，是指对被审计单位一定时期内的全部会计资料进行详细的审核检查。此法的优点是审计风险较小，审计结果比较正确；缺点是工作量大，审计成本较高。除了一些有严重问题、非彻查不可的专案审计，以及经济活动很少的小型企事业单位外，一般不经常采用详查法。

抽样法又称抽样审计，是指对被审计单位一定时期内的会计资料按照一定的方法抽出一部分进行审核检查。此法的优点是可以减少审计的工作量，降低审计成本。缺点是有较大的局限性，如果样本选择不当，就会使审计人员做出错误的结论。采用这种方法时，审计人员通常要对被审计单位的内部控制制度进行评价，使审计结论有较大的可靠性。

（三）审计证据的形成过程

注册会计师为了使所收集到的分散的、个别的审计证据，变成充分的、适当的证据，以正确评价被审计单位会计报表是否在所有重大方面公允地反映了其财务状况、经营成果及现金流量，就必须按照一定的方法对审计证据进行整理与分析，使之条理化、系统化。

1．审计证据的收集。

实施审计的过程也就是收集审计证据的过程。通过采取检查记录或文件、检查有形资产、观察、询问、函证、重新计算、重新执行、分析程序等，以获取充分、适当的审计证据；同时还应考虑审计风险和重要性等因素以及成本效益原则。

2. 审计证据的整理与分析。

基本方法有：分类、计算、比较、小结、综合。

在审计证据是收集、整理与分析中应注意的问题：(1) 审计证据的取舍。取舍的标准要考虑金额的大小以及问题性质的严重程度。(2) 清楚事实的现象与本质。(3) 排除伪证。

八、审计准则对存货、函证、实质性分析程序的具体考虑

《中国注册会计师审计准则第 1311 号——对存货、诉讼和索赔、分部信息等特定项目获取审计证据的具体考虑》规范了注册会计师在财务报表审计中对存货、诉讼和索赔、分部信息等特定项目的某些方面获取充分、适当的审计证据的具体考虑。《中国注册会计师审计准则第 1312 号——函证》规范了注册会计师按规定使用函证程序，以获取相关、可靠的审计证据。《中国注册会计师审计准则第 1313 号——分析程序》规范了注册会计师在财务报表审计中将分析程序用做实质性程序（即实质性分析程序），以及在临近审计结束时设计和实施分析程序以有助于对财务报表形成总体结论。

（一）存货

1．如果存货对财务报表是重要的，注册会计师应当实施下列审计程序，对存货的存在

和状况获取充分、适当的审计证据：

（1）在存货盘点现场实施监盘（除非不可行）；

（2）对期末存货记录实施审计程序，以确定其是否准确反映实际的存货盘点结果。

2. 在存货盘点现场实施监盘时，注册会计师应当实施下列审计程序：

（1）评价管理层用以记录和控制存货盘点结果的指令和程序；

（2）观察管理层制定的盘点程序的执行情况；

（3）检查存货；

（4）执行抽盘。

如果存货盘点在财务报表日以外的其他日期进行，注册会计师还应当实施其他审计程序，以获取审计证据，确定存货盘点日与财务报表日之间的存货变动是否已得到恰当的记录。

3. 如果在存货盘点现场实施存货监盘不可行，注册会计师应当实施替代审计程序，以获取有关存货的存在和状况的充分、适当的审计证据。如果不能实施替代审计程序，注册会计师应当在审计报告中发表非无保留意见。

（二）函证程序

函证（即外部函证），是指注册会计师直接从第三方（被询证者）获取书面答复作为审计证据的过程，书面答复可以采用纸质、电子或其他介质等形式。在使用函证程序时，注册会计师的目标是：设计和实施函证程序，以获取相关、可靠的审计证据。

1. 实施函证程序以获取审计证据的重要性。

通常情况下，注册会计师以函证方式直接从被询证者获取的审计证据，比被审计单位内部生成的审计证据更可靠。

无论评估的重大错报风险结果如何，注册会计师都应当针对所有重大类别的交易、账户余额和披露，设计和实施实质性程序；注册会计师应当考虑是否将函证程序用作实质性程序。

评估的风险越高，需要获取越有说服力的审计证据。为此，注册会计师可以增加审计证据的数量或者获取更相关、更可靠的审计证据，或将两种方式结合使用。

例如，注册会计师更加重视直接从第三方获取审计证据，或从不同的独立来源获取相互印证的审计证据。实施函证程序，可以帮助注册会计师获取可靠性高的审计证据，以应对由于舞弊或错误导致的特别风险。

通过函证等方式从独立来源获取的相互印证的信息，可以提高注册会计师从会计记录或管理层书面声明中获取的审计证据的保证水平。

2. 函证方式、未回函与不符事项。

函证方式分为积极式函证和消极式函证。

（1）积极式函证。指要求被询证者直接向注册会计师回复，表明是否同意询证函所列示的信息，或填列所要求的信息的一种询证方式。

（2）消极式函证。指要求被询证者只有在不同意询证函所列示的信息时才直接向注册会计师回复的一种询证方式。

（3）未回函。指被询证者对积极式询证函未予回复或回复不完整，或询证函因未被送达而退回。

（4）不符事项。指被询证者提供的信息与询证函要求确认的信息不一致，或与被审计单位记录的信息不一致。

3．函证程序的实施。

（1）注册会计师应当对银行存款、借款（包括零余额账户和在本期内注销的账户）、借款及与金融机构往来的其他重要信息实施函证程序，除非有充分证据表明某一银行存款、借款及与金融机构往来的其他重要信息对财务报表不重要且与之相关的重大错报风险很低。

如果不对这些项目实施函证程序，注册会计师应当在审计工作底稿中说明理由。

（2）注册会计师应当对应收账款实施函证程序，除非有充分证据表明应收账款对财务报表不重要，或函证很可能无效。

如果认为函证很可能无效，注册会计师应当实施替代审计程序，获取相关、可靠的审计证据。

如果不对应收账款函证，注册会计师应当在审计工作底稿中说明理由。

（3）当实施函证程序时，注册会计师应当对询证函保持控制，包括以下几个方面：

①确定需要确认或填列的信息；

②选择适当的被询证者；

③设计询证函，包括正确填列被询证者的姓名和地址，以及被询证者直接向注册会计师回函的地址等信息；

④发出询证函并予以跟进，必要时再次向被询证者寄发询证函。

（4）如果管理层不允许寄发询证函，注册会计师应当做以下几项工作：

①询问管理层不允许寄发询证函的原因，并就其原因的正当性及合理性搜集审计证据；

②评价管理层不允许寄发询证函对评估的相关重大错报风险（包括舞弊风险），以及其他审计程序的性质、时间安排和范围的影响；

③实施替代程序，以获取相关、可靠的审计证据。

如果认为管理层不允许寄发询证函的原因不合理，或实施替代程序无法获取相关、可靠的审计证据，注册会计师应当与治理层进行沟通。确定其对审计工作和审计意见的影响。

4．注册会计师应当评价实施函证程序的结果是否提供了相关、可靠的审计证据，或是否有必要进一步获取审计证据。

（1）对回函不符的情况，注册会计师应当调查不符事项，以确定是否存在错报。（2）如果存在对询证函回函的可靠性产生疑虑的因素，注册会计师应当进一步获取审计证据以消除这些疑虑。

（3）如果认为询证函回函不可靠，注册会计师应当评价其对评估的相关重大错报风险（包括舞弊风险），以及其他审计程序的性质、时间安排和范围的影响。

（4）在未回函的情况下，注册会计师应当实施替代程序以获取相关、可靠的审计证据。

（5）如果注册会计师认为取得积极式函证回函是获取充分、适当的审计证据的必要程序，则替代程序不能提供注册会计师所需要的审计证据。在这种情况下，如果未获取回函，注册会计师应当按照《中国注册会计师审计准则第 1502 号——在审计报告中发表非无保留意见》的规定，确定其对审计工作和审计意见的影响。

5．消极式函证比积极式函证提供的审计证据的说服力低。除非同时满足下列条件，注册会计师不得将消极式函证作为唯一实质性程序，以应对评估的认定层次重大错报风险：

（1）注册会计师将重大错报风险评估为低水平，并已就与认定相关的控制的运行的有效性获取充分、适当的审计证据；

（2）需要实施消极式函证程序的总体由大量的小额、同质的账户余额、交易或事项构成；

（3）预期不符事项的发生率很低；

（4）没有迹象表明接收询证函的人员或机构不认真对待函证。

（三）分析程序（实质性分析程序）

注册会计师的目标是：实施实质性分析程序时，获取相关、可靠的审计证据；在临近审计结束时，设计和实施分析程序，帮助注册会计师对财务报表形成总体结论，以确定财务报表是否与其对被审计单位的了解一致。

1. 设计和实施实质性分析程序时，无论单独使用或与细节测试结合使用，注册会计师都应当做以下几项工作：

（1）考虑针对所涉及认定评估的重大错报风险和实施的细节测试（如有），确定特定实质性分析程序对这些认定的适用性；

（2）考虑可获得信息的来源、可比性、性质和相关性以及与信息编制相关的控制，评价在对已记录的金额或比率作出预期时使用数据的可靠性；

（3）对已记录的金额或比率作出预期，并评价预期值是否足够精确地识别重大错报（包括单项重大的错报和单项虽不重大但连同其他错报可能导致财务报表产生重大错报的错报）；

（4）确定已记录金额与预期值之间可接受的，且无须按本准则第七条的要求作进一步调查的差异额。

2. 在临近审计结束时，注册会计师应当设计和实施分析程序，帮助其对财务报表形成总体结论，以确定财务报表是否与其对被审计单位的了解一致。

如果实施分析程序，识别出与其他相关信息不一致的波动或关系，或与预期值差异重大的波动或关系，注册会计师应当采取下列措施调查这些差异：

（1）询问管理层，并针对管理层的答复获取适当的审计证据；

（2）根据具体情况在必要时实施其他审计程序。

九、审计证据取证的工作要点和审计案例

（一）审计证据取证的工作要点

在财务报表审计中，如何根据审计的目标设计、选择和实施审计程序，以取得充分、适当的审计证据，使其能够得出合理的结论，作为形成审计意见的基础，是审计工作的核心。要注重以下两个方面。

1. 掌握和运用审计程序和审计方法。

审计人员应根据审计准则的要求，审计目标和风险评估结果，以及被审计单位的实际情况选择和实施审计程序。（在实质性程序工作底稿中，每个项目的第一张工作底稿就是本项目的实质性程序库，审计人员要选择和实施相关的审计程序）。在实施审计程序时，根据实际情况采取恰当的审计方法取得审计证据。

2. 保持职业怀疑，必须运用职业判断。

保持职业怀疑、运用职业判断对审计取证是至关重要的。被审计单位的具体情况千差万别，在审计过程中，注册会计师需要运用大量的职业判断。注册会计师在确定审计程序的性质、

时间和范围，评价审计证据，得出审计结论和形成审计意见时，都离不开职业判断。离开了职业判断，审计就成为简单机械地执行审计程序的过程。

（二）财务报表审计案例

1．案例背景。

广州诚信达会计师事务所接受委托，于2011年1月11日至31日对广州飞达工业有限公司2010年度财务报表进行审计。要求学生组成模拟的审计项目组，进行案例分析和能力训练。

2．案例分析。

【案例 1】关于审计证据可靠性的分析。

一个销售业务有发货凭证（往往附运单）、销售发票、销售合同、赊销销售单、相关的销售明细账等证据，你认为哪些证据的可靠性最高？

解析：发货凭证。

【案例 2】关于审计证据可靠性的分析。

审计小组在对广州飞达工业有限公司2010年度的会计报表进行审计时，取得以下六组审计证据：

（1）收料单与购货发票；　　（2）销售发票副本与产品；

（3）领料单与材料成本计算表；　　（4）工资计算单与工资发放表；

（5）存货盘点表与存货监盘记录；　　（6）银行询证函与银行对账单。

要求：请分别说明每组证据中哪些证据较为可靠，并简要说明理由。

解析：

（1）购货发票比收料单可靠。因为购货发票来源于公司以外的机构或个人，属于外部证据；而收料单是公司自行编制的，属于内部证据。

（2）销售发票副本比产品出库单可靠。销售发票副本是在外部流转的，获得公司以外的机构或个人的承认；产品出库单为只在公司内部流转的内部证据。

（3）领料单比材料成本计算表可靠。领料单被预先连续编号并经公司不同部门人员的审核；材料成本计算表只在公司会计部门内部流转。

（4）工资发放表比工资计算单可靠。工资发放表需经会计部门以外的工资领取人签字，工资计算单只在公司会计部门内部流转。

（5）存货监盘记录比存货盘点表可靠。存货监盘记录是注册会计师自行编制的；存货盘点表是公司内部人员编制的。

（6）银行询证函比银行对账单可靠。银行询证函回函是注册会计师直接获取的，未经公司人员之手；银行对账单经公司人员之手，存在伪造、涂改的可能性。

【案例 3】关于审计证据可靠性的分析。

审计小组在审计过程中收集了以下书面证据：

①销售发票；②明细账；③银行对账单；④应收票据；⑤有限责任公司章程；⑥采购合同；⑦董事会会议记录；⑧应收账款函证回函；⑨管理当局声明书；⑩货运提单复印件。

要求：

（1）将上述书面审计证据按其来源划分为外部证据和内部证据；

（2）为什么说外部证据的可靠性要大于内部证据？

（3）外部证据之间是否存在可靠性的差异？

解析：

（1）外部证据有③④⑥⑧⑩；内部证据有①②⑤⑦⑨。

（2）由于外部证据来自于被审单位以外的有关方面，虚构和篡改的可能性较小，又可向有关方面进行查证，因此一般具有较强证明力。内部证据是由被审单位内部机构或职员编制或提供的证据。由于内部证据产生于单位内部，还可能会进行虚构和篡改，因此一般来说其可靠性不如外部证据。

（3）外部证据又可分为由被审单位以外有关方面编制并直接递交注册会计师的外部证据和被审单位持有的由被审单位以外有关方面编制的外部证据两种类型。前者如应收账款函证回函等；后者如银行对账单等。其中，前者的可靠性强于后者，因为前者是由独立于被审单位以外的机构提供的，并且未经被审单位有关职员之手，从而排除了伪造或更改证据的可能性。

【案例 4】关于对销售收入的审计获取审计证据的分析。

审计小组抽查一笔销售金额为1000万元的主营业务收入。注册会计师要查这笔大额的业务肯定要查它的凭证，包括：发票、销售合同、发货凭证。检查时未发现发货凭证。被审单位拿出一张传真，说是购买1000万元产品的客户由于仓库腾不开，让我们暂时保存几天，所以不让我们发货。那么，注册会计师能不能认可他已经确定的这笔销售业务？

解析：认可不认可关键要看发货，发货没发货要看凭证，发货凭证没有，传真没有直接证明力，也没有法律效力。如果看见了原件也看见了传真，那么传真具有法律效力，因为和原件对照过。不光传真件，复印件、电子邮件、手机短信等都是同样的道理。

【案例 5】关于对应收账款是否发生坏账损失获取审计证据的分析。

广州飞达工业有限公司2010年12月 31日财务报表显示，其应收账款余额为300 000元，备抵坏账8000元。注册会计师小王运用所有的审计程序审核了上述两个账户。认为表述恰当，符合会计准则要求。但在2011年1月15日外勤工作尚未结束时，广州飞达工业有限公司的主要客户隆兴公司因遭受火灾而无力偿还应付飞达公司的债务。2010年12月31日的账面显示，当时应收隆兴公司的账款金额为64000元。现注册会计师小王与飞达公司的财务经理讨论有关火灾情况。小王认为：报表上要调整这一火灾损失。而财务经理认为不应调整这一损失，因为火灾发生在2011年。请问：

（1）小王应如何取得证据来证实这一损失发生在 2010 年，而不是 2011 年？

（2）哪些证据将成为调整 2010 年财务报表的依据？

解析：

（1）注册会计师应通过取得有关部门对火灾的鉴定报告，来证实火灾确实发生在 2011 年而不是 2010 年。如消防、保险以及公安部门等。

（2）根据这些报告的日期，可以基本确认坏账发生在 2010 年的年度报表结算日之后，所以可确认 2010 年飞达公司财务状况良好，欠款可以收回。故 2010 年不应增加提取坏账准备。但由于该项损失重大，因此，应在 2010 年财务报表的附注中予以说明。或者另行编制调整后的财务报表提供参考，揭露隆兴公司无力偿债后对飞达公司财务状况的影响。

【案例6】实施分析程序（实质性分析程序）获取审计证据的分析。

诚信达会计师事务所注册会计师李华是飞达公司2010年度会计报表审计项目的主审计师，当他对飞达公司的会计报表进行分析性复核时，发现飞达公司的发达部、旺达部、广电一部、广电二部和广电三部等五个经营部上报的“利润总额”本年数均为零，觉得事情蹊跷。

于是，他分析了5个经营部历年经营情况以及市场中其他同类型经营部的一般利润水平，认为5个经营部上报的利润可能是虚假的，于是指导外勤执业的注册会计师针对发达部等5个经营部的本年利润实施重点审计，经外勤注册会计师的重点取证，发现5个经营部经营亏损挂账2865万元。请你从分析程序的运用出发分析这一案例。

解析：分析性程序是指注册会计师分析被审计单位重要的比率或趋势，包括调查这些比率或趋势的异常变动及其与预期数额和相关信息的差异。因此，在审计实务中，分析性程序可以直接作为实质性测试程序，以搜集与账户余额和各类交易相关的特殊认定的证据，但分析性程序取得的证据不可能构成直接证据或基本证据，需要注册会计师实施其他实质性测试程序对分析性复核程序得出的结果加以验证。也就是说，如果注册会计师仅仅机械地执行比率或趋势分析，不重视分析结果，不通过检查、函证、监盘、计算等实质性测试程序取得基础证据，对分析性程序得出的结果加以证实或排队，分析性程序就无法发挥作用，审计风险也不会减少。

该案例中，注册会计师李华通过分析性程序发现发达部等5个经营部利润为零存在疑点，循着这一线索，对5个经营部的本年利润实施重点审计，发现了华兴公司利用经营部调整利润、隐瞒亏损的事实。如果李华运用分析性复核程序发现疑问后，不实施其他实质性测试取得证据加以证实，审计风险会仍然存在。

【案例 7】实施函证程序获取审计证据的案例。

诚信达会计师事务所注册会计师李华、王民在对广州飞达工业有限公司2010年度财务报表审计中获取的该公司2010年12月31日的相关会计记录资料整理如下表所示。

项目名称	金额（元）
银行存款	800000
短期投资	160000
应收票据	220000
应收账款（净额）	3000000
其他应收款	340000
存货	8400000
固定资产（净值）	9980000
在建工程	2680000
预收账款	480000
应付账款	840000
银行借款（抵押借款部分）	5000000
实收资本	4800000
资本公积	489500
主营业务收入净额	69500000
主营业务利润	6989800
利息支出	546000

小组讨论：请根据上述资料回答下列问题：

（1）上述项目中适用函证程序的有哪些？

（2）接受函证的对象有哪些？

（3）函证的主要内容是什么？

（4）可选用的函证方式是什么？

解析：讨论的可能答案如下表所示。

项目名称	接受函证对象	函证内容	函证方式
银行存款	审计期间所有与被审计单位有往来的金融机构	（1）存款户账号、性质及余额等； （2）贷款性质、担保或抵押品、贷款期限、利率及余额等	积极式函证
应收票据	票据开出人	付款日、到期金额、抵押担保物说明	积极式函证
应收账款	债务人	应收金额	积极式或消极式
其他应收款	债务人	应收金额	积极式或消极式
预收账款	债权人	应付金额	积极式或消极式
应付账款	债权人	应付金额	积极式或消极式
抵押借款	债权人、抵押人	（1）债权金额 （2）抵押物说明 （3）对是否遵守抵押或契约表示意见	积极式函证
实收资本	证券交易所、证券托管机构	股份数额	积极式函证

（三）案例讨论

以诚信达会计师事务所对广州飞达工业有限公司2010年度财务报表中的货币资金的审计实质性程序为例，各审计小组分析讨论以下问题：

（1）对货币资金审计可供选择的有哪些实质性程序？

（2）怎样选择实质性程序编制货币资金实质性程序表？

（3）如果选择并实施这些实质性程序，应采取哪些具体的审计程序及方法，以获取充分适当的审计证据？

货币资金的实质性程序如下表所示（索引号4101）。

货币资金实质性程序

被审计单位：				索引号：	4101
项目：	货币资金			截止日：	
编制：				复核：	
日期：	年　月　日			日期：	年　月　日

一、需从实质性程序获取的保证程度

项目	财务报表认定				
	存在	完整性	权利和义务	计价和分摊	列报
1. 审计目标	A	B	C	D	E
2. 需从实质性程序获取的保证程度					
注：根据财务报表项目的重要性、评估的各认定的重大错报风险以及控制测试（如有）的结果填写。					

二、实质性程序

审计目标	可供选择的审计程序	是否选择	审计工作底稿索引号
D	1.获取或编制货币资金（包括现金、银行存款、其他货币资金）余额明细表： （1）分别复核加计是否正确，并分别与总账金额、日记账合计数核对是否相符，总计数与财务报表核对是否相符；（2）检查非记账本位币的折算汇率及折算金额是否正确。		4101-2
A	2.实施现金监盘程序： （1）制订监盘计划，确定监盘时间； （2）将盘点金额与现金日记账余额进行核对。如有差异应查明原因，提请被审计单位调整，如无法查明原因，提请被审计单位按管理权限批准后作出调整； （3）在非资产负债表日进行盘点时，应调整至资产负债表日的金额； （4）若有充抵库存现金的借条、未提现支票、未作报销的原始凭证，需在盘点表中注明。必要时提请被审单位作出调整，特别关注数家公司混用现金保险箱的情况。		4101-3
AC	3.编制银行存单检查表，检查银行存单是否与账面记录金额一致，是否被质押或限制使用，存单是否为被审计单位所拥有。 （1）对已质押的定期存款，检查质押合同，关注相应的质押借款有无入账； （2）对未质押的定期存款，应检查开户证实书原件； （3）对审计外勤工作结束日前已提取的定期存款，应核对相应的兑付凭证和银行对账单。		4101-4
ABCD	4.获取并检查银行存款、其他货币资金银行对账单及余额调节表： （1）获取资产负债表日银行对账单，并与账面余额核对，关注银行对账单账户户名是否为被审计单位； （2）获取资产负债表日银行存款（其他货币资金）余额调节表，检查调节表中加计数是否正确，调节后银行存款日记账余额与银行对账单余额是否一致； （3）复核余额调节表的调节事项性质和范围是否合理； （4）检查是否存在未入账的利息收入和利息支出； （5）检查是否存在其他跨期收支事项； （6）（当未经授权或授权不清支付货币资金的现象比较突出时）检查银行存款余额调节表中支付经异常的领款人（包括没有载明收款人）、签字不全、收款地址不清、金额较大的调整事项。		4101-5 4101-6
ACD	5.实施货币资金函证程序，编制银行函证结果汇总表，检查银行回函： （1）向开户银行函证（范围为被审计单位本期存过款的开户银行，包括零账户和账户已结清的银行）、向承办银行汇票、本票等其他货币资金业务的银行函证，函证内容包括资产负债表日银行对账单余额是否正确，是否有质押、冻结等对变现有限制，或存放在境外，或有潜在回收风险的款项； （2）确定被审计单位账面余额与银行函证结果的差异，对不符事项作出适当处理。		4101-7 4101-8
BA	6.检查货币资金（包括库存现金、银行存款、其他货币资金）收支的截止是否正确。选取资产负债表日前后适量样本（_____张、_____金额以上的凭证）实施截止测试，关注业务内容及对应项目。如有跨期收支事项，考虑提请被审计单位调整。		略
ABC	7. 抽查大额货币资金（包括现金、银行存款、其他货币资金）收支的原始凭证： （1）检查原始凭证是否齐全、记账凭证与原始凭证是否相符、账务处理是否正确、是否记录于恰当的会计期间等内容； （2）检查是否存在非营业目的的大额货币资金转移，并核对相关账户的进账情况。如有与被审计单位生产经营无关的收支事项，应查明原因并作相应的记录。		略

续表

审计目标	可供选择的审计程序	是否选择	审计工作底稿索引号
	8．针对评估的舞弊风险等因素增加的审计程序。例如： （1）对现金进行突击监盘； （2）对于可能存在舞弊风险的银行账户（包括已注销的账户），从对账单中选取重大收支金额，追查至被审计单位银行存款日记账，检查是否准确记录。 ……		略
E	9．检查货币资金是否按照企业会计准则的规定恰当列报。		略

“货币资金实质性程序”工作底稿（索引号4101）表内的内容分为两个部分：

第一部分：“需从实质性程序获取的保证程度”包括：（1）审计目标（A.存在；B.完整性；C.权利和义务；D.计价和分摊；E.列报）；（2）需从实质性程序获取的保证程度（根据财务报表项目的重要性、评估的各认定的重大错报风险以及控制测试（如有）的结果填写）。

第二部分“实质性程序”包括：（1）可供选择的审计程序（即实质性程序项目库），其中每项实质性程序中都列举了应实施的审计工作步骤及要求；（2）各个实质性程序相对应的审计目标；（3）对实质性程序是否选择；以及如果选择了这项实质性程序应编制的审计工作底稿（索引号）。

注册会计师要根据货币资金的审计目标，风险评估程序、控制测试（如有）的结果、重要性来选择应实施的实质性程序，在实施实质性程序中运用恰当的审计程序和职业判断获取充分、适当的审计证据，作为编制审计工作底稿、做出审计结论的基础。

解析：讨论的可能答案如下表所示。

可供选择的实质性程序	为获取审计证据而可以实施的具体审计程序	审计证据
获取或编制货币资金余额明细表	检查记录或文件；重新计算；询问	货币资金余额明细表、日记账、总账、会计报表、询问记录
实施现金的监盘程序	检查有形资产；检查记录或文件；询问	库存现金监盘表、 现金收付凭证、凭据、现金日记账、询问记录
获取并检查银行存款、其他货币资金银行对账单及余额调节表	检查记录或文件；重新执行；询问	银行对账单、银行存款余额调节表、相关记账凭证、原始凭证、询问记录、银行存款日记账、询问记录
检查银行存单	函证；检查记录或文件、重新计算	银行存单、开户证实书、质押合同、兑付凭证、银行对账单
实施货币资金函证程序	函证；询问	询证函回单、相关记账凭证、原始凭证、询问记录
检查银行存款收支的截止是否正确	检查记录或文件；询问	相关记账凭证、原始凭证、询问记录
抽查大额银行存款收支的原始凭证	检查记录或文件；询问	相关记账凭证、原始凭证、询问记录
检查银行存款、货币资金是否按照企业会计准则的规定恰当列报	检查记录或文件	会计报表、货币资金明细账、总账

学习资源查阅：

《中国注册会计师审计准则第1301号——审计证据》
《中国注册会计师审计准则第1312号——函证》
《中国注册会计师审计准则第1313号——分析程序》
《中国注册会计师审计准则第1311号——对存货、诉讼和索赔、分部信息等特定项目获取审计证据的具体考虑》

任务6 审计工作底稿

一、审计工作底稿的含义、目的和作用

（一）审计工作底稿含义

审计工作底稿是对制订的审计计划、实施的审计程序、获取的相关审计证据，以及得出的审计结论作出的记录，是审计证据的载体。

审计工作底稿是记载审计证据的工具，是在执行审计过程中形成的审计工作记录和获取的资料。它形成于审计过程，也反映整个审计过程。审计工作底稿的全部内容是形成审计结论、发表审计意见的直接依据，是形成审计结论，发表审计意见的直接依据。

审计工作底稿是明确审计责任，评价考核审计人员的专业能力及工作业绩的依据，也是对审计质量控制和检查的依据。

（二）编制审计工作底稿的目的

1．提供证据，作为注册会计师得出实现总体目标结论的基础。

编制审计工作底稿以便提供充分、适当的记录，作为出具审计报告的基础。

2．提供证据，证明注册会计师按照审计准则和相关法律法规的规定计划和执行了审计工作。

（三）编制审计工作底稿的作用

1．有助于项目组计划和执行审计工作。

2．有助于负责督导的项目组成员按照规定，履行指导、监督与复核审计工作的责任。

3．便于项目组说明其执行审计工作的情况。

4．保留对未来审计工作持续产生重大影响的事项的记录。

5．便于会计师事务所按照规定，实施质量控制复核与检查。

6．便于监管机构和注册会计师协会根据相关法律法规或其他相关要求，对会计师事务所实施执业质量检查。

请注意：审计工作底稿是审计证据的载体。每一次审计工作的主要内容就是正确的编制审计工作底稿，记录所收集的审计证据、所发现的审计问题和所得出的审计结论。

二、审计工作底稿的编制要求

（一）总体要求

注册会计师编制的审计工作底稿，应当使未曾接触该项审计工作的有经验的专业人士清楚了解以下内容：

1．按照审计准则和相关法律法规规定实施的审计程序的性质、时间安排和范围。

2．实施审计程序的结果和获取的审计证据。

3．审计中遇到的重大事项和得出的结论，以及在得出结论时作出的重大职业判断。

有经验的专业人士，是指会计师事务所内部或外部的具有审计实务经验，并且对审计过程、审计准则和相关法律法规的规定、被审计单位所处的经营环境、与被审计单位所处行业相关的会计和审计问题等方面有合理了解的人士。

（二）注册会计师应当及时编制审计工作底稿

注册会计师应当在审计工作中及时编制审计工作底稿。

（三）记录实施的审计程序和获取的审计证据。

在记录已实施审计程序的性质、时间安排和范围时，注册会计师应当记录以下内容：

1．测试的具体项目或事项的识别特征。

2．审计工作的执行人员及完成审计工作的日期。

3．审计工作的复核人员及复核的日期和范围。

4．注册会计师应当记录与管理层、治理层和其他人员讨论的重大事项的性质、时间、地点和参加人员。

5．如果识别出的信息与针对某重大事项得出的最终结论不一致，注册会计师应当记录如何处理该不一致的情况。

在某些例外情况下，如果在审计报告日后实施了新的或追加的审计程序，或者得出新的结论，注册会计师应当记录：（1）遇到的例外情况；（2）实施的新的或追加的审计程序，获取的审计证据，得出的结论，以及对审计报告的影响；（3）对审计工作底稿作出相应变动的时间和人员，以及复核的时间和人员。

（四）充分运用职业判断注册会计师在设计、选择和实施审计程序，编制审计工作底稿时，应当充分运用职业判断

三、审计工作底稿的基本结构及编制方法

（一）审计工作底稿的基本结构

一般来说，审计工作底稿包括以下三个部分：

1．被审计单位的未审情况。包括：（1）内部控制情况；（2）有关会计记录的未审计发生额及期末余额。

2．审计过程的记录。

3．审计结论。

（二）审计工作底稿编制的基本内容

1．被审计单位名称。

2．审计项目名称。即某一财务报表项目（或会计科目）名称或某一程序及实施对象的名称。

3．审计项目时点或期间。

4．审计过程记录。

5．审计结论。注册会计师恰当地记录审计结论非常重要。需要根据所实施的审计程序及获取的审计证据得出结论，并以此作为对财务报表形成审计意见的基础（如果需要调整账务的，在审计说明或审计结论栏内应填写建议的会计账务调整分录）。

在记录审计结论时需注意，在审计工作底稿中记录的审计程序和审计证据是否足以支持所得出的审计结论。审计结论包括：（1）有关会计事项的审定发生额及审定期末余额；（2）内部控制的评价结果。

6．审计标识及其说明。审计工作底稿中可使用各种审计标识，但应说明其含义，保持前后一致。

7．索引号及编号。

8．编制者姓名及编制日期。

9．复核者姓名及复核日期。

10．其他应说明事项。

编制审计工作底稿。应当做到内容完整、格式规范、标识一致、记录清晰、结论明确、以便其他注册会计师和有关人员在复核、检查或使用审计工作底稿时，能够理解和接受审计工作底稿的内容。

获取审计工作底稿。对获取的审计资料应当做到：注明资料来源；实施必要的审计程序；形成相应的审计记录。

（三）审计工作底稿的钩稽关系

在编制和审核审计工作底稿时，应注意以下钩稽关系。

1．各会计报表项目审计工作底稿之间的钩稽关系。

2．会计报表项目审计工作底稿与试算平衡表之间的钩稽关系。

3．各会计报表项目审计工作底稿与未审会计报表之间的钩稽关系。

（四）审计工作底稿的复核

审计工作底稿往往是由一名审计人员在审计工作中独立编制完成的，可能出现差错，必须通过一定的程序对审计工作底稿进行复核。其作用如下：

1．减少或消除人为的审计误差，降低审计风险、提高审计质量。

2．及时发现和解决问题。

3．便于进行审计质量监控和工作考核。

四、审计工作底稿的归档

审计档案是指一个或多个文件夹或其他存储介质，以实物或电子形式存储构成某项具体业务的审计工作底稿的记录。注册会计师应当在审计报告日后及时将审计工作底稿归整为审计档案，并完成归整最终审计档案过程中的事务性工作。

（一）审计工作底稿的归档及保存

1．审计工作底稿的归档期限。

归档期限为审计报告日后60天内。如果注册会计师未能完成审计业务，审计工作底稿的归档期限为审计业务中止后的60天内。

在完成最终审计档案的归整工作后，注册会计师不应在规定的保存期限届满前删除或废弃任何性质的审计工作底稿。

2．审计工作底稿的保存期限。

会计师事务所应当自审计报告日起，对审计工作底稿至少保存10年。如果注册会计师未能完成审计业务，会计师事务所应当自审计业务中止日起，对审计工作底稿至少保存10年。

3．审计工作底稿的保存形式。

为便于会计师事务所内部进行质量控制和外部执业质量检查或调查，以电子或其他介质形式存在的审计工作底稿，应与其他纸质形式的审计工作底稿一并归档，并应能通过打印等方式，转换成纸质形式的审计工作底稿。

审计工作底稿通常不包括的内容如下：已被取代的审计工作底稿的草稿或财务报表的草稿；对不全面或初步思考的记录；存在印刷错误或其他错误而作废的文本，重复的文件记录等。由于这些草稿、错误的文本或重复的文件记录不直接构成审计结论和审计意见的支持性证据，因此，注册会计师通常无须保留这些记录。

（二）审计工作底稿归档的分类

1．当期档案。

当期档案是工作底稿的主体部分，贯穿了重大错报风险识别、评估和应对的审计工作主线。主要有以下几个方面：

（1）综合类工作底稿。包括：初步业务活动工作底稿；风险评估工作底稿；控制测试工作底稿；其他项目工作底稿；业务完成阶段工作底稿。

一般来说，综合类工作底稿比较多的是在会计师事务所办公地完成。

（2）实质性程序工作底稿。包括：资产类项目工作底稿；负债类项目工作底稿；所有者权益类项目工作底稿；损益类项目工作底稿。

一般来说，实质性程序工作底稿是在审计外勤阶段完成。

2．永久性档案。

永久性档案包括对以后审计工作具有长期参考价值的档案，其内容相对稳定，有关内容作为附录提供。永久性档案主要是备查类工作底稿，主要包括：被审计单位的设立批准证书、营业执照、合营合同、协议、章程、组织机构及管理层人员结构图、董事会会议纪要、重要经济合同、相关内部控制制度等资料的复印件或摘录。

控制测试工作底稿和实质性程序工作底稿又称为进一步审计程序工作底稿。对于小型企业，由于可能不存在注册会计师可以识别的控制活动，或员工人数较少限制了职责分离的程度，或者出于成本效益的考虑，注册会计师在设计进一步审计程序时主要采取实质性程序可能更为有效。

五、审计工作底稿的有关格式（模板）

在实务中，为提高工作效率及工作质量，并进行统一质量管理：会计师事务所通常采取以下方法：

（一）统一制定的相对固定的审计工作底稿模板和范例

有统一制定某些格式、索引及涵盖内容等方面相对固定的审计工作底稿模板和范例，如核对表、审计计划及业务约定书范例等，某些重要的或不可删减的工作会在这些模板或范例等中予以特别标识。

（二）适用于具体项目的审计工作底稿

会计师事务所通常在统一制定的相对固定的审计工作底稿模板和范例的基础上，再根据各自具体业务的特点加以必要的修改，制定适用于具体项目的审计工作底稿。

本教材案例及实训采用了2008年中国注册会计师协会编写的《小型企业财务报表审计工作底稿编制指南（适用于执行企业会计准则的企业）》中统一制定的审计工作底稿模板和范例，主要适用于注册会计师执行小型企业财务报表审计业务。

六、编制审计工作底稿的工作要点和审计案例

（一）编制审计工作底稿的工作要点

审计工作底稿是审计证据的载体。每一次审计工作的主要内容就是正确地编制审计工作底稿，记录所收集的审计证据、所发现的审计问题和所得出的审计结论。在财务报表审计中，如何根据选择和实施的审计程序和取得的审计证据，按要求编制好工作底稿，是审计工作的基本技能。

1．保持职业怀疑，运用职业判断。

这不仅对于审计取证，而且对于编制审计底稿也都是至关重要的。注册会计师在确定审计程序的性质、时间和范围，评价审计证据，得出审计结论和形成审计意见，编制工作底稿时，都离不开职业判断。离开了职业判断，审计就成为简单机械地执行审计程序的过程。

2．选择和实施的审计程序，编制相应的审计工作底稿。

3．编制审计工作底稿的方法。

（1）正确填写审计的基本信息。

（2）正确记录审计工作过程。

审计工作底稿必须有审计证据做支撑，注意工作底稿与审计证据之间的联系。

（3）注意审计工作底稿相关的钩稽关系。

注意审计工作底稿表内的钩稽关系；审计工作底稿之间的钩稽关系。

（4）正确填写审计说明（审计结论）。

审计说明（审计结论）的内容应包括：①有关会计事项的审定发生额及审定期末余额；②如果需要提请企业调整账务的。在审计说明或审计结论栏内应填写建议的会计账务调整分录；③对有关审计事项的审计意见（结论）。

在记录审计结论时需注意，在审计工作底稿中记录的审计程序和审计证据是否足以支持所得出的审计结论。

（二）审计案例

【案例1】实施“抽查大额银行存款”程序，取得审计证据，编制审计工作底稿案例。

诚信达会计师事务所对飞达工业有限公司2010年银行存款进行审计时，抽查了部分大额银行存款收支业务凭证，未发现异常。编制审计工作底稿如下：

通用凭证检查表

<table>
<tr><td colspan="4">被审计单位：飞达工业有限公司</td><td>索引号</td><td colspan="5">4101-1-10</td></tr>
<tr><td colspan="4">项目：银行存款抽查</td><td colspan="6">财务报表截止日：2010年12月31日</td></tr>
<tr><td>编制</td><td colspan="3">杨琳</td><td>复核</td><td colspan="5">郑敏</td></tr>
<tr><td>日期</td><td colspan="3">2010年1月11日</td><td>日期</td><td colspan="5">2010年1月13日</td></tr>
<tr><td rowspan="2">序号</td><td rowspan="2">记账日期</td><td rowspan="2">凭证编号</td><td rowspan="2">对应科目</td><td rowspan="2">金额</td><td colspan="5">检查内容（用“√”、“×”表示）</td></tr>
<tr><td>①</td><td>②</td><td>③</td><td>④</td><td>⑤</td></tr>
<tr><td>1</td><td>2010.3.20</td><td>银收20号</td><td>借：银行存款
贷：应收账款</td><td>60000
60000</td><td>√</td><td>√</td><td>√</td><td>√</td><td></td></tr>
<tr><td>2</td><td>2010.6.15</td><td>银付30号</td><td>借：材料采购
应交税费
贷：银行存款</td><td>1000000
170000
1170000</td><td>√</td><td>√</td><td>√</td><td>√</td><td></td></tr>
<tr><td>3</td><td>2010.11.25</td><td>银付50号</td><td>借：其他货币资金
贷：银行存款</td><td>200000
200000</td><td>√</td><td>√</td><td>√</td><td>√</td><td></td></tr>
<tr><td>4</td><td>2010.12.28</td><td>银收69号</td><td>借：银行存款
贷：预收货款</td><td>300000
300000</td><td>√</td><td>√</td><td>√</td><td>√</td><td></td></tr>
<tr><td>5</td><td>2010.12.30</td><td>银付29号</td><td>借：现金
贷：银行存款</td><td>650000
650000</td><td>√</td><td>√</td><td>√</td><td>√</td><td></td></tr>
</table>

检查内容说明：①原始凭证是否齐全；②记账凭证与原始凭证是否相符；③账务处理是否正确；④是否记录于恰当的会计期间，处理是否正确。

审计说明：

经抽查，未发现银行存款收支异常。

【案例 2】实施“库存现金监盘”程序，取得审计证据，编制审计工作底稿案例。

诚信达会计师事务所在对飞达工业有限公司货币资金审计时，实施了“库存现金的监盘”程序。审计人员张扬等4人于2011年1月12日上午上班时对公司现金进行了清点审计。其结果如下：

1．现金实存数人民币4650元（其中100元币20张，50元币20张，20元币50张，10元币40张，5元币20张，2元币50张，1元币50张）。

2．2011年1月11日现金账面余额5900元。其中有下列单据已收付款未入账：

①零星现金收入凭证两张，金额共计1800元，日期均为2011年1月6日。

②某采购员借条一张，金额600元，日期是2011年1月10日，已按程序批准。

③某职工差旅费借款条一张，金额2000元，已按借款程序批准，日期是2011年1月8日。

④进一步核对2011年1月1～11日之间的现金凭证和记录，查明其间现金收入23500元，支出25850元；

⑤2010年12月31日库存现金账面余额5600元。

3．银行核定的库存现金限额2000元。

要求：

（1）根据上述资料，编制工作底稿——库存现金盘点表（4101-3），核实公司现金实有数是否正确。

（2）提出进一步处理的意见或建议。

（3）现金在该公司 2010 年 12 月 31 日资产负债表中“货币资金”项目中列报是多少？列报是否恰当？

解析：审计工作过程：

步骤1：由审计人员进行实地盘点清查，现金清查时，出纳人员、会计人员需在场。

步骤2：根据盘点结果，编制“库存现金监盘表”，并由审计人员、出纳员和会计人员签名盖章。

步骤3：根据“库存现金监盘表”的盘点结果，在“审计说明”栏提出审计意见（1）根据盘点结果，现金短少1000元，此为出纳短款。建议企业作如下账务调整：

借：其他应收款——刘红　　1000

　贷：库存现金　　1000

（1）账务调整后，该公司 2010 年 12 月 31 日库存现金 7000 元可以确认。建议企业将资产负债表中“货币资金”列报的金额及其所属的库存现金列报金额均调减 1000 元。

（2）库存现金超限额 5000 元，建议企业加强库存现金管理，严格遵守国家规定的现金管理规定。

应获取的审计证据包括：库存现金日记账；库存现金盘点表（也可将现金盘点数直接记录在库存现金监盘表上，但一定要有会计、出纳和审计监盘人员的签字）；监盘日未计收入及未计支出的票据；资产负债表日至监盘日现金收入、支出的会计凭证、账簿或票据。

根据实施“库存现金监盘”程序的过程和结果编制的工作底稿如下表所示：

库存现金监盘表

<table>
<tr><td colspan="6">被审计单位：广州飞达工业有限公司</td><td></td><td colspan="2">索引号</td><td colspan="4">4101-3</td></tr>
<tr><td>项目</td><td colspan="5">库存现金监盘表</td><td></td><td colspan="2">截止日</td><td colspan="4">2010年12月31日</td></tr>
<tr><td>编制</td><td colspan="5">李华</td><td></td><td colspan="2">复核</td><td colspan="4">杨琳</td></tr>
<tr><td>日期</td><td colspan="5">2011 年 1 月 21 日</td><td></td><td colspan="2">日期</td><td colspan="4">2011年1月21日</td></tr>
<tr><td colspan="6">检查盘点记录</td><td colspan="7">实有库存现金盘点记录</td></tr>
<tr><td colspan="2">项 目</td><td>项次</td><td>人民币</td><td>美元</td><td>某外币</td><td rowspan="2">面额（元）</td><td colspan="2">人民币</td><td colspan="2">美元</td><td colspan="2">某外币</td></tr>
<tr><td colspan="2">上一日账面库存余额</td><td>①</td><td>5900</td><td></td><td></td><td>张</td><td>金额</td><td>张</td><td>金额</td><td>张</td><td>金额</td></tr>
<tr><td colspan="2">监盘日未计收入金额</td><td>②</td><td>2350</td><td></td><td></td><td>100</td><td>20</td><td>2000</td><td></td><td></td><td></td><td></td></tr>
<tr><td colspan="2">监盘日未计支出金额</td><td>③</td><td>2600</td><td></td><td></td><td>50</td><td>20</td><td>1000</td><td></td><td></td><td></td><td></td></tr>
<tr><td colspan="2">监盘日账面应有金额</td><td>④=①+②-③</td><td>5650</td><td></td><td></td><td>20</td><td>50</td><td>1000</td><td></td><td></td><td></td><td></td></tr>
<tr><td colspan="2">盘点实有现金数额</td><td>⑤</td><td>4650</td><td></td><td></td><td>10</td><td>40</td><td>400</td><td></td><td></td><td></td><td></td></tr>
<tr><td colspan="2">盘点日应有与实有差异</td><td>⑥=④-⑤</td><td>1000</td><td></td><td></td><td>5</td><td>20</td><td>100</td><td></td><td></td><td></td><td></td></tr>
<tr><td rowspan="5">差异原因分析</td><td>白条抵库</td><td></td><td></td><td></td><td></td><td>2</td><td>50</td><td>100</td><td></td><td></td><td></td><td></td></tr>
<tr><td>现金短少</td><td></td><td>1000</td><td></td><td></td><td>1</td><td>50</td><td>50</td><td></td><td></td><td></td><td></td></tr>
<tr><td></td><td></td><td></td><td></td><td></td><td>0.5</td><td></td><td></td><td></td><td></td><td></td><td></td></tr>
<tr><td></td><td></td><td></td><td></td><td></td><td>0.1</td><td></td><td></td><td></td><td></td><td></td><td></td></tr>
<tr><td></td><td></td><td></td><td></td><td></td><td>合计</td><td></td><td>4650</td><td></td><td></td><td></td><td></td></tr>
<tr><td rowspan="5">调整至资产负债表日（报表日）</td><td colspan="2">报表日至监盘日现金付出总额</td><td>25850</td><td></td><td></td><td colspan="7" rowspan="5"></td></tr>
<tr><td colspan="2">报表日至监盘日现金收入总额</td><td>23500</td><td></td><td></td></tr>
<tr><td colspan="2">报表日现金实有余额</td><td>7000</td><td></td><td></td></tr>
<tr><td colspan="2">报表日现金账面余额</td><td>8000</td><td></td><td></td></tr>
<tr><td colspan="2">报表日应有与实有差额</td><td>1000</td><td></td><td></td></tr>
</table>

出纳员：刘红 会计主管人员：李亮 监盘人：李华、杨琳 检查日期：2011.1.21

审计说明：（1）根据盘点结果，现金短少1000元，为出纳短款。建议企业作如下账务调整：

借：其他应收款—刘红 1000

贷：库存现金 1000

（2）账务调整后，该公司 2010 年 12 月 31 日库存现金 7000 元可以确认。建议企业将资产负债表中“货币资金”列报的金额及其所属的库存现金列报金额均调减 1000 元。

（3）库存现金超限额 5000 元，建议企业加强库存现金管理，严格遵守国家规定的现金管理规定。

说明：实施“库存现金监盘”程序的方法如下：

1．对库存现金进行监盘的方法。

（1）制定适当的现金盘点程序，制订监盘计划。

（2）选择合理的盘点时间，实施突击盘点。盘点的时间一般选择在上午上班前或下午下班后，采用不预告的方式进行。盘点前应将全部现金集中存入保险柜，必要时可加以封存。若被审单位现金存放部门有几处，应同时进行盘点。特别关注数家公司混用现金保险箱的情况。

（3）盘点的人员，通常要求审计人员必须亲自参与盘点，同时在场的人员还应包括现金出纳及财务主管，三方人员同时在场时执行盘点工作。若有人需要离开，则应暂时封存现金，等三方同时在场再继续盘点。

（4）盘点现金实存数，编制库存现金监盘表，在盘点表上将盘点的结果分币种面值进行列示，并结出盘点实存数，要求参与盘点的人员均予以签章。

2. 实施库存现金的监盘程序及账实核对方法。

(1)将盘点金额与现金日记账余额进行核对。如有差异,应查明原因提请被审计单位调整，如无法查明原因，提请被审计单位按管理权限批准后作出调整。

核对方法：

监盘日库存现金账面应有金额=上一日现金账面库存余额+监盘日未计收入金额-监盘日未计支出金额

盘点日应有金额与实有金额差异=监盘日账面应有金额-监盘日盘点实有金额

账面金额大于现金实有金额为盘亏；账面金额小于现金实有金额为盘盈。

（2）在非资产负债表日盘点时，应将库存现金盘存的实有金额调整至资产负债日的金额。调节公式如下：

资产负债表日库存现金实有余额=监盘日盘点实有金额+资产负债表日至监盘日现金付出总额-资产负债表日至监盘日现金收入总额

报表日应有与实有差额=资产负债表日库存现金账面余额－资产负债表日库存现金实有余额

账面金额大于现金实有金额为盘亏；账面金额小于现金实有金额为盘盈。

（3）若有充抵库存现金的借条、未提现支票、未作报销的原始凭证需在盘点表中注明。必要时提请被审单位作出调整。

在盘点过程中，还应注意企业是否严格执行了现金管理制度，有无超过库存现金限额，有无存在以白条抵库、挪用公款、私设小金库以及贪污舞弊等问题。若有此类问题，应在盘点表中予以反映，并对相关人员进行询问和调查。

编制审计工作底稿——库存现金监盘表（4101-3）。

【案例 3】存货盘点工作底稿案例分析。

广州诚信达会计师事务所对飞达工业有限公司2010年财务报表进行审计。审计助理张山、刘钢经注册会计师王玲的安排，前去飞达公司验证存货的账面余额。在盘点前，小张在过道上听几个工人在议论，得知存货中可能存在不少无法出售的变质产品。对此，小张对存货进行实地抽点，并比较库存量与最近销量。抽点结果表明，存货数量合理，收发亦较为有序。由于该产品技术含量较高，张山、刘钢无法鉴别出存货中是否有变质产品，于是，他们不得不询问该公司的存货部高级主管。高级主管的答复是，“该产品绝无质量问题”。

盘点工作结束后，张山开始编制工作底稿。在备注中，张山将听说有变质产品的事填入其中，并建议在下阶段的存货审计程序中，应特别注意是否存在变质产品。王玲在复核工作底稿时，再一次向张山详细了解存货盘点情况，特别是有关变质产品的情况。对此，还特别对当时议论此事的工人进行询问。但这些工人矢口否认了此事。于是，王玲与存货部高级主管商讨后，得出结论，认为“存货价值公允且均可出售”。底稿复核后，王玲在备注栏后填写了“变质产品问题经核实尚无证据，但下次审计时应加以考虑”。由于飞达工业有限公司总经理抱怨王玲前几次出具了有保留意见的审计报告，使他们贷款遇到了不少麻烦。审计结束后，注册会计师王玲对该年财务报表出具了无保留意见的审计报告。

两个月后，飞达工业有限公司资金周转不灵，主要是存货中存在大量变质产品无法出售，致使到期的银行贷款无法偿还。银行拟向会计师事务所索赔，认为注册会计师在审核存货时，具有重大过失。债权人在法庭上出示了王玲的工作底稿，认为注册会计师明知存货高估，但迫于总经理的压力，没有揭示财务报表中存在的问题，因此，应该承担银行的贷款损失。

要求：

（1）引述工人在过道上关于变质产品的议论是否应列入工作底稿？

（2）注册会计师王玲是否已尽到了责任？

（3）对于银行的指控，这些工作底稿能否作为支持或不利于注册会计师的抗辩立场？

（4）银行的指控是否具有充分证据？请说明理由。

解析：

（1）工人议论并非是有效证据，但提供了审计线索和范围。注册会计师没有扩大审计程序而只是简单地询问公司主管，显属冒昧。如果注册会计师已对存货允当有明确结论，就不应再将上述不负责任的议论留在工作底稿中，更不应该将“下次审计时加以考虑”的字眼留在工作底稿之中。

（2）不称职。王玲没有利用专门的审计程序去追查审核存货中有否变质问题，又没有在工作底稿中删除那些不负责任的字眼，以致混淆了工作底稿与审计结论之间的结论关系。

（3）有损注册会计师的抗辩立场。从工作底稿上看，说明注册会计师缺乏信心，且对证据的判断有误。已有的审计证据无法支持审计结论。

（4）审计程序虽然基本合理，但没有完全遵守公认审计准则。特别是在证据方面，缺乏专业判断能力。因此，尽管没有重大过失，但还是存在一般过失。如果注册会计师事先知道该报告将向银行贷款。按照规则，应当承担责任。如果事先并不知道贷款，注册会计师可以适当抗辩，以不是预期第三者进行反驳。

学习资源查阅：

《中国注册会计师审计准则第1131号——审计工作底稿》

中国注册会计师协会《小型企业财务报表审计工作底稿编制指南》

附：

小型企业审计工作底稿目录

工作底稿名称	索引号
一、初步业务活动工作底稿	1000
（一）初步业务活动程序表	1000
（二）业务承接评价表	1100
（三）业务保持评价表	1100
（四）审计业务约定书	1200
二、风险评估工作底稿	2000

续表

工作底稿名称	索引号
（一）了解被审计单位及其环境（不包括内部控制）	2100
1．了解被审计单位及其环境（不包括内部控制）程序表	2100
2．了解被审计单位及其环境（不包括内部控制）调查表	2100
3．分析程序表（用作风险评估程序）	2120
（二）了解被审计单位内部控制	2210
1．了解整体层面内部控制结论汇总表	2210
2．了解整体层面内部控制调查表	2211
3．了解业务流程层面内部控制	2220
（1）了解业务流程层面内部控制结论汇总表	2220
（2）业务流程层面内部控制设计与执行情况评价表	2221
（3）穿行测试表	2221
（三）舞弊风险评估	2300
（四）项目组讨论纪要——风险评估	2400
（五）风险评估汇总表	2500
（六）审计计划	2600
三、进一步审计程序工作底稿	
（一）控制测试工作底稿	3000
1．控制测试结果汇总表	3000
2．控制运行有效性测试表	3100
3．控制测试审计抽样	3110
（二）实质性程序工作底稿	4000
1．资产类	4100
货币资金	4101
交易性金融资产	4102
应收票据	4103
应收账款	4104
预付款项	4105
应收利息	4106
应收股利	4107
其他应收款	4108
存货	4109
可供出售金融资产	4110
持有至到期投资	4111
长期应收款	4112
长期股权投资	4113
投资性房地产	4114
固定资产	4115
在建工程	4116
工程物资	4117
固定资产清理	4118
无形资产	4119
开发支出	4120

续表

工作底稿名称	索引号
商誉	4121
长期待摊费用	4122
递延所得税资产	4123
2．负债类	4200
短期借款	4201
交易性金融负债	4202
应付票据	4203
应付账款	4204
预收款项	4205
应付职工薪酬	4206
应交税费	4207
应付利息	4208
应付股利	4209
其他应付款	4210
长期应付款	4211
专项应付款	4212
预计负债	4213
递延所得税负债	4214
3．所有者权益类	4300
实收资本（股本）	4301
资本公积	4302
盈余公积	4303
未分配利润	4304
4．损益类	4400
营业收入	4401
营业成本	4402
营业税金及附加	4403
销售费用	4404
管理费用	4405
财务费用	4406
资产减值损失	4407
公允价值变动损益	4408
投资收益	4409
营业外收入	4410
营业外支出	4411
所得税费用	4412
四、其他项目工作底稿	5000
（一）对被审计单位违反法规行为的考虑	5100
（二）前后任注册会计师的沟通	5200
（三）关联方及关联方交易	5300
（四）持续经营	5400
（五）首次接受委托时对期初余额的审计	5500

续表

工作底稿名称	索引号
（六）比较数据	5600
（七）或有事项	5700
（八）期后事项	5800
（九）现金流量表	5900
五、业务完成阶段工作底稿	6000
（一）业务完成阶段审计工作	6000
（二）试算平衡表及审计调整表	6100
1. 资产负债表试算平衡表	6110
2. 利润表试算平衡表	6120
3. 账项调整分录汇总表	6130
4. 重分类调整分录汇总表	6140
5. 列报调整汇总表	6150
6. 未更正错报汇总表	6160
（三）与治理层的沟通函	6200
（四）专业意见分歧解决表	6300
（五）重大事项概要汇总表	6400
（六）管理层声明书	6500
（七）审计总结	6600
（八）审计工作完成情况核对表	6700
（九）业务复核核对表	6800

常用的审计标识

B	期初余额与上年审计后报表期末数核对相符
T	与原始凭证核对一致
G	与总账核对相符
S	与明细账核对相符
W/F	与未审会计报表核对相符
T/B	与试算平衡表核对相符
F/S	与已审会计报表核对相符
PBC	客户提供资料
¥	与相关文件依据核对相符
√	与银行对账单核对一致
C	已发询证函
ȼ	已收到回函
L	记录在正确期间
∧	纵向核对；复核无误
∠	横向核对；复核无误
X	直横栏数字交叉加计（横加竖加），复核无误
*	备注1
**	备注2
√	正确、是、有
×	错误、否、无

续表

?	疑问，待查
△	重点
!	关注
△!	重点关注
∑	合计
AJE：	调整分录
RJE：	重分类分录

项目二 资产审计

资产负债表上的资产类项目包括：货币资金、交易性金融资产、应收票据、应收账款、预付款项、应收利息、应收股利、其他应收款、存货、可供出售金融资产、可供出售金融资产、持有至到期投资、长期应收款、长期股权投资、投资性房地产、固定资产、在建工程、工程物资、固定资产清理、无形资产、开发支出、商誉、长期待摊费用、递延所得税资产等。本教程重点学习货币资金、应收账款、存货、预付款项、其他应收款等项目审计的实质性程序。

任务1 货币资金审计

货币资金是企业资产的重要组成部分，是企业资产中流动性最强的一种资产。按存放地点及用途的不同，货币资金可分为库存现金、银行存款及其他货币资金。货币资金是比较特殊的一项资产，在企业的会计核算中占有重要的位置。一方面，货币资金流动性强，代表着企业直接的支付能力和应变能力；另一方面，其收益性最弱。此外，货币资金中的现金尽管在企业资产总额中的比重不大，但企业发生的舞弊事件大都与其有关。由于货币资金的特殊性，成为注册会计师重点审计的领域。

一、货币资金管理核算的相关法规、内部控制要求

（一）货币资金审计的相关法规规定

1.《企业会计准则——应用指南》有关货币资金的规定。

现金短缺净损失计入管理费用，现金溢余计入营业外收入；无法收回的银行营业外支出。

2.《现金管理暂行条例》。

第三条　开户单位之间的经济往来，除按本条例规定的范围可以使用现金外，应当通过开户银行进行转账结算。

第五条　开户单位可以在下列范围内使用现金：职工工资、津贴；个人劳务报酬；根据国家规定颁给个人的科学技术、文化艺术、体育等各种奖金；各种劳保、福利费用以及国家规定的对个人的其他支出；个人收购农副产品和其他物资的价款；出差人员必须随身携带的差旅费；结算起点以下的零星支出；中国人民银行确定需要支付现金的其他支出。

3.《银行账户管理办法》。

第三条　存款账户分为基本存款账户、一般存款账户、临时存款账户和专用存款账户。

第四条 基本存款账户是存款人办理日常转账结算和现金收付的账户。存款人的工资、奖金等现金的支取，只能通过本人账户办理。

第五条 一般存款账户是存款人在基本存款账户以外的银行借款转存、与基本存款账户的存款人不在同一地点的附属非独立核算单位开立的账户。

第六条 临时存款账户是存款人因临时经营活动需要开立的账户。

第七条 专用存款账户是存款人因特定用途需要开立的账户。

第三十一条 存款人不得违反本办法的规定在多家银行机构开立基本存款账户。存款人不得在同一家银行的几个分支机构开立一般存款账户。

第三十二条 存款人的账户只能办理存款人本身的业务活动，不得出租转让账户。

4.《支付结算办法》。

第三条 本办法所称支付结算单位是指单位、个人在社会经济活动中使用票据、信用卡和汇兑、托收承付、委托收款等结算方式进行货币给付其资金清算的行为。

第九条 票据和结算凭证是办理支付结算的工具。单位、个人和银行办理支付结算，必须使用按中国人民银行统一规定印制的票据凭证和统一规定的结算凭证。

未使用按中国人民银行统一规定印制的票据，票据无效；未使用中国人民银行统一规定格式的结算凭证，银行不予受理。

第十条 单位、个人和银行签发票据、填写结算凭证，应按照本办法和附《正确填写票据和结算凭证的基本规定》记载，单位和银行的名称应当记载全称或者规范化简称。

第十一条 票据和结算凭证上的签章，为签名、盖章或签名加盖章。

5. 资产负债表中“货币资金”项目应根据“现金”、“银行存款”、“其他货币资金”账户的期末余额合计填列。

（二）货币资金关键的内部控制

1. 岗位分工，明确职责权限。确保办理货币资金业务的不相容岗位相互分离，不得由一人办理货币资金业务的全过程。

2. 建立授权批准制度。审批人在授权范围内进行审批，不得超越审批权限。

3. 支付程序。货币资金支付业务按支付申请、支付审批、支付复核和办理支付程序完成。

4. 记账。货币资金的收入、支出要有合理、合法的凭证，全部收支应及时、准确入账。

5. 对账。定期或不定期地进行现金盘点，确保账实相符。指定专人定期核对银行账户，每月至少核对一次，编制银行存款余额调节表，使银行存款账面余额与银行对账单调节相符。

6. 备用金内部控制。建立备用金管理制度，对备用金进行定期对账。控制现金坐收坐支，当日收入现金应及时送存银行。

二、货币资金的审计目标

1. 确定被审计单位资产负债表项目中的货币资金在资产负债表日是否确实存在。

2. 确定被审计单位在特定期间内发生的货币资金业务是否已记录完毕，有无遗漏。

3. 确定货币资金余额是否正确。

4．确定货币资金在财务报表上的披露是否恰当。

三、实施货币资金审计的实质性程序及应编制的审计工作底稿

	可供选择的实质性审计程序	应编制的审计工作底稿	索引号
	选择实施的货币资金审计程序	货币资金实质性程序	4101
一	获取或编制货币资金余额明细表	货币资金明细表	4101-2
二	实施现金监盘程序	库存现金监盘表	4101-3
三	检查银行存单	银行存单检查表	4101-4
四	获取并检查银行存款、其他货币资金银行对账单及余额调节表	银行余额调节表汇总 银行余额调节表检查	4101-5 4101-6
五	实施货币资金函证程序	银行询证函 银行函证结果汇总表	4101-8 4101-7
五	检查货币资金收支的截止是否正确	通用凭证检查表	略
六	抽查大额货币资金收支的原始凭证	通用凭证检查表	略
七	针对评估的舞弊风险等因素增加的审计程序	略	略
八	检查货币资金是否按照企业会计准则的规定恰当列报。对银行存款、货币资金予以审定	货币资金审定表	4101-1

四、货币审计实质性程序的实施

选择实施的审计程序：《编制审计工作底稿——货币资金实质性程序》（索引号 4101）。

（一）实施“获取或编制货币资金余额明细表”程序

1．审计人员应要求客户提供（或自已编制）货币资金（包括现金、银行存款、其他货币资金）余额明细表，分别复核加计是否正确；并分别与总账金额、日记账合计数核对是否相符；总计数与财务报表核对是否相符。如果不相符应查明原因，并予以记录或作适当调整。

2．检查非记账本位币的折算汇率及折算金额是否正确。

3．根据审计情况编制《审计工作底稿——货币资金明细表》（索引号 4101-2）。

4．审计证据：现金、银行存款、其他货币资金余额明细表；现金、银行存款日记账及总账；其他货币资金明细账及总账；资产负债表等。

（二）实施“现金监盘程序”（略）

（三）实施“检查银行存单”程序

1．对已质押的定期存款，检查质押合同，关注相应的质押借款有无入账。

2．对未质押的定期存款，应检查开户证实书原件。

3．对审计外勤工作结束日前已提取的定期存款，应核对相应的兑付凭证和银行对账单。

4．编制《审计工作底稿——银行存单检查表》（索引号4101-4）。

5．审计证据：银行存单；质押合同；开户证实书；定期存款兑付凭证和银行对账单；银行询证函回函；银行存款明细账、总账等。

（四）实施“获取并检查银行存款、其他货币资金银行对账单及余额调节表”程序

1．获取资产负债表日银行对账单，并与账面余额核对，关注银行对账单账户户名是否为被审计单位。

2．获取资产负债表日银行存款（其他货币资金）余额调节表，检查调节表中加计数是否正确，调节后银行存款日记账余额与银行对账单余额是否一致。

3．若银行存款账面余额（原币数）与银行对账单金额不一致，应另行检查银行存款余额调节表。对银行存款余额调节表的检查重点为：

（1）复核余额调节表的调节事项性质和范围是否合理；

（2）检查是否存在未入账的利息收入和利息支出；

（3）检查是否存在其他跨期收支事项。

对调节事项性质和范围不合理的、未入账的利息收入和利息支出以及企业做账时跨期收支的事项，应考虑提请被审计单位调整账务，并在工作底稿上提出调整账务的意见。

4．当未经授权或授权不清支付货币资金的现象比较突出时，检查银行存款余额调节表中支付异常的领款人（包括没有载明收款人）、签字不全、收款地址不清、金额较大的调整事项。

5．编制《审计工作底稿——银行存款（其他货币资金）余额调节表汇总》（索引号 4101-5）。

6．编制《审计工作底稿——银行存款余额调节表检查》（索引号4101-6）。

7．审计证据：银行对账单；银行余额调节表；现金、银行存款日记账及总账；其他货币资金明细账及总账；有关记账凭证、原始凭证等。

（五）实施“货币资金函证程序”

注册会计师应当对银行存款及与金融机构往来的其他重要信息实施函证程序，除非有充分证据表明某一银行存款、借款及与金融机构往来的其他重要信息对财务报表不重要且与之相关的重大错报风险很低。如果不对这些项目实施函证程序，注册会计师应当在审计工作底稿中说明理由。

1．发出询证函。向开户银行函证（范围为被审计单位本期存过款的开户银行，包括零账户和账户已结清的银行），向承办银行汇票、本票等其他货币资金业务的银行函证，函证内容包括资产负债表日银行对账单余额是否正确，是否有质押、冻结等对变现有限制，或存放在境外，或有潜在回收风险的款项。

发出银行询证函的金额为资产负债表日银行对账单的余额。

2．检查银行回函。确定被审计单位账面余额与银行函证结果的差异，对不符事项作出适当处理。

3．编制《审计工作底稿——银行存款函证结果汇总表》（索引号 4101-7）。

4．审计证据：银行存款余额明细表；其他货币资金余额明细表；银行询证函回函；银行对账单；现金、银行存款日记账及总账；其他货币资金明细账及总账；有关记账凭证；原始凭证等。

（六）实施“检查货币资金收支的截止是否正确”程序

1．选取货币资金（包括库存现金、银行存款、其他货币资金）资产负债表日前后适量

样本（××张、××金额以上的凭证）实施截止测试，关注业务内容及对应项目。

如有跨期收支事项，考虑提请被审计单位调整。

2．编制《审计工作底稿——通用凭证检查表》。

（七）实施“抽查大额货币资金收支的原始凭证”程序

抽查大额货币资金（包括现金、银行存款、其他货币资金）的原始凭证：

1．检查原始凭证是否齐全、记账凭证与原始凭证是否相符、账务处理是否正确、是否记录于恰当的会计期间等内容。

2．检查是否存在非营业目的的大额货币资金转移，并核对相关账户的进账情况。如有与被审计单位生产经营无关的收支事项，应查明原因并作相应的记录。

3．编制《工作底稿——通用凭证检查表》。

（八）实施“针对评估的舞弊风险等因素增加的审计程序”

1．对现金进行突击监盘。

2．从对账单中选取重大收支金额（包括已注销的账户），追查至被审计单位银行存款日记账，检查是否准确记录。

3．审计证据：相关的日记账、明细账及总账；相关的记账凭证、原始凭证等根据审计过程、审计情况和结论编制相关审计工作底稿。

（九）实施“检查货币资金是否按照企业会计准则的规定恰当列报”程序

1．检查货币资金是否按照企业会计准则的规定恰当列报，对货币资金予以审定。

2．编制《工作底稿—货币资金审定表》（索引号4101-1）；汇总货币资金的审计结果，审定货币审计的期末余额；作出货币资金的审计结论。

五、货币资金的工作要点及审计案例

（一）货币资金审计的工作要点

货币资金是企业及有关人员舞弊的重点领域。特别是随着与银行存款有关的犯罪和会计造假的不断出现，银行存款的审计越来越受到重视。如何提高银行存款审计的审计质量，发现错误和舞弊，控制有关风险，成为控制审计风险的重要方面。以下几点是实施银行存款审计程序中尤为重要的。

1．保持职业怀疑，运用职业判断。特别是在检查银行存款余额调节表的调节事项和抽查大额货币资金收支时，要运用职业判断。如有疑点，应检查支持性凭证，追查有关资料以取得审计证据，查明情况。如构成错报的，应提请企业调整账务。

2．控制银行存款函证。银行询证函的回函一定要由审计人员签收。关注定期存款。

3．重视银行余额调节表及调节表调节事项的检查。

（1）检查银行对账单与银行日记账的勾对：银行存款审计一般只关注银行存款的期末余额，对银行存款的收、支发生额不够重视。在实际中，特别是一些资金流量大的企业，可能存在一定的风险。为了控制资金挪用等风险，需要核对资金收支的发生额，发现没有入账的资金收付。

（2）检查银行余额调节表的调节事项，关注银行存款的未达账项。如有疑点，应检查支持性凭证取得审计证据。如构成错报的，应提请企业调整账务。

（二）货币资金常见的错弊

1．企业银行日记账余额与银行对账单余额虽然通过银行余额调节表调节后相符，但银行余额调节表上的调节事项（未达账项）存在的问题主要有以下几个方面：

（1）在资产负债表日前，银行已收、付，企业应当在当期入账的收入、成本、费用、往来款项未入账，跨期列收支，构成错报。

（2）银行一收一支，企业未入账，如果确认不是银行记错账，企业有隐瞒收入套走资金、个人挪走资金或出借账户之嫌，应检查和追查有关凭据取证，查明问题，提请企业处理或调整账务。

2．在大额货币资金收支中的错弊：主要是隐瞒收入、虚报支出、搞账外资金或“小金库”、假发票报账或贪污、挪用等；以及或账务处理错误。

3．资金收支的凭据不及时做账。库存现金收入不及时送存银行、坐支现金。

4．白条抵库、挪用资金。

5．公款私存、出借账户。

6．违反规定银行存款多头开户，将其中某些银行账户不纳入会计核算，形成账外资金或“小金库”资金，隐瞒收入，偷漏税收。

（三）货币资金审计案例

【案例 1】对银行存款余额调节表的检查案例。

诚信达会计师事务所审计广州飞达工业有限公司银行存款。企业提供的出纳编制的2010年12月31日银行余额调节表如下表所示：

银行余额调节表

单位：元

12月31日企业银行存款日记账余额	800 000	12月31日银行对账单余额	734000
加：银行已收，企业未入账	384000	加：企业已收，银行未入账	100000
其中：（1）11月10日收A公司	234000	其中：（1）12月30日收到转账支票，填写进账单	100000
（2）12月28日收B公司	150000	（2）	
减：银行已付，企业未入账	480000	减：企业已付，银行未入账：	130000
其中： （1）12月25日付管理部门电费	100000	其中：（1）12月29日开出转账支票	100000
（2）12月21日付本季度利息	80000	（2）12月31日开出现金支票提现	30000
（3）12月29日支付C公司	300000		
调节后余额	704000	调节后余额	704000

经办出纳人员：张颖

审计工作步骤：

1．对银行对账单及余额的真实性向开户银行发出询证函进行函证。（注：经函证，银行对账单余额正确）

2．检查银行余额调节表的编制是否正确。审计人员进一步核对，发现银行对账单上有如下两笔未达账项未在银行存款余额调节表里反映：①2010年12月27日某公司转支0124619号存入现款50000元；②2010年12月28日现支07285号取款50000元。指出银行存款余额调节表编制可能存在的问题。

3．分析未达账项是否正常，判断可能存在什么样的问题？有无需要进行账项调整的事项？

4．根据职业判断，实施相关的审计程序，获取审计证据查明情况或证实问题。提出账务调整意见。

5．编制《审计工作底稿——银行余额调节表汇总》（索引号 4101-5）；《审计工作底稿——银行余额调节表检查》（索引号 4101-6）。

【案例 2】抽查大额货币资金案例。

审计人员抽查飞达工业有限公司2010年12月29日开出转账支票，该公司行政经理借支50000元差旅费。原始凭证是该经理的出差旅费借据（已经企业主管批准）。会计分录为：

借：管理费用　　50000

　　贷：银行存款　　50000

要求：发现会计账务处理的问题，提出调整账务的建议。

解析：编制《审计工作底稿——通用凭证检查表》

【案例 3】抽查大额现金收支案例。

审计人员在审查飞达工业有限公司银行存款日记账中，发现：

2010年7月16日5号凭证的摘要记录“存入暂存款”金额60000元。

7月20日在10号凭证摘要注明“提现”，金额20000元。

7月21日在12号凭证摘要注明“提现”，金额20000元。

7月25日在30号凭证摘要注明“提现”，金额20000元。

职业判断：以上收支业务的疑点：资金收入内容不明；支出去向不明。需实施进一步审计追查。追查步骤：

（1）审计人员首先调出7月16日5号凭证，其分录为：

借：银行存款　　60000

　　贷：其他应付款——长城公司　　60000

所附的原始凭证仅有一张“进账单”。为收到长城公司的转账支票。

（2）审计人员调出7月20日10号凭证，其分录为：

借：库存现金　　20000

　　贷：银行存款　　20000

所附的原始凭证为现金支票存根，支票用途为“差旅费”。

（3）审计人员调出7月21日12号凭证，其分录为：

借：库存现金　　20000

　　贷：银行存款　　20000

所附的原始凭证为现金支票存根，支票用途为“支付季度奖”。

（4）审计人员调出7月25日30号凭证，其分录为：

借：库存现金 20000

　　贷：银行存款 20000

所附的原始凭证为现金支票存根，支票用途为“备用金”。

（5）依据这一线索，查阅“现金日记账”，发现7月30日36号付出凭证摘要为：“付暂存款”60 000元。

（6）调出7月现付36号凭证，见其分录为：

借：其他应付款——长城公司 60000

　　贷：库存现金 60000

其原始凭证为某公司打出的白条收据。至此，“其他应付款——长城公司”账已结平。

审计人员认为这笔往来账不正常，货币资金的收付也不正常，遂向长城公司函证调查，并向飞达公司的销售经办人员追查。查明的情况是：广州飞达工业有限公司销售废旧材料60000元给长城公司，飞达公司的销售经办人员张强没有入销售账，60000元销售废旧材料款由个人私分了。公司会计和出纳各得8000元好处费，其余44000元由经办人张强贪污。

（7）处理与调整：告知飞达工业公司负责人，令经办人、会计、出纳退回全部赃款，并按规定处理。提请企业进行账务调整。

借：其他应收款——（有关人员） 60000

　　贷：其他业务收入 60000

【案例 4】检查大额或异常现金收支业务的审计案例。

审计人员郑欣在对飞达工业公司库存现金审计时，发现保险柜中有一出纳私人存折，存折开户时间为2010年8月10日，金额为122000元，上面有两笔金额较大的开支，分别为30000元和46000元，支出时间为2010年8月11日。出纳解释为是自己的款项放在保险柜中。审计人员进一步审查现金日记账，发现2010年8月12日“现付18号”凭证支付“清理车床劳务费”1300元记录，但未发现清理收入。

要求：根据以上疑点，分析审计人员应采取哪些程序进行审计追踪查证？

步骤1：审计人员首先应调阅该公司2010年8月12日“现付18号”凭证，检查该凭证款项支付有无领款人签字和有关领导授权签字，并查看会计处理是否正确。

想一想：该笔因清理固定资产支付的劳务费，正确的会计处理是什么？

步骤2：根据上项线索，审计人员应进一步查阅固定资产明细账，查看该项固定资产清理的原因，是出售、报废或是毁损？并索要有关批准清理的文件，查看有无处置该固定资产的会计记录。

想一想：处置该固定资产时，正确的会计处理是什么？

步骤3：鉴于出纳私人存折开户时间和该资产处置时间相近，特别注意追查固定资产处理是否有收入及收入去向；发现疑点，及时向出纳、固定资产使用人、处置经手人询证。如有隐瞒收入，私设小金库，应按现金管理条例建议对有关责任人进行相应处理。

步骤4：根据上述情况查明已用的76000元为违规发给有关部门人员的福利补贴，应向有关人员收回。审计建议进行相关账项调整，并根据账项调整结果，建议企业调整会计报表上各有关项目的列报。调整结果如下：

借：其他应收款——出纳 46000

　　其他应收款（或有关科目） 76000

贷：营业外收入　　　　　　　　　　　　　　　　　　　　122000

步骤5：编制《审计工作底稿——通用凭证检查表》。

附：

货币资金审定表

被审计单位：						索引号：4101-1		
项目：货币资金审定表						截止日：		
编制：						复核：		
日期：						日期：		
项目名称	期末未审数	账项调整		重分类调整		期末审定数	上期末审定数	索引号
		借方	贷方	借方	贷方			
现金								
银行存款								
其他货币资金								
合 计								
审计结论：								

货币资金明细表

被审计单位：			索引号：4101-2			
项目：货币资金明细表			截止日：			
编制：			复核：			
日期：			日期：			
项目	账号	币种	期末未审数			备注
			原币金额	汇率	折合本位币	
库存现金						
小 计						
银行存款						
小 计						
其他货币资金						
小 计						
合 计						

注：对存在质押、冻结等变现限制或存在境外的款项在“备注”中予以说明

审计说明：

银行存单检查表

被审计单位：	索引号：4101-4
项目：银行存单检查表	截止日：
编制：	复核：
日期：	日期：

开户银行	账号	币种	户名	存入日期	到期日	期末存单余额	期末账面余额	备注

注：备注栏可填写是否被用于质押等担保情形，是否存在其他使用限制等情况。

审计说明:

银行存款（其他货币资金）余额调节表汇总

被审计单位：						索引号：	4101-5		
项目：余额调节表汇总						截止日：			
编制：						复核：			
日期：						日期：			
开户行	账号	银行日记账余额（原币）	银行已收，企业未入账金额	银行已付，企业未入账金额	调整后银行日记账余额	银行对账单余额（原币）	企业已收，银行未入账金额	企业已付，银行未入账金额	调整后银行对账单余额	调整后是否相符
		①	②	③	④=①+②-③	⑤	⑥	⑦	⑧=⑤+⑥-⑦	

编制说明：1.若账面余额（原币数）与银行对账单金额不一致，应另行检查银行存款余额调节表（见4101-6）；2.银行存款、其他货币资金审计时均可使用该表。

审计说明：

对银行存款余额调节表的检查

被审计单位：	索引号：4101-6
项目：对银行存款调节表的检查	截止日：
编制：	复核：
日期：	日期：

开户银行：　　　　银行账号：			币种：
项　目	金额	调节项目说明	是否需要提请被审计单位调整
银行对账单余额			
加:企业已收，银行尚未入账合计金额			
其中:1.			
2.			
减:企业已付，银行尚未入账合计金额	—		
其中:1.			
2.			
调整后银行对账单余额	—		
企业银行存款日记账余额			
加:银行已收，企业尚未入账合计金额	—		
其中:1.			
2.			
减:银行已付，企业尚未入账合计金额	—		
其中:1.			
2.			
调整后企业银行存款日记账余额	—		

审计说明：

银行存款函证结果汇总表

被审计单位：	索引号：4101-7
项目：银行存款函证结果汇总表	截止日：
编制：	复核：
日期：	日期：

开户银行	账 号	币种	函证情况					冻结、质押等事项说明	备注
			函证金额	函证日期	回函日期	回函金额	金额差异		

审计说明：

银行询证函

__________银行　　　　　　　　　　　　　　　　　　　　编号：

本公司聘请的　　会计师事务所正在对本公司　　年度财务报表进行审计，按照中国注册会计师审计准则的要求，应当询证本公司与贵行相关的信息。下列信息出自本公司记录，如与贵行记录相符，请在本函下端“信息证明无误”处签章证明；如有不符，请在“信息不符”处列明不符项目及具体内容；如存在与本公司有关的未列入本函的其他重要信息，也请在“信息不符”处列出其详细资料。回函请直接寄至　　　会计师事务所。

回函地址：　　　　　　　　　邮编：

电话：　　　　传真：　　　　　联系人：

截至　　年　　月　　日，本公司与贵行相关的信息列示如下：

1．银行存款。

账户名称	银行账号	币种	利率	余额	起止日期	是否被质押、用于担保或存在其他使用限制	备注

除上述列示的银行存款外，本公司并无在贵行的其他存款。

2．银行借款。

借款人名称	币种	本息余额	借款日期	到期日期	利率	借款条件	抵（质）押品/担保人	备注

除上述列示的银行借款外，本公司并无在贵行的其他借款。

注:此项仅函证截至资产负债表日本公司尚未归还的借款。

3．担保。

本公司为其他单位提供的、以贵行为担保受益人的担保。

被担保人	担保方式	担保金额	担保期限	担保事由	担保合同编号	被担保人与贵行就担保事项往来的内容（贷款等）	备注

除上述列示的担保外，本公司并无其他以贵行为担保受益人的担保。

4．其他重大事项。

（被审计单位盖章）

年　月　日

以下仅供被询证银行使用

结论：

1．信息证明无误。 （银行盖章） 年　月　日 经办人：	2．信息不符，请列明不符项目及具体内容（对于在本函前述第1项至第13项中漏列的其他重要信息，请列出详细资料）。 （银行盖章） 年　月　日 经办人：

通用凭证检查表

被审计单位：				索引号：					
项目：				财务报表截止日：					
编制：				复核：					
日期：				日期：					
序号	记账日期	凭证编号	对应科目	金额	检查内容（用“√”、“×”表示）				
					①	②	③	④	⑤
1									
2									
3									
4									
5									
6									
7									
8									
9									
10									
11									
12									
13									
核对内容说明：①原始凭证是否齐全；②记账凭证与原始凭证是否相符；③账务处理是否正确；④是否记录于恰当的会计期间。									
选取测试项目的方法（请在相应选择部分后打“√”）									
1.选取全部项目									
2.选取特定项目，具体描述为									
3.审计抽样									
审计说明：									

任务2　应收账款审计

应收账款是企业因销售产品、材料，提供应税劳务，应向购货单位、提供劳务单位收取的款项，属于企业的债权。坏账是指无法收回或收回可能性极小的应收款项，由于发生坏账而产生的损失称为坏账损失。由于应收账款与坏账准备的联系非常紧密，一般把对坏账准备的审计与对应收账款的审计结合进行。应收账款和坏账准备一般是审计的重要项目。企业的应收账款是由于企业的赊销业务而产生的，因此应收账款的审计一般按结合销售业务来进行审计。

一、应收账款核算的规定及内部控制要求

（一）应收账款核算的有关规定

1. 根据《企业会计准则——应用指南》及会计制度有关应收账款的规定，应收账款核算企业因销售商品、提供劳务等经营活动应收的款项（因销售商品、提供劳务等，采用递延方式收取合同或协议价款，实质上具有融资性质的，在“长期应收款”科目核算）。代购货单位垫付的包装费、运杂费，也通过“应收账款”科目核算。

2. 企业通常采用备抵法核算坏账准备。计提坏账损失的具体方法由企业自行决定。企业通常于每年年度终了，对应收款项进行全面检查，合理预计各项应收款项可能发生的坏账，相应计提坏账准备。估计坏账损失的方法主要有账龄分析法、余额百分比法等。坏账准备的计提方法一经确定，不得随意变更。

（二）应收账款关键的内部控制

1. 严格赊销审批制度。发生赊销要由信用管理部门根据管理层的赊销政策以及对每个顾客已授权的信用额度来严格执行；无论是否批准赊销，被授权的信用人均应在销售单上签署意见。

2. 健全凭证保管、记录和审核制度。客户的借款凭证必须妥善地保管，做好明细记录并及时登记入账，凭证的收入和支出必须经过审查；坚持定期对账，保证账账、账实相符。同时还要注意定期或不定期地同对方进行核对，至少每年要核对一次，以检查应收及预付账款是否同对方账面数一致。

3. 定期对应收账款的结构和账龄进行分析，建立清算和催收制度。企业应定期编制应收账款账龄分析表，分析应收账款增减变化、账龄结构以及资金占用的合理性。针对逾期账款采取不同措施，努力促使账款的及时足额清算和回收；对经办人员建立责任制度，加强各项账款的催收工作。

4. 资产负债表中的“应收账款”项目，应根据“应收账款”账户所属各明细账户的期末借方余额合计填列。

如果“应收账款”账户所属明细账户中有的是贷方余额，应当列入“预收账款”项目。如果“预收账款”账户中所属明细账户有借方余额的，也应包括在本项目内。应收账款净额根据应收账款减坏账准备的差额填列。

二、应收账款的审计目标

1. 确定资产负债表中列示的应收账款是否存在。是否为被审单位所拥有。
2. 确定应收账款增减变动的记录是否完整。
3. 确定应收账款是否可收回，坏账准备的计提是否恰当。
4. 确定应收账款年末余额是否正确。
5. 确定应收账款是否已按规定在财务报表中恰当列报。

三、应收账款审计的实质性程序及应编制的审计工作底稿

	可供选择的实质性程序	应编制的审计工作底稿	索引号
	选择实质性程序	应收账款实质性程序	4104
一	取得或编制应收账款明细表（含账龄分析）	应收账款明细表	4104-2
二	对与应收账款相关的财务指标进一步分析	略	略
三	实施应收账款函证程序；分析评价函证结果	应收账款询证函（积极式） 应收账款函证结果汇总表 应收账款函证结果调节表	4104-3 4104-4 4104-5
四	对未予函证的应收账款实施替代审计程序	应收账款替代测试表	4104-6
五	分析评价坏账准备的合理性	应收账款坏账准备计算表	4104-7
六	标明应收关联方的款项，执行关联方及其交易审计程序	略	略
七	针对评估的舞弊风险等因素增加审计程序	略	略
八	检查应收账款是否已按照企业会计准则的规定恰当列报 对应收账款进行审定	应收账款审定表	4104-1

四、应收账款审计主要实质性程序的实施

选择实施的审计程序；编制《审计工作底稿——应收账款实质性程序》（索引号4104）。

（一）实施“获取或编制应收账款（包括相应的坏账准备）明细表（含账龄分析）”程序

审计人员在审计应收账款时，一般应要求企业提供（或编制）资产负债表日应收账款明细账户余额及账龄分析表。通过对应收账款明细账户余额及账龄分析表的分析，可确定应收账款的欠款时间及收款效率，有助于判断应收账款的可收回性。编制应收账款账龄分析表时，可以考虑选择重要的客户及其余额列示，而将不重要的或余额较小的汇总列示。

审计过程及步骤如下：

1. 审核企业编制的应收账款账户余额表的明细账户余额、账龄的填写是否正确。应作必要的抽查，抽查时追查至明细账，并对明细账中的借贷合计加以验算。

什么是账龄？应收账款的账龄是应收账款从产生之日至资产负债表日所经历的时间。如果同一客户应收账款发生和收回的笔数较多，一般情况下应当逐笔认定，如果确实无法认定，则按照先发生先收回的原则确定。账龄分析最终要按审定数去确认账龄段，并据此对坏账准备计提金额进行复核。

2. 复核加计是否正确，并与总账数和明细账合计数核对是否相符。结合坏账准备科目与报表数核对是否相符。如若不符，应形成记录并进行相应调整。

3. 分析有贷方余额的项目，查明原因，必要时，提请被审计单位作重分类调整。

4. 结合其他应收款、预收账款等往来项目的明细余额，检查有无同一客户多处挂账、异常余

额或与销售无关的其他款项（如代销账户、关联方账户或雇员账户）；如有，应做出调整建议。

5．标识重要的欠款单位，计算其欠款合计占应收账款余额的比例。对重要的欠款单位拟实施下一步的审计程序。

编制《审计工作底稿——应收账款明细表》（索引号4104-2）。

将审计意见及上述审计中发现的问题及需提请企业调整账务的会计分录记录于工作底稿的审计说明栏。

审计证据：应收账款余额明细表（含账龄分析）；应收账款明细账、总账；资产负债表；销售订货单；销货通知单；发货单；销售发票；销售汇总表；销售明细账及总分类账；现金及银行存款日记账及总分类账等。

（二）实施“对与应收账款相关的财务指标进一步分析”程序

1．分析信用政策是否发生变化，计算本期应收账款借方累计发生额与营业收入百分比，并与上期及管理层的考核指标进行比较。

2．分析应收账款周转率、应收账款周转天数等指标，与被审计单位以前年度指标、同行业指标进行对比分析，是否存在重大异常。

审计证据：应收账款明细账、总账；资产负债表；利润表；相关的记账凭证及原始凭证；会计账户；应收账款有关指标、数据分析表；销售明细账、总账等。

（三）实施“应收账款函证程序”

应收账款函证程序就是直接发函给被审单位的债务人进行核实被审单位应收账款的记录是否正确的一种方法。函证的目的，是为了证实被审单位应收账款账户余额的真实性、正确性，防止或发现被审单位在销售业务中发生的差错及弄虚作假、营私舞弊的行为。函证是确认应收账款余额的最佳途径。

虽然函证需花费大量的时间和精力，但根据审计准则的要求，注册会计师应当对应收账款实施函证程序，也就是说在应收账款审查中审计人员必须执行这一程序。除非有充分证据表明应收账款对财务报表不重要或函证很可能无效。如果不对应收账款进行函证，应在工作底稿中说明理由。如果认为函证很可能无效，应当采用替代审计程序获取充分、适当的审计证据。

实施函证程序的工作过程和步骤如下：

1．根据分析的账龄和标注的重要欠款单位，选取适量的样本函证；发出询证函（索引号4104-3）。

审计人员不需要对所有应收账款都进行函证。应根据分析的账龄和标注的重要欠款单位，选取适量的样本函证。一般情况下，注册会计师应选择以下项目作为函证对象：

（1）大额或账龄较长的项目；

（2）与债务人发生纠纷的项目；

（3）关联方项目；

（4）主要客户（包括关系密切的客户）项目；

（5）交易频繁但期末余额较小甚至余额为零的项目；

（6）可能产生重大错报或舞弊的非正常的项目。

常用的应收账款询证函包括积极式函证和消极式函证。

积极式函证是指被询证的债务人，要求其证实的账户余额不论正确与否，都必须复函给审计人员的一种函证方式。一般来说，积极式函证得到的证据更可靠，若未收到债务人的复函可采取其他方法进一步证实。

积极式函证格式见《审计工作底稿——询证函》（4104—3）。

消极式函证是指被询证的债务人，要求其证实的账户余额在不相符的情况下，才给予审计人员复函的一种函证方式。也就意味着这种函证方式，在债务人因各种原因未复函的情况下，都会导致审计人员认为账户余额正确已被债务人认可，因此可靠程度相对较差，但其花费较少，成本较低。消极式函证比积极式函证提供的审计证据说服力低。注册会计师一般不得将消极式函证作为唯一实质性程序，以应对评估认定层次的重大错报风险。

审计人员选用哪种函证方式比较适宜，要依据不同的情况处理。一般对于大金额账项采用肯定式函证较好；对于小金额函证采用否定式函证较好，两种函证方式可以结合起来使用。

函证时间的选择。为了发挥函证的作用，在选择函证发送的时间时，应选择与资产负债表日接近的时间。同时考虑到对方复函的时间，尽可能做到在审计工作结束前取得函证的全部资料。

询证函（索引号4104-3）由审计人员填写，发函单位盖被审计单位公章。填写询证函的操作要点：

①确定需要确认或填列的信息；

②选择适当的被询证者；

③设计询证函，包括正确填列被询证者的姓名和地址，以及被询证者直接向注册会计师回函的地址等信息；

④发出询证函并予以跟进，必要时再次向被询证者寄发询证函。

2．对函证实施过程进行控制。审计人员应直接控制询证函的发送和收回，询证函寄到审计人员手中。被询证者以传真、电子邮件等方式回函的，应要求被询证者寄回询证函原件；对于无法投递退回的信函要进行分析、处理，查明是由于债务人地址差错，还是假账。对于积极式函证未收到回复的，应再次发送第二次甚至第三次询证函，若仍未答复，审计人员应采用必要的替代程序。

（四）实施“编制应收账款函证结果汇总表，分析评价函证结果程序

注册会计师应当核对回函内容与被审计单位账面记录是否一致。评价实施函证程序的结果是否提供了相关、可靠的审计证据，或是否有必要进一步获取审计证据。

1．对回函不符的情况，注册会计师应当调查不符事项，以确定是否存在错报。如回函内容与被审计单位账面记录不一致，即函证出现了不符事项，注册会计师应分析不符事项的原因，并检查支持性凭证。不符事项的原因有以下几个方面：

（1）双方登记入账的时间不同。登记入账的时间不同而产生的不符事项主要有：

①询证函发出时，债务人已经付款，而被审计单位尚未收到货款；

②询证函发出时，被审计单位的货物已经发出并已作销售记录，但货物仍在途中，债务人尚未收到货物；

③债务人由于某种原因将货物退回，而被审计单位尚未收到；债务人对收到的货物的数量、质量及价格等方面有异议而全部或部分拒付货款等。

（2）一方或双方记账错误。

（3）被审计单位的舞弊行为。

如果不符事项构成错报，注册会计师应当重新考虑所实施审计程序的性质、时间和范围；并对已确认的错报提出账务调整意见。

2．在未回函的情况下，应当实施替代程序，以获取相关、可靠的审计证据。

3．编制《审计工作底稿——应收账款函证结果汇总表》（索引号4104-4）。

4．编制《审计工作底稿——应收账款函证结果调节表》（索引号4104-5）。

5．审计证据：应收账款明细账余额表（含账龄分析）；应收账款询证函回函；相关的记账凭证及原始凭证、会计账户等。

（五）实施"对未予函证的应收账款实施替代审计程序"

替代审计程序是指原程序无效，注册会计师必须执行其他程序以替代原计划的程序。虽然确认应收账款余额的最佳途径是函证，但替代审计程序是不可缺少的。

需实行替代审计的情况有：

1．如果认为函证很可能无效，应当实施替代审计程序，以获取充分、适当的审计证据。

针对最终未回函的账户实施替代审计程序。如注册会计师通过对应收账款进行函证，但是回函率很低，以至于原定的函证程序效果不理想或无效，这时就需要实施替代审计程序了。应检查有关原始凭证，如销售合同、销售订单、销售发票副本及发货凭证等，以验证这些应收账款的真实性，从而降低审计风险。

2．执行替代性审计程序的主要方法。

（1）通过审查期后的收款予以证实。

年报审计的高峰集中在每年的3～4月份，上年度正常的应收账款，到注册会计师审计时一般能够收回。注册会计师应选择外勤结束日前一两日，检查资产负债表日后应收账款明细账、银行存款日记账、现金日记账、银行对账单，若款项已经收回，则可为资产负债表日应收账款的存在或发生等提供证据，即使债务人未回函，也可确认其金额。

（2）通过追查债权的相关文件资料，核实应收账款的真实性。

①从原始发票追查至会计记录（顺查）。

注册会计师选择资产负债表日金额较大的账户，找出其销售档案，检查订货单、销售单、信用评估报告、销售合同、销售通知单、销售发货单和销售发票等，重点审查授权批准手续是否齐全，是否存在越权批准行为，信用政策和销售政策的执行是否符合规定，超出信用政策和销售政策规定的赊销业务是否实行集体决策审批等。如果顺查以上资料形成的证据链能够相互印证，销售与收款的内控制度健全有效且得到一贯执行，也可确认应收账款的会计记录和在资产负债表上的列示数额。

②从相关会计记录追查至合同、订单（逆查）。

注册会计师从资产负债表日应收账款明细表中选取金额较大的客户自应收账款明细账追查至记账凭证、销售发票、销售通知单、销售合同、信用评估报告、销售单和顾客订货单等，为验证交易和事项发生过程的正确性提供证据。如果逆查以上资料形成的证据链能够相互印证，也可确认应收账款的会计记录和在资产负债表上的列示数额。

3．替代性审计程序审查的重点内容。

注册会计师执行替代审计程序应重点审查哪些账户，需结合应收账款账龄分析表，对账户进行分类。账龄越长，款项收回的可能性就越小，形成坏账的可能性就越大。应收账款金额越大，对会计报表越重要，就越应该重点审查。

注册会计师在具体操作时，可将全部应收账款账户划分为正常账户和非正常账户两类，其中：正常账户包括一年内借贷方发生额正常的账户；非正常账户包括当年无发生额即账龄在一年以上的账户。注册会计师执行替代审计程序时，应根据不同性质的账户，确定不同的审计重点，以收集充分适当的审计证据。

一般来说，替代性审计程序审查的重点账户有：(1) 账龄长的账户；(2) 应收账款金额大的账户；(3) 非正常账户（当年无发生额即账龄在1年以上的账户）；(4) 抽查有无不属于结算业务的债权。

不属于结算业务的债权，不应在应收账款中进行核算。因此，注册会计师应抽查应收账款明细账，并追查有关原始凭证，查证被审计单位有无不属于结算业务的债权。如有，应建议被审计单位作适当调整。

4．根据替代审计的过程和结果，编制《工作底稿——应收账款替代测试表》（4104-6）。

5．审计证据：应收账款余额明细表（含账龄分析）；应收账款明细账、总账；销售会计凭证及销售订货单；销货通知单；发货单；销售发票；销售汇总表等原始凭证；销售明细账及总分类账；现金及银行存款日记账及总分类账；相关记账凭证及原始凭证；会计账簿等。

（六）实施“分析评价坏账准备的合理性”程序

1．检查应收账款坏账准备计提和核销的批准程序，取得书面报告等证明文件。评价计提坏账准备所依据的资料、假设及方法；复核应收账款坏账准备是否按经股东会或董事会批准的既定方法和比例提取，其计算和会计处理是否正确。

2．在账龄分析表中，选取适量样本（金额大于____的账户，逾期超过____天账户，以及认为必要的其他账户），测试账龄及计提坏账准备的适当性。与授信部门经理或其他负责人员讨论其可收回性，并复核往来函件或其他相关信息。

3．实际发生坏账损失的，检查转销依据是否符合有关规定，会计处理是否正确，关注是否已办妥税务部门审计手续。

4．检查应收账款中是否存在债务人破产或者死亡，以及破产财产或者遗产清偿后仍无法收回，或者债务人长期未履行偿债义务的情况，如果存在，应提请被审计单位处理。

5．已经确认并转销的坏账重新收回的，检查其会计处理是否正确。

6．通过比较前期坏账准备计提数和实际发生数，以及检查期后事项，评价应收账款坏账准备计提的合理性。

7．编制《审计工作底稿——应收账款坏账准备计算表》（索引号4104-7）。

8．审计证据：应收账款坏账准备计提和核销的批准程序、书面报告等证明文件应收账款坏账准备计提计算表、应收账款明细账余额表（含账龄分析）、对债务人长期未履行偿债义务的调查资料、相关的会计凭证、原始凭证、会计账户。

（七）实施“标明应收关联方的款项，执行关联方及其交易审计”程序

标明应收关联方[包括持股5%以上（含5%）股东]的款项，实施关联方及其交易审计程序，并注明合并财务报表时应予抵销的金额；对关联企业、有密切关系的主要客户的交易事项作专门核查：

1．了解交易事项目的、价格和条件，作比较分析。

2．检查销售合同、销售发票、发运凭证等相关文件资料。

3．检查收款凭证等货款结算单据。

4．向关联方或有密切关系的主要客户函询，以确认交易的真实性、合理性。

5．对实施关联方及其交易审计程序的结果，编制审计工作底稿。

6．审计证据：对应收账款中关联企业的交易事项的会计记录和其他信息资料；向关联方或有密切关系的主要客户询函证的回函；有关交易事项的销售合同；销售发票；发运凭证；价格；收款凭证等货款结算单据等相关文件资料等。

（八）实施“针对评估的舞弊风险等因素增加的审计”程序

对针对评估的舞弊风险等因素增加的审计程序的结果，编制审计工作底稿。

（九）实施“检查应收账款是否已按照企业会计准则的规定恰当列报”程序

1．汇总应收账款的审计结果，审定应收账款、坏账准备、应收账款净值的期末余额；做出审定应收账款的审计结论。

2．编制《审计工作底稿——应收账款审定表》（索引号4104-1）。

五、应收账款审计的工作要点及审计案例

（一）应收账款审计的工作要点

1. 运用职业判断，关注长期挂账和发生额及余额内容异常的应收账款账户；

2. 对重点账户必须实施函证程序，这是确认应收账款余额的最佳途径；

3. 根据实际情况，替代审计程序往往是不可缺少的。

应收账款是企业的债权，是企业流动资产的重要组成部分。但由于其没有实物形式，很容易成为某些单位虚构业务从而进行各种舞弊活动的工具。应收账款常见错弊主要有以下几个方面：

(1) 将非结算债权在应收账款中核算。例如，将应收票据、其他应收款、预付账款等账户反映的内容计入应收账款，造成核算不真实、不准确，会计信息失真。

(2) 虚列销售收入，虚挂应收账款，以掩盖亏损或多列利润，粉饰会计报告。

(3) 重分类错误。如应收账款的贷方有余额，应查明原因，必要时进行重分类调整。

(4) 应收账款隐含各种损失。要关注长期挂账的应收款，有的已无法收回，形成坏账损失。注册会计师要查明来源，请客户及时处理，并予以恰当披露。

例如，一些客户部分应收账款符合坏账处理条件而长期挂账不作处理，使应收账款成为掩盖经营失败的护身符、潜亏的庇护所和利润调节器。有的获得的抵债物资不入账，或者抵债物资变现不入账，造成账实不符。

(5) 关联交易中的非法活动。

(6) 已作坏账处理的应收账款，弄虚作假，营私舞弊。

比如，一些客户为虚减利润，少缴所得税，或内外勾结，捞取好处，将本可收回的应收账款予以核销，形成账外资金，用于个别当权者挥霍；一些客户新收回已确认的坏账不入账，用于发放奖

金福利或不合理开支；有的营销人员将收回的应收账款不交企业报账，纳入个人腰包。

(7) 长期投资在应收账款中核算。例如：一些客户为隐匿投资收益把长期投资纳入应收账款核算。在收到投资收益时，直接冲减应收账款以达到偷税之目的，或者直接将投资收益转存“小金库”进行非法活动或舞弊。

(二) 应收账款的审计案例

【案例 1】应收账款的重分类调整案例。

广州飞达工业有限公司2010年度的资产负债表“应收账款”数额为3000000元，与应收账款总额相符，预收账款数额为2250000元。在对应收账款明细账余额进行审计时，发现“应收账款——鸿扬公司”明细账的贷方余额180000元，经审计查明为收广州鸿扬公司的预付货款，尚未履行购货合同。

要求：分析广州飞达工业有限公司2010年资产负债表“应收账款”数额是否正确？账务处理是否有错误？应如何调整？

解析：收广州鸿扬公司的预付货款180000元应列入“预收账款”科目。建议进行重分类调整，分录如下：

借：应收账款——广州鸿扬公司　　180000

　贷：预收账款——广州鸿扬公司　　180000

重分类调整后，应收账款余额为3180000元（3000000+180000）

（想一想：怎样编制《审计工作底稿——应收账款明细表》？“审计说明”栏上的审计意见应如何填写？）

【案例2】分析评价对应收账款的函证结果。

诚信达会计师事务所审计广州飞达工业有限公司2010年度应收账款，取得了企业2010年12月31日的应收账款明细账余额，并于2011年1月20日对所有主要客户寄发询证函。根据回函情况，发现以下异常情况，见下表。

函证编号	客户名称	询证金额	回函日期	客户回函内容
4104-3-4	容光公司	200000	2011.1.25	200000元已于2010.12.29用支票支付
4104-3-6	三禾佳业	351000	2011.1.25	因质量问题已于2010.12.28将货物退回
4104-3-7	城东商贸公司	380000	2011.1.26	2010.12.10收到委托代销货物380000元，尚未销售
4104-3-9	兴旺置业	468000	2011.1.26	对方称所购货物并未收到
4104-3-11	鑫达制品厂	468000		未回函；1月25日再次发函，依然未回函
4104-3-14	星光公司	117000		未回函；1月25日再次发函，依然未回函

要求：请分析、评价上述应收账款账户余额的函证结果。对上述函证回函的异常情况，根据职业判断实施一步实施审计程序，查明差异存在原因，取得审计证据。并提出审计意见。

解析：通过实施审计程序查明差异存在的原因如下：

（1）容光公司确实已于 2010 年 12 月 29 日用支票支付 200000 元。广州飞达工业有限公司于 2011 年 1 月 4 日收到款项。

（2）三禾佳业因商品质量问题已于 2010 年 12 月 28 日将货物 351000 元退回。经审计广州飞达工业有限公司 2010 年 12 月 31 日收到退回的货物（成本 200000 元），未做账务处理。

应调整账务：

借：主营业务收入　　3000000

　　应交税费——应交增值税　　510000

　　贷：应收账款——三禾佳业　　351000

借：库存商品　　200000

　　贷：主营业务成本　　200000

（3）城东商贸公司2010年12月10日收到委托代销货物380000元，尚未销售。经审计确认是飞达公司委托城东商贸公司的代销商品，商品尚未销售。飞达公司作如下错误的账务处理。

借：应收账款——城东商贸公司　　380000

　　贷：主营业务收入　　380000

提请企业调整账务：

借：主营业务收入　　380000

　　贷：应收账款——城东商贸公司　　380000

（4）兴旺置业称所购货物并未收到。经审计商品的销售发票、发运单等凭证，确认 2010 年 12 月 30 日，飞达公司销售并发给兴旺置业商品 468000 元（含增值税价），已作了销售的账务处理，但由于商品还在途中，兴旺置业没有收到，未作账务处理。

（5）“应收账款——鑫达制品厂 468000 元”、“应收账款——星光公司 117000 元”两个客户没有回函。应进行替代审计。经检查原始账款形成的记账凭证、原始凭证等支持性凭证，替代审计的结果如下：

①“应收账款——鑫达制品厂 468000 元”，未发现异常情况，可以确认。

②审计“应收账款——星光公司117000元”账户及记账凭证，飞达公司12月30日的265号记账凭证的账务处理如下：

借：应收账款——星光公司　　117000

　　贷：主营业务收入　　100000

　　　　应交税费　　17000

该记账凭证未付任何原始凭证。经审计，是为了企业收入而有意为之。虚增收入100000元。审计人员建议调整：

借：主营业务收入　　100000

　　应交税费　　17000

　　贷：应收账款——星光公司　　117000

讨论并操作：对以上审计事项，应该如何编制审计工作底稿？

附：

应收账款实质性程序

被审计单位：	索引号：4104
项目：应收账款实质性程序	截止日：________
编制:	复核：
日期:	日期:

一、需从实质性程序获取的保证程度

项目	财务报表认定				
	存在	完整性	权利和义务	计价和分摊	列报
1.审计目标	A	B	C	D	E
2.需从实质性程序获取的保证程度					
注：根据财务报表项目的重要性、评估认定的重大错报风险以及控制测试（如有）的结果填写。					

二、实质性程序

审计目标	可供选择的实质性程序	是否选择	索引号
D	1.获取或编制应收账款（包括相应的坏账准备）明细表（含账龄分析）： （1）复核加计是否正确，并与总账数和明细账合计数核对是否相符；结合坏账准备科目与报表数核对是否相符； （2）检查非记账本位币应收账款的折算汇率及折算是否正确； （3）分析有贷方余额的项目，查明原因，必要时，提请被审计单位作重分类调整； （4）结合其他应收款、预收账款等往来项目的明细余额，检查有无同一客户多处挂账、异常余额或与销售无关的其他款项（如代销账户、关联方账户或雇员账户）； （5）标识重要的欠款单位，计算其欠款合计数占应收账款余额的比例。		4104-2
AB	2. 对与应收账款相关的财务指标进一步分析： （1）分析信用政策是否发生变化，计算本期应收账款借方累计发生额与营业收入百分比，并与上期及管理层的考核指标进行比较； （2）分析应收账款周转率、应收账款周转天数等指标，与被审计单位以前年度指标、同行业指标对比分析，是否存在重大异常。		略
ACD	3.实施应收账款函证程序（除非有充分证据表明应收账款对财务报表不重要或函证很可能无效，否则，应对应收账款进行函证。如果不对应收账款进行函证，应在工作底稿中说明理由。如果认为函证很可能无效，应当实施替代审计程序获取充分、适当的审计证据）： （1）根据分析的账龄和标注的重要欠款单位，选取适量的样本函证； （2）对函证实施过程进行控制：询证函应由注册会计师直接收发；被询证者以传真、电子邮件等方式回函的，应要求被询证者寄回询证函原件； 如果未能收到积极式函证回函，应当考虑与被询证者联系，要求对方作出回应或再次寄发询证函； （3）编制“应收账款函证结果汇总表”，分析评价函证结果。核对回函内容与被审计单位账面记录是否一致，如不一致，分析不符事项的原因，编制“应收账款函证结果调节表”，并检查支持性凭证；如果不符事项构成错报，应重新考虑所实施审计程序的性质、时间和范围； （4）针对最终未回函的账户实施替代审计程序（如实施期后收款测试、检查运输记录、销售合同等相关原始资料及询问被审计单位有关部门等）。		4104-3 4104-4 4104-5 4104-6
BA	4.应收账款豁（减）免的截止测试： （1）在资产负债表日前后分别选取适量的样本（____日内被审计单位授予欠款单位的、金额大于____的减免应收账款凭证），以测试豁（减）免的余额是否记入恰当的期间； （2）检查资产负债表日前后销售退回和赊销水平，确定是否存在异常迹象（如与正常水平相比），并考虑是否有必要追加审计程序。		略

续表

审计目标	可供选择的实质性程序	是否选择	索引号
D	5.分析评价坏账准备的合理性： （1）检查应收账款坏账准备计提和核销的批准程序，取得书面报告等证明文件。评价计提坏账准备所依据的资料、假设及方法；复核应收账款坏账准备是否按经股东会或董事会批准的既定方法和比例提取，其计算和会计处理是否正确； （2）在账龄分析表中，选取适量样本（金额大于__的账户，逾期超过__天账户，以及认为必要的其他账户），测试账龄及计提坏账准备的适当性。与授信部门经理或其他负责人员讨论其可收回性，并复核往来函件或其他相关信息； （3）实际发生坏账损失的，检查转销依据是否符合有关规定，会计处理是否正确，关注是否已办妥税务部门审计手续； （4）检查应收账款中是否存在债务人破产或者死亡，以其破产财产或者遗产清偿后仍无法收回，或者债务人长期未履行偿债义务的情况，如果存在，应提请被审计单位处理。 （5）已经确认并转销的坏账重新收回的，检查其会计处理是否正确； （6）通过比较前期坏账准备计提数和实际发生数，以及检查期后事项，评价应收账款坏账准备计提的合理性。 6.标明应收关联方[包括持股5%以上（含5%）股东]的款项，执行关联方及其交易审计程序。 7.针对评估的舞弊风险等因素增加的审计程序。		4104-7
E	8.检查应收账款是否已按照企业会计准则的规定恰当列报。		略

应收账款审定表

被审计单位：				索引号： 4104 -1				
项目：应收账款审定表				截止日：				
编制：				复核：				
日期： 年 月 日				日期： 年 月 日				
项目名称	期末	账项调整		重分类调整		期末审定数	上期末审定数	索引号
	未审数	借方	贷方	借方	贷方			
一、账面余额合计	-							
1年以内								
1～2年								
2～3年								
3年以上								
二、坏账准备合计								
三、账面价值合计								
1年以内								
1～2年								
2～3年								
3年以上								
审计结论：								

应收账款明细表

被审计单位：	索引号：4104 -2
项目应收账款明细表：	截止日：
编制：	复核：
日期：　　年　　月　　日	日期：　　年　　月　　日

单位名称（项目）	期末余额			账龄				备注
	原币	汇率	折合人民币	1年以内	1～2年	2～3年	3年以上	
一、关联方								
小计								
二、非关联方								
小计								
合计								

审计说明：

· 积极式询证函　　（索引号：4104）。

询证函

编号：

公司：

本公司聘请的　　会计师事务所正在对本公司　年度财务报表进行审计，按照中国注册会计师审计准则的要求，应当询证本公司与贵公司的往来账项等事项。下列信息出自本公司账簿记录，如与贵公司记录相符，请在本函下端“信息证明无误”处签章证明；如有不符，请在“信息不符”处列明不符项目。如存在与本公司有关的未列入本函的其他项目，也请在“信息不符”处列出这些项目的金额及详细资料。回函请直接寄至　　会计师事务所。

回函地址：　　　　　　邮编：

电话：　　　　传真：　　　　联系人：

1．本公司与贵公司的往来账项列示如下：

单位：元

截止日期	贵公司欠本公司	本公司欠贵公司	备　注
年12月31日			

2．其他事项。

本函仅为复核账目之用，并非催款结算。若款项在上述日期之后已经付清，仍请及时函复为盼。

（被审计单位盖章）

年　月　日

结论：

信息证明无误。 （被询证单位盖章） 年　月　日 经办人：	2．信息不符，请列明不符项目及具体内容。 （被询证单位盖章） 年　月　日 经办人：

应收账款函证结果汇总表

被审计单位：					索引号：4104-4				
项目：应收账款函证结果汇总表					截止日：				
编制：					复核：				
日期：　年　月　日					日期：　年　月　日				
项目 单位名称	询证函编号	函证方式	函证日期		回函日期	账面金额	回函金额	调节后是否存在差异	调节表索引号
			第一次	第二次					
审计说明：									

应收账款函证结果调节表				
被审计单位：				索引号：4104-5
项目:应收账款函证结果调节表				截止日：
编制:				复核：
日期：				日期：
被询证单位：			回函日期：	
项　　目				金额
一、被询证单位回函余额				
减：被审计单位未记录、被询证单位已记录的项目				
（按经济事项内容列出的明细如下）				
1				
2				
3				
……				
	合　计			—
加：被询证单位未记录、被审计单位已记录的项目				
	日期	凭证号	经济事项内容（摘要）	金 额
1				
2				
3				
……				
合　计				—
二、调节后金额				—
三、被审计单位账面金额				
四、调节后是否存在差异，差异金额				—
审计说明：				

应收账款替代测试表

被审计单位：						索引号：4104-6				
项目：应收账款替代测试表						截止日：				
编制：						复核：				
日期：						日期：				
一、资产负债表日前借方金额检查										
单位名称	期末余额	测试内容				占余额比例①	检查内容②			
		日期	凭证号	摘要	金额		①	②	③	④
检查内容说明：①原始凭证是否齐全；②记账凭证与原始凭证是否相符；③账务处理是否正确；④是否记录于恰当的会计期间。										
二、资产负债表日后的收款检查										
单位名称	期末余额	测试内容				占余额比例	检查内容（用“√”、“×”表示）			
		日期	凭证号	摘要	金额		①	②	③	④
检查内容说明：①原始凭证是否齐全；②记账凭证与原始凭证是否相符；③账务处理是否正确；④是否记录于恰当的会计期间。										

审计说明：

①根据替代测试的审计目标，替代测试金额应能够涵盖该单位期末余额，即占余额比例不低于100%；一般不需要对贷方发生额进行替代测试。

②根据审计目标，检查内容主要包括支持被审计单位取得向被询证单位收取款项权利的审计证据，如销售发票、出库单、被询证单位签收单或验收单等，并关注上述单据的日期。

③根据审计目标，检查内容主要包括支持被询证单位已于期后支付询证款项的审计证据，如银行进账单等。

应收账款坏账准备计算表

被审计单位：			索引号： 4104-7		
项目:应收账款坏账准备计算表			截止日：		
编制:			复核：		
日期： 年 月 日			日期：	年 月 日	
	项目（单位名称）	计算过程	应收账款余额	依据或计提比例	计提坏账准备
一	期末坏账准备测试数				
1	单项金额重大的应收款项：				
	单位A				
	单位B				
	小计	①		——	
2	单项金额非重大的应收款项:				
	1年以内（含1年）			__%	
	1～2年以内（含2年）			__%	
	2～3年以内（含3年）			__%	
	3年以上			__%	
	小计	②		——	
	期末应计提的坏账准备	③=①+②			
二	本期坏账准备发生额及余额				
1	期初账面余额（上期末审定数）	④	——	——	
2	本期账面计提的坏账准备	⑤	——	——	
3	本期转出（核销）金额：		——	——	——
	单位E			——	
	单位F			——	
	………			——	
	本期转出（核销）小计	⑥	-	——	-
4	期末账面余额	⑦=④+⑤-⑥	——	——	-
三	差异（判断是否需要调整）	⑧=③-⑦	——	——	
审计说明：					

任务3 存货审计

存货是指在企业生产经营过程中，为销售或生产耗用而储存的各种具有实物形态的流动资产。资产负债表的“存货”项目，根据“材料采购”、“原材料”、“低值易耗品”“自制半成品”、“库存商品”、“包装物”、“分期收款发出商品”、“委托加工物资”、“委托代销商品”、“生产成本”等账户的合计，减去“代销商品款”、“存货跌价准备”科目的期末余额后的余额填列。存货通常是资产负债表中的一个主要项目，而且通常是构成营运资本的最大项目。一般情况下存货审计是财务报表审计的重中之重。

与其他类型的资产相比，存货存在以下特点：（1）流动性强，周转快；（2）存货存在于企业生产经营全过程，形式经常发生变化，但总可通过实地盘点和计量确认其数量；（3）存货在会计上可采用多种计价方法，存货的计价将直接影响销售成本，与当期损益的计算有重大关系。

一、存货核算计价的有关规定及内部控制要求

（一）存货核算计价的有关规定

1．企业可根据具体情况，对原材料、库存商品、产成品、周转材料等选用计划成本计价或实际成本计价；生产成本可以采用定额成本或标准成本计价。

2．存货应当按照成本进行初始计量。存货成本包括采购成本、加工成本和其他成本。

（1）采购成本。包括购买价款、相关税费、运输费、装卸费、保险费以及其他可以归属于存货采购成本的费用。

（2）加工成本。包括直接人工以及按照一定方法分配的制造费用。

（3）其他成本。是指除采购成本、加工成本之外的，使存货达到目前场所和状态所发生的其他支出。

3．企业应当采用先进先出法、加权平均法或者个别计价法确定发出存货的实际成本。

4．企业应当采用一次转销法或者五五摊销法对低值易耗品和包装物进行摊销，计入相关资产的成本或者当期损益。

（二）存货关键的内部控制

存货的内部控制主要包括实物流转和存货会计记录两个控制系统，其关键的控制内容应包括以下几个方面：

1．实物流转

实物流转主要关系到物资的订购、运输、验收入库、领用、生产、产品储存和产品发送等物资流转部门。其关键的控制有以下几个项：

（1）各环节之间分工不相容的职务不得兼任。

（2）各个环节中有相互衔接、相互监督、相互验证的监控制度，保证物资的顺利流通和有效控制。

（3）各个环节中有适当的验收、盘点和交接制度，保证物资的安全和节约使用。

2．存货会计记录。

存货会计记录程序包括凭证流转制度、成本控制和永续盘存制度。其关键的控制有以下几项：

（1）会计部门有一套联系各实物流转部门的凭证手续制度，通过凭证的流转，促使物资

按预定程序流转。

（2）会计部门通过审查和核对生产过程中的各种记录和凭证，一方面可以控制生产过程中的实物消耗；另一方面可以选择适当的成本计算方法，计算产品的成本。

（3）会计部门通过存货增减数的连续记载，可以随时结出账面结存数量和金额，经常保持明细账和总账相符，再通过实地盘点，保证账面结存数和实物相符。

二、存货的审计目标

1．确定存货是否存在。
2．确定存货是否归被审计单位所有。
3．确定存货增减变动记录是否完整。
4．确定存货的质量状况，存货跌价的计提是否合理。
5．确定存货的计价是否恰当。
6．确定存货在会计报表上的披露是否恰当。存货审计可供选择的实质性程序。

三、存货审计的实质性程序及应编制的审计工作底稿

	实质性审计程序	应编制的审计工作底稿	索引号
	选择实质性审计程序	存货实质性程序	4109
一	获取或编制存货（各类存货及跌价准备）明细表	主要存货明细表	4109-2
二	实施存货监盘程序	存货监盘结果汇总表 存货明细账与盘点报告核对表 存货抽盘核对表	4109-5 4109-6 4109-7
三	实施实质性分析程序	略	
四	实施存货计价方法的测试	存货计价测试表	4109-9
五	实施生产成本计算的测试	产品生产成本计算测试表 制造费用明细表	4109-12 4109-13
六	实施存货的截止测试	存货借方（入库）截止测试 存货贷方（出库）截止测试	4109-3 4109-4
七至十	检查材料采购或在途物资、发出商品、委托加工物资、周转材料	委托代管存货、发出商品询证函 委托加工物资检查表	4109-8 4109-11
十一	检查是否存在用于债务担保的存货	略	
十二	检查分析、判断计提存货跌价准备的合理性	存货跌价准备测试表	4109-10
十三	检查存货可变现净值、存货跌价准备是否合理、适当		
十四	针对评估的舞弊风险等因素增加的审计程序	略	
十五 、	检查存货是否按照企业会计准则的规定恰当列报。 对存货予以审定	存货审定表	4109-1

四、存货审计的实质性程序的实施

选择实施的审计程序；编制《审计工作底稿——存货实质性程序》（索引号 4109）。

（一）实施“获取或编制存货明细表”程序

1．审计人员应要求客户提供（或自己编制）存货（包括各类存货及相应的跌价准备金）余额明细表，分别复核加计是否正确；并分别与总账金额、日记账合计数核对是否相符；总计数与财务报表核对是否相符。如果不相符应查明原因，并予以记录或作适当调整。

2．存货明细表包括构成存货报表项目的各类存货及对应的存货跌价准备。

3．编制《审计工作底稿——主要存货明细表》（索引号4109-2）。

（二）实施“存货监盘程序”

审计人员实地监盘存货是存货审计的必需程序，审计人员对存货的实际存在和实际结存数量的正确性负有验证的责任，但其责任不是直接盘点，而是监督盘点的过程，以确定存货是否全部进行了盘点。如果审计人员无法做到，则应采取相应替代程序。实施存货监盘程序有两种以下情形：

（1）资产负债表日（财务报表截止日）企业盘点、审计监盘。编制的审计底稿为：

①“存货监盘结果汇总表”（索引号4109-5）。

②“存货明细账与盘点报告”（记录）核对表（索引号4109-6）。

（2）不是资产负债表日（一般为资产负债表日后），审计抽盘。编制的审计底稿为：“存货抽盘核对表”（索引号 4109-7）（适用于监盘日不是资产负债表日）。

实施存货监盘程序的步骤如下：

1．取得被审计单位存货盘点计划。了解并询问盘点范围、方法、人员分工及时间安排等，在存货盘点计划问卷等工作底稿中记录和评价。

2．在被审计单位盘点存货前，确定应纳入盘点范围的存货是否已经适当整理和排列，并附有盘点标识。对未纳入盘点范围的存货，应当查明未纳入的原因。

3．对所有权不属于被审计单位的存货，应当取得其规格、数量等有关资料，并确定这些存货是否已分别存放、标明，且未被纳入盘点范围。

4．观察被审计单位盘点人员是否遵守盘点计划并准确地记录存货的数量和状况。

5．对盘点情况进行抽查。选取代表性样本，抽查各类存货明细账数量与盘点记录的数量是否一致，以确定账面存货的存在和完整性。

（1）从各类存货明细账中选取具有代表性的样本，与盘点报告核对。

（2）从盘点报告（记录）中抽取有代表性的样本，与各类存货明细账的数量核对。

6．监盘后复核监盘结果，编制存货监盘报告。

（三）实施“实质性分析程序”

1．基于对被审计单位及其环境的了解，通过进行以下比较，同时考虑有关数据间关系的影响，以建立用于分析程序的期望值：

（1）按品种分析重要存货项目各月份单位成本的变动趋势；

（2）分析重要存货项目各月份材料成本差异率的变动趋势；

（3）根据现有生产能力，分析本期产量与生产能力匹配关系；

（4）计算本期主要产品的直接材料、直接人工、制造费用占生产成本的比例，分析本期及较上年同期的变化趋势。

2．确定可接受的差异额。

3．将实际的情况与期望值相比较，识别需要进一步调查的差异。

4．如果其差额超过可接受的差异额，调查并获取充分的解释和恰当的佐证审计证据（如通过检查相关的凭证）。

5．评估分析程序的测试结果。

（四）实施“存货计价方法的测试”程序

1．检查被审计单位存货的计价方法是否符合企业准则的规定，前后期是否一致。

2．检查存货的入账基础和计价方法是否正确，自存货明细表中选取适量样本（按品种）。

（1）以实际成本计价时，将单位成本与购货发票核对，并确认存货成本中不包含增值税；

（2）以计划成本计价时，将单位成本与材料成本差异明细账及购货发票核对，复核入库存货的材料成本差异金额是否正确。同时关注被审计单位计划成本制订的合理性。

3．检查存货发出计价的方法是否正确。

（1）以实际成本计价的，复核发出存货的金额计算是否正确；以计划成本计价的，复核发出存货应负担的材料成本差异是否正确。

（2）编制本期发出材料汇总表，与相关科目钩稽核对，并复核月发出材料汇总表是否正确。

4．结合存货监盘，检查期末有无货到单未到情况。如有，应查明是否已暂估入账，暂估价是否合理。

5．编制《审计工作底稿——存货计价测试表》（索引号4109-10）。

（五）实施“生产成本计算的测试”程序

1．了解被审计单位的生产工艺流程和成本核算方法，检查成本核算方法与生产工艺流程是否匹配，前后期是否一致并作出记录。

2．抽查成本计算单，检查直接材料、直接人工及制造费用的计算和分配是否正确，并与有关佐证文件（如领料记录、生产工时记录材料费用分配汇总表、人工费用分配汇总表等）相核对。

（1）获取并复核生产成本明细汇总表的正确性，将直接材料与材料耗用汇总表、直接人工与职工薪酬分配表、制造费用总额与制造费用明细表及相关账项的明细表核对，并作交叉索引。

（2）检查车间在产品盘存资料，与成本核算资料核对；检查车间月末余料是否办理假退料手续。

（3）获取直接材料、直接人工和制造费用的分配标准和计算方法，评价其是否合理和适当，以确定在产品中所含直接材料、直接人工和制造费用是合理的。

3．获取完工产品与在产品的生产成本分配标准和计算方法，检查生产成本在完工产品与在产品之间，以及完工产品之间的分配是否正确，分配标准和方法是否适当，与前期比较是否存在重大变化，该变化是否合理；

4．编制《审计工作底稿—产品生产成本计算测试表》（索引号 4109-12）。

5．编制《审计工作底稿——制造费用明细表》（索引号 4109-13）。

（六）实施“存货的截止测试”程序

购货业务年底截止日的确认就是要检查截止到当年12月31日，所购入并已包括在12月31日存货盘点范围内的存货。在会计上，主要是检查存货及其对应的会计科目是否一并记入当年会计报表内。若出现跨期入账的情况，就会影响本年存货和利润的计算。主要的审查方法是抽查存货盘点日前后的购货发票和入库单，核对发票与入库单的日期，以确认购入货物的入账期间。如果仅有入库单而无购货发票，应注意审核入库单上是否加盖暂估入库的印章，并以暂估价记入本年存货账内，待次年以红字冲销。

1．借方（入库）的截止测试。

（1）在资产负债表日前后存货明细账借方发生额中各选取适量样本（____张、____金额以上的凭证），与入库记录（如入库单、购货发票或运输单据）核对，以确定存货入库被记录在正确的会计期间。

（2）在资产负债表日前后的入库记录（如入库单、购货发票或运输单据）中各选取适量样本（____张、____金额以上的凭证），与存货明细账的借方发生额进行核对，以确定存货入库被记录在正确的会计期间。

（3）存货成本的截止测试：在资产负债表日前后的制造费用明细账借方发生额中各选取适量样本（____天____金额以上的凭证），确定有无跨期现象；

（4）编制《审计工作底稿——存货借方（入库）截止测试》（索引号 4109-3）。

2．贷方（出库）的截止测试。

（1）在资产负债表日前后存货明细账贷方发生额中各选取适量样本（____张、____金额以上的凭证），与出库记录（如出库单、销货发票或运输单据）核对，以确定存货出库被记录在正确的会计期间。

（2）在资产负债表日前后的出库记录（如出库单、销货发票或运输单据）中各选取适量样本（____张、____金额以上的凭证），与存货明细账的贷方发生额进行核对，以确定存货出库被记录在正确的会计期间；

（3）编制《审计工作底稿——存货贷方（出库）截止测试》（索引号 4109-4）。

（七）实施“检查材料采购”或“在途物质”程序

略

（八）实施“检查发出商品”程序

略

（九）实施“检查委托加工物资”程序

略

（十）实施“检查周转材料”程序

略

编制审计工作底稿：委托代管存货、发出商品询证函（索引号 4109-8）。

委托加工物资检查表（索引号 4109-11）。

（十一）实施“检查是否存在用于债务担保的存货”程序

结合长短期借款等科目，了解是否存在用于债务担保的存货，如有，则应取证并作相应的记录，同时提请被审计单位作恰当披露。

（十二）实施“检查分析、判断计提存货跌价准备的合理性”程序

检查分析存货是否存在减值迹象，以判断被审计单位计提存货跌价准备的合理性。

1. 将存货余额与现有的订单、资产负债表日后各期的销售额和下一年度的预测销售额进行比较，评估存货滞销和跌价的可能性。

2. 比较当年及以前年度存货跌价准备占存货余额的比例，并调查异常情况的原因。

3. 结合存货监盘，观察存货的外观形态了解其物理形态是否正常；检查期末结存库存商品和在产品，对于型号陈旧、产量下降、生产成本或售价波动、技术或市场需求变化情况，结合期后销售情况考虑是否需进一步计提跌价准备。

4. 编制《审计工作底稿——存货跌价准备测试表》（索引号4109-10）。

（十三）实施“检查存货可变现净值计算是否合理、计提的存货跌价准备是否适当”程序

1. 根据成本与可变现净值孰低的计价方法，评价存货跌价准备所依据的资料、假设及计提方法，考虑是否以确凿证据为基础计算确定存货的可变现净值，检查计提存货跌价准备的合理性，关注前后期计提方法是否一致。

2. 考虑不同存货的可变现净值的确定原则，复核可变现净值计算的正确性（即：充足但不过度）。

3. 抽查计提存货跌价准备的项目，其资产负债表日后售价是否低于账面价值。

审计人员还应对存货的质量或性能状况进行必要审查。应特别关注存货明细账极少变动的存货项目，要查明是否属于退废项目。对一些高价值或精密技术产品应要求相关专家协助鉴定。

4. 编制《审计工作底稿——存货跌价准备测试表》（索引号4109-10）。

（十四）实施“针对评估的舞弊风险等因素增加的审计程序”

例如，在不预先通知被审计单位的情况下，突击监盘或抽查存货，必要时，利用专家的

工作。

（十五）实施“检查存货是否按照企业会计准则的规定恰当列报”程序

审计人员应核对资产负债表上存货项目余额与相关账户余额的合计是否相符。会计报表附注中，是否充分揭示了存货的计价方法、产品成本的计算方法及其变更情况、变更原因、造成的影响等重要信息。

最后，汇总各类存货的审计结果，审定存货账面余额、存货跌价准备、存货账面价值的期末余额；做出审计结论。

编制《审计工作底稿——存货审定表》（索引号4109-1）。

存货审计涉及的凭证和会计记录：（1）反映存货增加的凭证。如采购材料验收入库单、自制材料交库单、产品完工交库单、原材料退库单等。（2）反映存货减少的凭证。如材料领用单、材料发料单、外加工材料发料单、产品销售发货单、提货单等。（3）反映库存情况的凭证。如存货清点表。（4）存货汇总表；如收料汇总表、发料汇总表等。（5）与存货相关的明细账（数量、金额）和总账，相关会计凭证等。

五、存货审计的工作要点及审计案例

（一）存货审计的工作要点

存货种类、项目繁多，差异性大，存货的价值和计价存在多样性。在通常情况下，存货对企业经营特点的反映能力强于其他资产项目，存货的重大错报对于财务状况和经营成果都会产生直接的影响，审计中许多复杂和重大的问题都与存货有关。存货、产品生产和销售成本构成了会计、审计乃至企业管理中最为普遍、重要和复杂的问题。

存货对于企业的重要性，存货问题的复杂性，存货与其他项目关联度密切等特点，要求审计人员对存货项目的审计应当予以特别的关注。审计人员应具备较高的专业素质和相关业务知识，分配较多的审计工时，运用多种有针对性的审计程序。

（1）对企业的存货进行审计，要根据实际情况运用职业判断。在存货上作弊最主要的方式是改变实际的数量和单价。存货错弊的主要的问题有：①存货数量不真实、不准确；②存货计价不正确；③存货存在减值迹象，计提存货跌价准备不合理等。

（2）必须通过实施监盘程序，通过监盘确定账面数量的准确性；

（3）通过计价测试确定存货的库存、发出的金额是否正确

（4）存货是否存在减值迹象，计提存货跌价准备是否合理。关注存货中是否有“潜亏”、“潜盈”。

（二）审计案例

【案例1】存货监盘（在资产负债表日后抽盘）。

诚信达会计事务所派出的审计小组在对广州飞达工业有限公司2010年财务报表进行审计时，于2011年1月25日早上8时对存货进行抽盘。由于甲材料和乙产品在存货金额中占了较大比重，审计人员决定重点对这两种存货进行审查，抽盘情况如下：

科目		2011年1月24日盘存	2011年1月1日～24日入库	2011年1月1日～24日出库	2010年12月31日账面数
原材料	甲材料（吨）	31000	20000	8000	20000
库存商品	乙产品（件）	10000	7000	2000	8000

要求：（1）确认 2010 年 12 月 31 日甲材料和乙产品账实是否相符。

（2）分别编制存货（原材料）抽盘核对表；

存货（库存商品）抽盘核对表；

解析：（1）甲材料账面数与实存数存在差异。审计人员应要求被审计单位对此做出解释，检查支持性凭证，查明原因，提请被审计单位调整账务。

审计查明抽盘短少的原因是因 2010 年 12 月管理不善而毁损（甲材料不含税单每吨单价 1000 元）。

（2）乙产品账面数与实存数存在差异，审计人员应要求被审计单位对此做出解释，检查支持性凭证，查明原因，提请被审计单位调整账务。

审计查明乙产品抽盘短少的原因是因 2010 年 12 月 30 日仓库人员工作失误，发货时多发货给中山配件厂。经企业与对方沟通，对方同意退回飞达公司多发的产品（乙产品成本单价每件 500 元）。

在编制存货抽盘核对表时，应在审计说明栏记录抽盘存在差异的原因及账务调整意见；

【案例 2】存货的计价测试。

广州飞达工业有限公司的会计政策规定，入库产成品按实际成本入账，发出产成品按先进先出法核算。2010年12月31日，该公司甲产品期末结存数量为1200件，期末余额为5210万元，公司2010年度甲产品的相关明细资料如下表所示。（金额：万元）。

日期	摘要	入库			出库（先进先出法）			结存		
		数量	单价	金额	数量	单价	金额	数量	单价	金额
1.1	期初余额							500	5.00	2500
3.1	入库	600	5.2	3120				1100		5620
8.1	入库	2000	5.5	11000				2600		14020
10.3	销售				500	5.5	2750	2100		11270
12. 25	入库	100	5.00	500				2200	5.35	11770
	本月合计	2700		14620	1000		5350	2200	5.35	11770

假定期初余额和所有的数量、入库单价均无误。

要求：（1）进行甲产品发出成本测试。提出何种审计调整建议？

（2）提出审计调整建议，编制《审计工作底稿——存货计价测试表》。

工作过程：

步骤1：审计人员按先进先出法计算结果：（见下表，金额：万元）

日期	摘要	入库			出库（先进先出法）			结存		
		数量	单价	金额	数量	单价	金额	数量	单价	金额
1.1	期初余额							500	5.00	2500
3.1	入库	600	5.20	3120				1100		5620
4.1	销售				500	5	2500	600		3120
8.1	入库	2000	5.5	11000				2600		14120
10.3	销售				500	5.2	2600	2100		11520
12. 25	入库	100	5	500				2200	5.35	12020
	本月合计	2700		14620	1000		5100	2200	5.46	12020

当期发出甲产品的成本应为：

500 ×5+500 ×5.2=5100（万元）

步骤2：查证公司计算的发出存货的成本为：

500 ×5.2+500 ×5.5=5350（万元）

步骤3：计算发出存货的差异，并建议调整

多计的成本：5350 –5100＝250（万元）

调整分录为：

借：库存商品——甲产品　　2400000

　贷：主营业务成本　　2400000

【案例 3】存货监盘的案例分析

注册会计师李华在观察被审单位存货实地盘点时，注意到下列特殊的项目。李华对这些项目应进一步实施哪些审计程序?

（1）产成品储藏室有数台电动马达没有悬挂盘点单。经查询，这些马达属被审单位的承销品。

（2）验收部门有切片机一台（为被审单位主要产品之一，盘点单上标明“重做”字样。）

（3）运输部门有一台已装箱的切片机，没有悬挂盘点单，据称该机已售给顺发公司。

（4）一间小型仓库内存有五种布满灰尘的原材料，每种原材料均挂有盘点单，经李华抽点，与盘点单上记录相符。

解析：

（1）承销品的口头凭证应通过下列步骤证实：审查承销品记录、寄销合同和往来信函。向寄销人直接函证等。

（2）从切片机的存放地点和盘点单上的“重做”字样看，可能是退回的货物，应审核验收报告、销售退回和折让通知单、应收账款函证回函等，查明切片机的所有权。如果所有权仍属顾客，则不应列入被审单位的存货中。

（3）查阅有关购销协议、结算凭证，查证装箱切片机的所有权，如果销售尚未实现，则应将切片机列入被审单位存货之中。

（4）应向生产主管查询这些原材料还能否用于生产，如果属于毁损、报废材料，则不应列入被审单位的存货。

存货实质性程序

被审计单位名称		索引号：	4109
项目称	项目名称：	截止日：	
	编制人；	复核：________	
	日期　　年　　月　　日	日期：________	年　　月　　日

一、需从实质性程序获取的保证程度

项目	财务报表认定				
	存在	完整性	权利和义务	计价和分摊	列报
1. 审计目标	A	B	C	D	E
2. 需从实质性程序获取的保证程度					

注：根据财务报表项目的重要性、评估的各认定的重大错报风险以及控制测试（如有）的结果填写。

二、实质性程序

审计目标	可供选择的实质性程序	是否选择	索引号
D	1.获取或编制存货（包括构成存货报表项目的各类存货及对应的存货跌价准备）明细表。分别复核加计是否正确，并与总账数、明细账合计数核对是否相符，存货总计数与报表数核对是否相符。		4209-2
ABD	2.实施存货监盘程序： （1）取得被审计单位存货盘点计划。了解并询问盘点范围、方法、人员分工及时间安排等，在存货盘点计划问卷等工作底稿中记录和评价； （2）在被审计单位盘点存货前，确定应纳入盘点范围的存货是否已经适当整理和排列，并附有盘点标识。对未纳入盘点范围的存货，应当查明未纳入的原因； （3）对所有权不属于被审计单位的存货，应当取得其规格、数量等有关资料，并确定这些存货是否已分别存放、标明，且未被纳入盘点范围； （4）观察被审计单位盘点人员是否遵守盘点计划并准确地记录存货的数量和状况； （5）选取代表性样本，抽查（存在实物形态的）各类存货明细账的数量与盘点记录的数量是否一致，以确定账面存货的存在和完整性： ①从各类存货明细账中选取具有代表性的样本，与盘点报告（记录）核对； ②从盘点报告（记录）中抽取有代表性的样本，与各类存货明细账的数量核对； （6）监盘后复核监盘结果，编制存货监盘报告。		4109-5 4109-6

续表

审计目标	可供选择的实质性程序	是否选择	索引号
AB	3.实施实质性分析程序： （1）基于对被审计单位及其环境的了解，通过进行以下比较，同时考虑有关数据间关系的影响，以建立用于分析程序的期望值： ①按品种分析重要存货项目各月份单位成本的变动趋势； ②分析重要存货项目各月份材料成本差异率的变动趋势； ③根据被审计单位现有生产能力，分析本期产量与生产能力匹配关系； ④计算本期主要产品的直接材料、直接人工、制造费用占生产成本的比例，分析本期及较上年同期的变化趋势； （2）确定可接受的差异额； （3）将实际的情况与期望值相比较，识别需要进一步调查的差异； （4）如果其差额超过可接受的差异额，调查并获取充分的解释和恰当的佐证审计证据（如通过检查相关的凭证）； （5）评估分析程序的测试结果。		
D	4.实施存货计价方法的测试： （1）检查被审计单位存货的计价方法是否符合企业准则的规定，前后期是否一致； （2）检查存货的入账基础和计价方法是否正确，自存货明细表中选取适量样本（按品种）： ①以实际成本计价时，将单位成本与购货发票核对，并确认存货成本中不包含增值税； ②以计划成本计价时，将单位成本与材料成本差异明细账及购货发票核对，复核入库存货的材料成本差异金额是否正确。同时关注被审计单位计划成本制订的合理性； ③检查进口存货的外币折算是否正确，检查相关的关税、增值税及消费税的会计处理是否正确； （3）检查存货发出计价的方法是否正确： ①以实际成本计价的，复核发出存货的金额计算是否正确；以计划成本计价的，复核发出存货应负担的材料成本差异是否正确； ②编制本期发出材料汇总表，与相关科目勾稽核对，并复核__月发出材料汇总表是否正确； （4）结合存货监盘，检查期末有无货到单未到情况。如有，应查明是否已暂估入账，暂估价是否合理。		4109-9
D	5.实施生产成本计算的测试： （1）了解被审计单位的生产工艺流程和成本核算方法，检查成本核算方法与生产工艺流程是否匹配，前后期是否一致并作出记录； （2）抽查成本计算单，检查直接材料、直接人工及制造费用的计算和分配是否正确，并与有关佐证文件（如领料记录、生产工时记录、材料费用分配汇总表、人工费用分配汇总表等）相核对： ①获取并复核生产成本明细汇总表的正确性，将直接材料与材料耗用汇总表、直接人工与职工薪酬分配表、制造费用总额与制造费用明细表及相关账项的明细表核对，并作交叉索引； ②检查车间在产品盘存资料，与成本核算资料核对；检查车间月末余料是否办理假退料手续； ③获取直接材料、直接人工和制造费用的分配标准和计算方法，评价其是否合理和适当，以确认在产品中所含直接材料、直接人工和制造费用是合理的；		4109-12 4109-13

续表

审计目标	可供选择的实质性程序	是否选择	索引号
	（3）获取完工产品与在产品的生产成本分配标准和计算方法，检查生产成本在完工产品与在产品之间以及完工产品之间的分配是否正确，分配标准和方法是否适当，与前期比较是否存在重大变化，该变化是否合理； （4）关注废品损失和停工损失（包括季节性停工损失）的核算是否符合有关规定。 （5）关注是否存在符合借款费用资本化条件的存货项目，若有，结合对长短期借款、长期应付款的审计，检查借款费用资本化金额及会计处理是否正确。		
BA	6.实施存货的截止测试： （1）借方（入库）的截止测试： ①在资产负债表日前后存货明细账借方发生额中各选取适量样本（ 张、 金额以上的凭证），与入库记录（如入库单、购货发票或运输单据）核对，以确定存货入库被记录在正确的会计期间； ②在资产负债表日前后的入库记录（如入库单、购货发票或运输单据）中各选取适量样本（ 张、 金额以上的凭证），与存货明细账的借方发生额进行核对，以确定存货入库被记录在正确的会计期间； ③存货成本的截止测试：在资产负债表日前后的制造费用明细账借方发生额中各选取适量样本（ 天 金额以上的凭证），确定有无跨期现象； （2）贷方（出库）的截止测试： ①在资产负债表日前后存货明细账贷方发生额中各选取适量样本（ 张、 金额以上的凭证），与出库记录（如出库单、销货发票或运输单据）核对，以确定存货出库被记录在正确的会计期间； ②在资产负债表日前后的出库记录（如出库单、销货发票或运输单据）中各选取适量样本（ 张、 金额以上的凭证），与存货明细账的贷方发生额进行核对，以确定存货出库被记录在正确的会计期间；		4109-3 4109-4
ACD	7.检查材料采购或在途物资： （1）对大额材料采购或在途物资，追查至相关的购货合同及购货发票，复核采购成本的正确性，并抽查期后入库情况，必要时发函询证； （2）检查期末材料采购或在途物资，核对有关凭证，查看是否存在不属于材料采购（在途物资）核算的交易或事项； （3）检查月末转入原材料等科目的会计处理是否正确。		略
ACD	8.检查发出商品： （1）检查发出商品有关的合同、协议和凭证，分析交易实质，检查其会计处理是否正确；必要时，向接受商品单位函证； （2）检查发出商品退回的会计处理是否正确。		4109-8

续表

审计目标	可供选择的实质性程序	是否选择	索引号
ACD	9.委托加工物资：抽查___份委托加工业务合同，检查有关发料凭证、加工费、运费结算凭证，关注所有权归属，核对成本计算是否正确，会计处理是否正确。必要时，向受托加工单位函证。		4109-11
ABCCD	10.检查周转材料： （1）检查周转材料的转销或摊销方法是否符合企业会计准则的规定，前后期是否一致 （2）检查周转材料（低值易耗品）与固定资产的划分是否符合规定； （3）是否存在出租、出借包装物和收取包装物押金的情况，若有，检查相关的会计处理是否正确。		略
CE	11.结合长短期借款等科目，了解是否存在用于债务担保的存货，如有，则应取证并作相应的记录，同时提请被审计单位作恰当披露。		略
D	12.检查分析存货是否存在减值迹象以判断被审计单位计提存货跌价准备的合理性： （1）将存货余额与现有的订单、资产负债表日后各期的销售额和下一年度的预测销售额进行比较，评估存货滞销和跌价的可能性； （2）比较当年及以前年度存货跌价准备占存货余额的比例，并调查异常情况的原因； （3）结合存货监盘，对存货的外观形态，以了解其物理形态是否正常；检查期末结存库存商品和在产品，对于型号陈旧、产量下降、生产成本或售价波动、技术或市场需求变化的情况，结合期后销售情况考虑是否需进一步计提跌价准备。		4109-10
D	13.检查存货可变现净值计算是否合理、计提的存货跌价准备是否适当： （1）根据成本与可变现净值孰低的计价方法，评价存货跌价准备所依据的资料、假设及计提方法，考虑是否有确凿证据为基础计算确定存货的可变现净值，检查计提存货跌价准备的合理性，关注前后期计提方法是否一致； （2）考虑不同存货的可变现净值的确定原则，复核可变现净值计算的正确性（即：充足但不过度）： ①对于用于生产而持有的原材料，检查是否以所生产的产成品的估计售价减去至完工时估计将要发生的成本、估计的销售费用和相关税费后的金额作为其可变现净值的确定基础； ②对于库存商品和用于出售而持有的原材料等存货，检查是否以该存货的估计售价减去估计的销售费用和相关税费后的金额作为其可变现净值的确定基础； ③对于为执行销售合同而持有的库存商品等存货，检查是否以合同价格作为其可变现净值的确定基础；如果被审计单位持有库存商品的数量多于销售合同订购数量，超出部分的库存商品可变现净值是否以一般销售价格作为可变现净值的确定基础。 （3）抽查计提存货跌价准备的项目，其资产负债表日后售价是否低于账面价值。		4109-10
	14.针对评估的舞弊风险等因素增加的审计程序。例如： 在不预先通知被审计单位的情况下，突击监盘或抽查存货，必要时，利用专家的工作。		略
E	15.检查存货是否按照企业会计准则的规定恰当列报。		略

存货审定表

被审计单位：	索引号：4109-1
项目：	截止日：
编制：	复核：
日期：　年　月　日	日期：　年　月　日

存货项目	期末未审数	账项调整		重分类调整		期末审定数	上期末审定数	索引号
		借方	贷方	借方	贷方			
存货账面余额						–		
原材料						–		
库存商品						–		
在产品						–		
……						–		
合计	–	–	–	–	–	–	–	
存货跌价准备						–		
原材料						–		
库存商品						–		
在产品						–		
……						–		
合计	–	–	–	–	–	–	–	
存货账面价值						–		
原材料						–		
库存商品						–		
在产品						–		
……						–		
合计	–	–	–	–	–	–	–	

审计结论：

主要存货（　　　　　）明细表

被审计单位：				索引号：4109-2		
项目：				截止日：		
编制：				复核：		
日期：				日期：		
类别	名称及规格	计量单位	数量	单价	金额	备注
					-	
					-	
					-	
					-	
					-	
					-	
					-	
					-	
					-	
					-	
					-	
					-	
					-	
					-	
合计					-	

编制说明：本表是对________中“期末余额”栏按数量金额格式的进一步列示。

审计说明：

存货借方（入库）截止测试

被审计单位：	索引号：4109-3
项目：	截止日：
编制：	复核：
日期：	日期：

一、从存货明细账的借方发生额中抽取样本与入库记录核对，以确定存货入库被记录在正确的会计期间

序号	摘要	明细账凭证			入库单（或购货发票）			是否跨期
		编号	日期	金额	编号	日期	金额	
截止日前								
截止日期：								
截止日后								

二、从存货入库记录中抽取样本与明细账的借方发生额核对，以确定存货入库被记录在正确的会计期间

序号	摘要	入库单（或购货发票）			明细账凭证			是否跨期
		编号	日期	金额	编号	日期	金额	
截止日前：								
截止日期：								
截止日后：								

编制说明：本表适用于材料采购 在途物资/原材料、在产品、库存商品等

审计说明：

存货贷方（出库）截止测试

被审计单位：	索引号：4109-4
项目：	截止日：
编制：	复核：
日期：　　年　　月　　日	日期：　　年　　月　　日

一、从存货明细账的贷方发生额中抽取样本与出库记录核对，以确定存货出库被记录在正确的会计期间

序号	摘要	明细账凭证			出库单（或销售发票）			是否跨期
		编号	日期	金额	编号	日期	金额	
截止日前								
截止日期：								
截止日后								

二、从存货出库记录中抽取样本与明细账的贷方发生额核对，以确定存货出库被记录在正确的会计期间

序号	摘要	出库单（或销售发票）			明细账凭证			是否跨期
		编号	日期	金额	编号	日期	金额	
截止日前：								
截止日期：								
截止日后：								

编制说明：本表适用于材料采购　在途物资、原材料、在产品、库存商品等

审计说明：

存货明细账与盘点报告（记录）核对表

（适用于监盘日为资产负债表日）	
被审计单位：	索引号：4109-6
项目：	截止日：
编制：　　　　日期	复核：　　　　日期

一、从明细账中选取具有代表性的样本将明细账上的存货数量与经确认盘点报告的数量核对：

序号	地点	样本描述		期末存货明细账记录			获取的被审计单位存货清单		经确认的期末存货盘点表	数量差异④=①-②或②-③	差异分析及处理
		存货类别	存货型号	单价	数量①	金额	数量②	索引号	数量③		
						-					

二、从经确认的盘点报告中抽取有代表性的样本将盘点报告的数量与存货明细账核对：

序号	地点	样本描述		索引号	经确认的期末存货盘点表	期末存货明细账记录			被审计单位提供的存货清单的数量③	数量差异④=①－②或①－③	差异分析及处理
		存货类别	存货型号		数量①	单价	数量②	金额			
								-			

审计说明：

存货抽盘核对表

（适用于监盘日不是资产负债表日）

被审计单位：	索引号： 4109-7
项目：	截止日：
编制：	复核：
日期： 年 月 日	日期： 年 月 日

一、 资产负债表日前抽盘核对表

序号	品名及规格	单位	抽盘日实存数量	加：抽盘日至资产负债表日入库数量	减：抽盘日至资产负债表日发出数量	资产负债表日实存数量	资产负债表日账面数量	差异	原因分析
						–		–	
						–		–	
						–		–	

二、 资产负债表日后抽盘核对表

序号	品名及规格	单位	抽盘日实存数量	加：资产负债表日至抽盘日发出数量	减：资产负债表日至抽盘日入库数量	资产负债表日实存数量	资产负债表日账面数量	差异	原因分析
						–		–	
						–		–	
						–		–	
						–		–	

审计说明：

存货计价测试表

被审计单位：	索引号：4109-9
项目：	截止日：
编制：　　　　日期	复核：　　　　日期
品名及规格:	

月份	本期增加			本期减少（计价方法：_____）			结存		
	数量	单价	金额	数量	单价	金额	数量	单价	金额
期初数							–	–	–
1月			–			–	–		–
2月			–			–	–		–
3月			–			–	–		–
4月			–			–	–		–
5月			–			–	–		–
6月			–			–	–		–
7月			–			–	–		–
8月			–			–	–		–
9月			–			–	–		–
10月			–			–	–		–
11月			–			–	–		–
12月			–			–	–		–
合计	–		–	–		–	–		

注：本表适用于原材料、库存商品、发出商品等。

审计说明：

存货跌价准备测试表

被审计单位：	索引号：	4109-10
项目：	截止日：	
编制：	复核：	
日期：　年　月　日	日期：　年　月　日	

存货项目	存货账面余额①	可变现净值②	应计提跌价准备（①>②）③=①-②	存货跌价准备账面金额④	应补提跌价准备⑤=③-④
	–		–		–
	–		–		–
	–		–		–
	–		–		–
	–		–		–
	–		–		–
	–		–		–
	–		–		–
	–		–		–
	–		–		–
	–		–		–
合计	–	–	–	–	–
					–

审计说明：

委托加工物资检查表

被审计单位：					索引号：4109-11		
项目：					截止日：		
编制：					复核：		
日期：　　年　月　日					日期：　年　月　日		
加工单位名称	合同或协议号	发出时间	发出材料成本	加工费	收回材料成本	未收回原因及是否需函证	索引号
审计说明：							

任务4 预付款项审计

预付账款是指企业按采购合同的规定，预先支付给供货单位的货款以及企业在建工程预付的工程价款。

一、预付账款核算的有关规定及内部控制要求

（一）预付账款核算的有关规定

预付账款核算企业按合同规定预付的款项。企业进行在建工程预付的工程款，也在预付账款核算。企业如果预付款情况不多的，也可以不设置“预付账款”科目，将预付的款项直接记入“应付账款”的借方进行核算。

（二）预付账款的内部控制要求

1. 单位应建立预付账款和定金的授权审批制度。
2. 单位应定期与供应商核对预付账款。如有不符，应查明原因，及时处理。

二、预付账款的审计目标

1. 确定资产负债表中列示的预付款项是否存在。是否为被审单位所拥有。
2. 确定预付账款增减变动的记录是否完整。
3. 确定预付账款是否可收回，坏账准备的计提是否恰当。
4. 确定预付账款年末余额是否正确，是否已按规定在财务报表中恰当反映。

三、预付账款审计的实质性程序及应编制的审计工作底稿

	可供选择的实质性程序	应编制的审计工作底稿	索引号
	选择实质性程序	预付账款实质性程序	4105
一	取得或编制预付款项明细表	预付账款明细表	4105-2
二	分析预付账款账龄及余额构成	略	
三	选择预付账款的重要项目函证其余额和交易条款，对未回函的再次发函或实施替代的检查程序	略	
四	检查资产负债表日预付账款是否存在和完整		
五	检查预付账款的坏账准备计提是否正确		
六	执行关联方及其交易审计程序	略	
七	针对评估的舞弊风险等因素增加审计程序	略	
八	检查预付账款是否按照企业会计准则的规定恰当列报。 对预付账款进行审定	略 预付账款审定表	 4105-1

四、预付账款审计的主要实质性程序

选择实施的审计程序；编制《工作底稿——预付账款实质性程序》(索引号 4105)。

(一)实施“获取或编制预付账款(包括相应的坏账准备)明细表(含账龄分析)”程序

审计人员应要求客户提供(或自己编制)预付账款(包括相应的坏账准备)明细表(含账龄分析):

1. 复核加计是否正确,并与总账数和明细账合计数核对是否相符,结合坏账准备科目与报表核对是否相符;

2. 结合应付账款明细账审计,查核有无重复付款或将同一笔已付清的账款在预付账款和应付账款两个科目登记;

3. 分析出现贷方余额的项目,查明原因,必要时提请被审计单位进行重新分类调整。

编制《审计工作底稿——预付账款明细表》(索引号4105-2)。

(二)实施“分析预付账款账龄及余额构成”程序

1. 检查大额款项是否根据有关的购货合同支付。

2. 检查一年以上预付账款未核销的原因及发生坏账的可能性。

3. 检查是否存在不符合预付账款性质的款项。

(三)实施“选择预付账款的重要项目函证其余额和交易条款,对未回函的再次发函或实施替代的检查”程序

选择预付账款的重要项目函证其余额和交易条款,对未回函的再次发函,或实施替代的检查程序,检查原始凭单,如合同、发票、验收单,核实预付账款是否存在。

(四)实施“检查资产负债表日预付账款是否存在和完整”程序

检查资产负债表日后的预付账款、存货及在建工程明细账,并检查相关凭证。

1. 核实期后是否已收到实物并转销预付账款。

2. 分析资产负债表日预付账款是否存在和完整。

(五)实施“检查预付账款的坏账准备”程序

检查预付账款的坏账准备计提依据是否合理、金额是否适当。

(六)实施“执行关联方及其交易审计程序”

对标明预付关联方[包括持股5%以上(含5%)股东]的款项,执行关联方及其交易审计程序。

（七）实施“针对评估的舞弊风险等因素增加的审计程序”。

略

（八）实施“检查预付账款是否按照企业会计准则的规定恰当列报”程序

最后，汇总预付账款的审计结果，审定预付账款的账面余额、坏账准备、预付账款的账面价值的期末余额；作出审计结论。

编制《审计工作底稿——预付账款审定表》（索引号 4105-1）。

五、预付账款审计的工作要点及审计案例

（一）预付账款审计的工作要点

1. 预付账款与企业购货（或工程购造）有关，可结合采购业务、在建工程业务进行审计。审计的关键是确定预付账款借方的合理性和余额的存在性。

2. 对重点账户必须实施函证程序； 根据实际情况，替代审计程序往往是不可缺少的。

3. 如出现贷方余额的项目，应查明原因，必要时提请被审计单位进行重新分类调整；注意有无重复付款或将同一笔已付清的款项在预付账款和应付账款同时挂账。

（二）审计案例

【预付账款重分类调整案例】诚信达会计师事务所2011年1月对飞达工业有限公司财务报表进行审计时，发现企业因预付账款情况较多，设置了“预付账款”账户。而该企业2010年12月31日“预付账款——海天公司”明细账贷方余额为117万元。经审计预付账款发生时的记账凭证及原始凭证，即2010年12月25日向海天公司购进材料验收入库，会计分录为：

借：原材料　　1000000

应交税费——应交增值税（进项税额）　　170000

贷：预付账款　　1170000

经审计查明，这批材料并不是预付海天公司的货款。已入库材料应贷记“应付账款”。由于会计人员业务不熟而做错了账。提请被审计单位进行重新分类调整，调整分录如下；

借：预付账款——海天公司　　1170000

　　贷：应付账款——海天公司　　1170000

预付账款实质性程序

被审计单位:	索引号: 4105
项目:预付账款实质性程序	截止日:
编制:	复核:
日期:	日期:

一、需从实质性程序获取的保证程度

项目	财务报表认定				
	存在	完整性	权利和义务	计价和分摊	列报
1.审计目标	A	B	C	D	E
2.需从实质性程序获取的保证程度					
注:根据财务报表项目的重要性、评估的各认定的重大错报风险以及控制（如有）的结果填写					

二、实质性程序

审计目标	可供选择的审计程序	是否选择	索引号
D	1.获取或编制预付账款明细表: （1）复核加计是否正确 并与总账数和明细账合计数核对是否相符，结合坏账准备科目与报表核对是否相符； （2）结合应付账款明细账审计，查核有无重复付款或将同一笔已付清的账款在预付账款和应付账款两个科目中同时挂账的情况； （3）分析出现贷方余额的项目，查明原因，必要时提请被审计单位进行重新分类调整；		4105-2
AD	2.分析预付账款账龄及余额构成: （1）大额款项是否根据有关的购货合同支付； （2）检查一年以上预付账款未核销的原因及发生坏账的可能性； （3）检查是否存在不符合预付账款性质的款项。		略
ACD	3.选择预付账款的重要项目函证其余额和交易条款，对未回函的再次发函或实施替代的检查程序（检查原始凭单，如合同、发票、验收单，核实预付账款是否存在）。		略
AB	4.检查资产负债表日后的预付账款、存货及在建工程明细账，并检查相关凭证，核实期后是否已收到实物并转销预付账款，分析资产负债表日预付账款是否存在和完整。		略
D	5.检查预付账款的坏账准备计提依据是否合理、金额是否适当;		略
	6.标明预付关联方[包括持股5%以上（含5%）股东]的款项，执行关联方及其交易审计程序。		略
	7.针对评估的舞弊风险等因素增加的审计程序。		略
E	8.检查预付账款是否按照企业会计准则的规定恰当列报。		略

预付账款审定表

被审计单位:	索引号：4105-1
项目：预付账款审定表	截止日:
编制:	复核:
日期:	日期:

项目	期末未审数	账项调整		重分类调整		期末审定数	上期末审定数	索引号
		借方	贷方	借方	贷方			
一、账面余额合计								
1年以内						–		
1～2年						–		
2～3年						–		
3年以上						–		
二、坏账准备合计								
1年以内								
1～2年								
2～3年								
3年以上								
三、账面价值合计								
1年以内								
1～2年								
2～3年								
3年以上								
合 计	–	–	–	–	–	–		

审计结论:

预付账款明细表

被审计单位:	索引号：4105-2
项目： 预付账款明细表	截止日：
编制：	复核：
日期：	日期：

单位名称（项目）	期末余额			账龄				备注
	原币	汇率	折合人民币	1年以内	1～2年	2～3年	3年以上	
一、关联方								
			–					
			–					
			–					
小计			–	–	–	–	–	
二、非关联方								
			–					
			–					
			–					
			–					
			–					
			–					
小计			–	–	–	–	–	
合计			–	–	–	–	–	

审计说明

任务5 其他应收款审计

其他应收款是指与购销业务无关的债权性资产，主要包括企业员工和内部单位的备用金、保证金、押金等。

一、其他应收款核算的有关规定及内部控制要求

（一）其他应收款核算的有关规定

其他应收款包括除应收票据、应收账款、预付账款以外的各种应收、预付款项，与企业的购销业务无关。主要包括：应收的罚款、赔款；应收出租包装物租金；应向职工收回的各种垫付款项；存出保证金；有关部门的备用金等。

（二）其他应收款的内部控制要求

1．单位应当建立其他应收款的定期检查制度。如挂账时间较长的未收回账户，应查明原因及时处理。

2．单位应当定期或者至少于每年年度终了，检查其他应收款可能发生的坏账损失，计提坏账准备。

二、其他应收款的审计目标

1．确定其他应收款是否存在。是否为被审单位所拥有。

2．确定其他应收款增减变动的记录是否完整。

3．确定其他应收款是否可收回，坏账准备的计提是否恰当。

4．确定其他应收款期末余额是否正确，是否已按规定在财务报表中恰当列报。

三、其他应收款审计的实质性程序及应编制的审计工作底稿

	可供选择的实质性程序	应编制的审计工作底稿	索引号
	选择实质性程序	其他应收款实质性程序	4108
一	获取或编制其他应收款明细表	其他应收款明细表	4108-2
二	对其他应收款进行函证程序	略	4108-3
三	检查是否存在未入账的其他应收款	略	略
四	评价坏账准备计提的合理性		4108-4
五	执行关联方及其交易审计程序		
六	根据评估的舞弊风险等因素增加的其他审计程序	略	略
七	检查其他应收款是否按照企业会计准则的规定恰当列报 对其他应收款进行审定	其他应收款审定表	4108-1

四、其他应收款审计的实质性程序

选择实施的审计程序；编制《工作底稿——其他应收款实质性程序》（索引号4108）；

（一）实施“获取或编制其他应收款明细表”程序

审计人员应要求客户提供（或自己编制）其他应收款（包括相应的坏账准备）明细表（含账龄分析）。

1．复核加计是否正确，并与总账数和明细账合计数核对是否相符，结合坏账准备科目与报表核对是否相符；检查非记账本位币下其他应收款的折算汇率及折算是否正确。

2．了解其他应收款重大明细项目的内容及性质，重点关注是否存在资金被关联企业（或实际控制人）大量占用、变相拆借资金、隐性投资、或有损失等情况。

3．结合应收账款、其他应付款等明细余额，检查是否有同时挂账的项目。

4．分析有贷方余额的项目，查明原因，必要时，提请被审计单位作重分类调整。

5．标识应收政府补助、售后回购方式融出资金等特殊的明细科目。

编制《审计工作底稿—其他应收款明细表》（索引号4108-2）。

（二）实施“对其他应收款进行函证”程序

步骤见“应收账款函证“实质性程序。

（三）实施“检查是否存在未入账的其他应收款”程序

结合货币资金等项目的审计，检查是否存在未入账的其他应收款程序。

（四）实施“评价坏账准备计提的合理性”程序

编制《审计工作底稿——其他应收款坏账准备计算表》（索引号4108-4）。

（五）实施“执行关联方及其交易审计程序”

标明应收关联方[包括持股5%以上(含5%)股东]的款项，执行关联方及其交易审计程序。

（六）实施“根据评估的舞弊风险等因素增加的其他审计程序”

（七）实施“检查其他应收款是否按照企业会计准则的规定恰当列报程序

检查其他应收款是否按照企业会计准则的规定恰当列报。

最后，汇总其他应收款的审计结果，审定其他应收款的账面余额、坏账准备、其他应收款的账面价值的期末余额；做出审计结论。

编制《审计工作底稿——其他应收款审定表》（索引号4108-1）。

五、其他应收款审计的工作要点及审计案例

（一）其他应收款审计的工作要点

1. 在实际工作中，其他应收款项目多，内容杂，金额大小不一，常被认为是会计报表的“垃圾桶”，容易出现审计风险。审计的关键在于确定其余额的存在性和合理性。

2. 运用职业判断，关注并分析发生额、余额异常的账户，有必要的要实施恰当的审计程序查明情况并提出处理意见。

3. 特殊情况下要实施函证程序，从而判断异常情形。如有不符，应查明原因，及时处理。

（二）审计案例

诚信达会计师事务所2011年1月对广州飞达工业有限公司2010年度财务报表进行审计。在对其他应收款明细账户余额进行检查时，发现有以下大额或余额异常的账户，见下表。

序号	客户名称	2010年12月31日其他应收款余额	审计人员检查记账凭证及原始凭证的情况
1	长青材料公司	－93600	11月20日销售材料给长青材料公司，收销货款。附材料销售普通发票
2	常建建材公司	300000	12月20日预付购材料款
3	本公司出纳	60000	11月25日开出现金支票

要求：

（1）分析判断以上账户可能存在什么问题？应如何取证核实？

（2）对查证核实的问题并提请企业调整账务。

解析：

（1）可能是隐瞒材料销售收入，偷漏税收。通过检查业务发生原始凭证，向客户询问、函证等方式取得证据。如果是隐瞒材料销售收入，会计账务调整分录：

借：其他应收款——长青材料公司　　93600

　　贷：其他业务收入　　80000

　　　　应交税费——应交增值税（销）　　13600

（2）可能是将预付的购材料款误记为其他应收款。通过检查业务发生原始凭证、询问经办人员等方式取得证据；如果误记科目，做会计账务调整分录：

借：预付账款——常建建材公司　　300000

　　贷：其他应收款——常建建材公司　　300000

（3）可能是本公司出纳私自提现，挪用资金。通过检查业务发生原始凭证，询问经办人员、会计人员或会计主管取得证据。如果是出纳挪用资金，应提请企业追回，会计作调整分录：

借：银行存款　　60000

　　贷：其他应收款——公司出纳　　60000

此外，还应追回挪用资金利息（会计分录略）。

附：

其他应收款实质性程序

被审计单位:	索引号：4108
项目：其他应收款实质性程序	截止日:
编制:	复核:
日期:	日期:

一、需从实质性程序获取的保证程度

项目	财务报表认定				
	存在	完整性	权利和义务	计价和分摊	列报
1.审计目标	A	B	C	D	E
2.需从实质性程序获取的保证程度					
注:根据财务报表项目的重要性、评估的各认定的重大错报风险以及控制（如有）的结果填写。					

二、实质性程序

审计目标	可供选择的审计程序	是否选择	索引号
D	1.获取或编制其他应收款（包括相应的坏账准备）明细表（含账龄分析）： （1）复核加计正确，并与总账数和明细账合计数核对是否相符，结合坏账准备科目与报表数核对是否相符； （2）检查非记账本位币其他应收款的折算汇率及折算是否正确； （3）了解其他应收款重大明细项目的内容及性质，重点关注是否存在资金被关联企业（或实际控制人）大量占用、变相拆借资金、隐性投资、或有损失等情况； （4）结合应收账款、其他应付款等明细余额，检查是否有同时挂账的项目； （5）分析有贷方余额的项目，查明原因，必要时，提请被审计单位作重分类调整； （6）标识应收政府补助、售后回购方式融出资金等特殊的明细科目。		4108-2
ACD	2.对其他应收款进行函证程序（步骤见“应收账款”实质性程序）。		4108-3
B	3．结合货币资金等项目的审计，检查是否存在未入账的其他应收款。		略
D	4.评价坏账准备计提的合理性:		4108-4
	（1）检查其他应收款坏账准备计提和核销的批准程序，取得相关审计证据。评价坏账准备所依据的资料、假设及计提方法。复核其他应收款坏账准备是否按经股东会或董事会批准的既定方法和比例提取，会计处理是否正确； （2）在账龄分析表中，选取适量样本（金额大于——的账户，逾期超过　　天账户，以及认为必要的其他账户）。针对所选取的账户，测试账龄及计提坏账准备的适当性； （3）检查其他应收账款转作坏账损失的项目是否符合规定，会计处理是否正确，关注是否已办妥税务部门审批手续； （4）检查其他应收款中是否存在债务人破产或者死亡，以其破产财产或者遗产清偿后仍无法收回，或者债务人长期未履行偿债义务的情况。如果存在，应提请被审计单位处理； （5）检查已经确认并转销的坏账重新收回的，其会计处理是否正确； （6）通过比较前期坏账准备计提数和实际发生数，以及检查期后事项，评价坏账准备计提的合理性。 5.标明应收关联方[包括持股5%以上（含5%）股东]的款项，执行关联方及其交易审计程序。		略
	6.根据评估的舞弊风险等因素增加的其他审计程序。		略
E	7.检查其他应收款是否已按照企业会计准则的规定恰当列报。		略

其他应收款审定表

<table>
<tr><td colspan="6">被审计单位:</td><td colspan="2">索引号：</td><td colspan="2">4108-1</td></tr>
<tr><td colspan="6">项目：其他应收款审定表</td><td colspan="2">截止日:</td><td colspan="2"></td></tr>
<tr><td colspan="6">编制:</td><td colspan="2">复核：</td><td colspan="2"></td></tr>
<tr><td colspan="6">日期：　　年　　月　　日</td><td colspan="4">日期：　　　　年　　月　　日</td></tr>
<tr><td rowspan="2">项目</td><td rowspan="2">期末
未审数</td><td colspan="2">账项调整</td><td colspan="2">重分类调整</td><td rowspan="2">期末
审定数</td><td rowspan="2">上期末
审定数</td><td rowspan="2">索引号</td></tr>
<tr><td>借方</td><td>贷方</td><td>借方</td><td>贷方</td></tr>
<tr><td>一、账面余额合计</td><td></td><td></td><td></td><td></td><td></td><td></td><td></td><td></td></tr>
<tr><td>1年以内</td><td></td><td></td><td></td><td></td><td></td><td></td><td></td><td></td></tr>
<tr><td>1～2年</td><td></td><td></td><td></td><td></td><td></td><td></td><td></td><td></td></tr>
<tr><td>2～3年</td><td></td><td></td><td></td><td></td><td></td><td></td><td></td><td></td></tr>
<tr><td>3年以上</td><td></td><td></td><td></td><td></td><td></td><td></td><td></td><td></td></tr>
<tr><td></td><td></td><td></td><td></td><td></td><td></td><td></td><td></td><td></td></tr>
<tr><td>二、坏账准备合计</td><td></td><td></td><td></td><td></td><td></td><td></td><td></td><td></td></tr>
<tr><td>1年以内</td><td></td><td></td><td></td><td></td><td></td><td></td><td></td><td></td></tr>
<tr><td>1～2年</td><td></td><td></td><td></td><td></td><td></td><td></td><td></td><td></td></tr>
<tr><td>2～3年</td><td></td><td></td><td></td><td></td><td></td><td></td><td></td><td></td></tr>
<tr><td>3年以上</td><td></td><td></td><td></td><td></td><td></td><td></td><td></td><td></td></tr>
<tr><td>……</td><td></td><td></td><td></td><td></td><td></td><td></td><td></td><td></td></tr>
<tr><td>三、账面价值合计</td><td></td><td></td><td></td><td></td><td></td><td></td><td></td><td></td></tr>
<tr><td>1年以内</td><td></td><td></td><td></td><td></td><td></td><td></td><td></td><td></td></tr>
<tr><td>1～2年</td><td></td><td></td><td></td><td></td><td></td><td></td><td></td><td></td></tr>
<tr><td>2～3年</td><td></td><td></td><td></td><td></td><td></td><td></td><td></td><td></td></tr>
<tr><td>3年以上</td><td></td><td></td><td></td><td></td><td></td><td></td><td></td><td></td></tr>
<tr><td>……</td><td></td><td></td><td></td><td></td><td></td><td></td><td></td><td></td></tr>
<tr><td colspan="9">审计结论：</td></tr>
</table>

其他应收账款明细表

被审计单位	索引号：4108-2
项目：其他应收账款明细表	截止日:
编制:	复核：
日期： 年 月 日	日期： 年 月 日

单位名称	期末余额			账龄				性质或内容
（项目）	原币	汇率	折合人民币	1年以内	1～2年	2～3年	3年以上	
一、关联方								
小计								
二、非关联方								
小计								
合 计			-	-	-	-	-	
审计说明：								

其他应收款替代测试表

被审计单位:					索引号:	4107-3				
项目：其他应收款替代测试表					截止日:					
编制: 日期: 年 月 日					复核:	日期: 年 月 日				
一、资产负债表日前借方金额检查										
单位名称	期末余额	测试内容				占余额比例	检查内容			
		日期	凭证号	摘要	金额		①	②	③	④
二、资产负债表日后的收款检查										
单位名称	期末余额	测试内容				占余额比例	检查内容			
		日期	凭证号	摘要	金额		①	②	③	④
检查内容说明：①原始凭证是否齐全；②记账凭证与原始凭证是否相符；③账务处理是否正确；④是否记录于恰当的会计期间。										
审计说明:										

其他应收款坏账准备计算表

被审计单位:	索引号：4108-4
项目：其他应收款坏账准备计算表	截止日:
编制:	复核:
日期： 年 月 日	日期： 年 月 日

	项目（单位名称）	计算过程	应收账款余额	依据或计提比例	计提坏账准备
一	期末坏账准备测试数				
1	单项金额重大的应收款项：				
	单位A				
	单位B				
	小计	①		–	
2	单项金额非重大的应收款项:				
	1年以内（含1年）			__%	
	1-2年以内（含2年）			__%	
	2-3年以内（含3年）			__%	
	3年以上			__%	
	小计	②	–	------	–
	期末应计提的坏账准备	③=①+②			
二	本期坏账准备发生额及余额				
1	期初账面余额（上期末审定数）	④	------	------	
2	本期账面计提的坏账准备	⑤	------	------	
3	本期转出（核销）金额:		------	------	------
	单位E			------	
	单位F			------	
	………			------	
	本期转出（核销）小计	⑥	–	------	–
4	期末账面余额	⑦=④+⑤-⑥	------	------	–
三	差异（判断是否需要调整）	⑧=③-⑦	------	------	

审计说明:

项目三　负债审计

资产负债表上的负债类项目包括：短期借款、应付账款、其他应付款、预收账款、应付职工薪酬、应交税费、应付股利、应付票据、应付利息、应付职工薪酬、专项应付款等。本教程重点学习应付账款、预收款项、其他应付款、应付职工薪酬等项目审计的实质性程序。

任务1　应付账款审计

应付账款核算企业因购买材料、商品、接受劳务等经营活动应支付的款项，它是企业流动负债的主要组成部分，因此也是流动负债的审计的重点项目。应付账款是由于企业的赊购业务而产生的，因此审计应付账款一般结合购货业务来进行。

一、应付账款核算的规定及内部控制要求

（一）应付账款核算的有关规定

1．根据《企业会计准则——应用指南》及会计制度有关应付账款的规定，应付账款核算企业因购买材料、商品、接受劳务等经营活动应支付的款项。

2．企业购入材料、商品等验收入库，或接受劳务，但货款尚未支付，根据发票账单上的实际价款贷记应付账款（涉及增值税进项税的，还应进行相应的处理）。如果货已到单未到的，应暂估价值入账，贷记应付账款。

3．企业与债权人进行债务重组的。应当分别按照债务重组的方式处理。其重组的利得或损失，分别列入营业外收入或营业外支出。

（二）应付账款关键的内部控制

应付账款与企业供应部门的采购业务紧密相连，因此其内部控制也涉及采购、验收、储存、会计等部门。关键的内部控制主要是债务偿还的授权批准及定期与对方核对债务，确认并及时清偿债务。

1．实行明确的职责分工，以防止各种作弊行为的发生。在应付账款的授权批准、订立购销合同、采购材料物资、验收材料物资、付款、记账等方面的职责，应当由不同的部门或人员去完成，使他们之间既相互联系又相互制约。

2．建立经济合同制度。企业应当与供货单位签订购销合同，使购销业务受法律保护，不被诈骗，按期收到合同规定的所购货物，并按时偿付货款。

3．建立应付账款账目登记和定期核对制度。企业财会部门应当在检查购货发票和验收

报告以后支付应付账款，并及时登记应付账款总账和明细账，定期或不定期与供货方核对应付账款账目是否相符，防止错弊的发生。

4．建立应付账款及时清理制度。企业应定期编制应付账款账龄分析表，归类分析欠款动态，以便及时偿付。

资产负债表上的“应付账款”项目应根据“应付账款”和“预付账款”所属明细账的期末贷方余额的合计数填列。

二、应付账款的审计目标

1．确定期末应付账款是否存在，并为被审计单位应履行的偿还义务。

2．确定应付账款发生和偿还的记录是否完整。

3．确定应付账款的期末余额是否正确。

4．确定应付账款的披露是否恰当。

三、应付账款审计的实质性程序及应编制的审计工作底稿

	可供选择的实质性程序	应编制的审计工作底稿	索引号
	选择实质性程序	应付账款实质性程序	4104
一	取得或编制应付账款明细表	应付账款明细表	4104-2
二	检查债务形成的相关原始凭证	应付账款检查情况表	4204-4
三	检查应付账款长期挂账的原因	应付账款检查情况表	4204-4
四	针对资产负债表日后付款项目，检查银行对账单及有关付款凭证	略	
五	复核截至审计日全部未处理的供应商发票，确认所有的负债都记录在正确的会计期间内	略	
六	选择应付账款的重要项目函证其余额和交易条款，对未回函的再次发函或实施替代检查程序	应付账款替代测试表	4204-3
七	针对已偿付的应付账款，检查其是否在资产负债表日后偿付	应付账款检查情况表	4204-4
八	检查资产负债表日后应付账款明细账贷方发生额的相应凭证	应付账款检查情况表	
九	结合存货监盘程序，检查被审计单位资产负债表日前后的存货入库资料	略	
十	检查异常或大额交易及重大调整事项	应付账款检查情况表或通用凭证检查表	4204-4
十一	检查带有现金折扣的应付账款	应付账款检查情况表或通用凭证检查表	
十二	检查不同债务重组方式下的会计处理	应付账款检查情况表或通用凭证检查表	
十三	执行关联方及其交易审计程序	略	
十四	针对评估的舞弊风险等因素增加的审计程序。	略	
十五	检查应付账款是否按照企业会计准则的规定恰当列报。 审定应付账款	应付账款审定表	4204-1

四、应付账款审计的实质性程序

选择实施的审计程序，编制《审计工作底稿——应收账款实质性程序》(索引号 4201)。

(一) 实施“获取或编制应付账款明细表”程序

要求企业提供（或编制）资产负债表日应付账款明细账户余额及账龄分析表，可以考虑选择重要的客户及其余额列示，而将不重要的或余额较小的汇总列示。

1. 复核加计正确，并与报表数、总账数和明细账合计数核对是否相符。如若不符，应形成记录并进行相应调整。

2. 检查非记账本位币应付账款的折算汇率及折算是否正确。

3. 分析出现借方余额的项目，查明原因，必要时，提请被审计单位进行重分类调整。

4. 结合预付账款等往来项目明细余额，检查异常余额或与购货无关的其他款项。

5. 编制《审计工作底稿——应付账款明细表》(索引号 4204-2)。

6. 审计证据：应付账款余额明细表（含账龄分析）；应付账款明细账、总账、资产负债表；相关记账凭证、原始凭证等。

(二) 实施“检查债务形成的相关原始凭证”程序

1. 检查应付账款形成的原始凭证，如供应商发票、验收报告或入库单等，确定应付账款金额是否准确。

2. 编制《审计工作底稿——应付账款检查情况表》(索引号 4204-4)

3. 审计证据：请购单；订货单；验收单；购货发票；付款凭证；应付账款明细账等。

(三) 实施“检查应付账款长期挂账的原因”程序

1. 关注长期挂账的应付账款，特别是账龄超过 3 年的大额应付账款，是否已作披露；依据是否充分。审计长期挂账的原因，是否可能无须支付。

2. 检查长期挂账的应付账款在资产负债表日后是否偿还。对确实无须支付的应付账款的会计处理是否正确。有必要时提请企业调整会计账务。

3. 编制《审计工作底稿——应付账款明细表》(索引号 4204-2)。

4. 审计证据：应付账款明细账；验收单；购货发票；现金及银行存款日记账；应付账款明细账及总账；银行对账单；卖方对账单、支付凭证等。

(四) 实施“针对资产负债表日后付款项目，检查银行对账单及有关付款凭证”程序

1. 通过检查银行对账单及有关付款凭证，如银行划款通知、供应商收据等，询问被审计单位内部或外部的知情人员，查找有无未及时入账的应付账款。

2. 编制《审计工作底稿——应付账款明细表》(索引号 4204-2)。

3. 审计证据：应付账款明细账；相关的记账凭证；验收单；购货发票；付款凭证；现金及银行存款日记账；银行对账单；卖方对账单等。

（五）实施“复核截至审计日全部未处理的供应商发票”程序

复核截至审计日全部未处理的供应商发票，询问是否存在其他未处理的供应商发票，确认所有的负债都记录在正确的会计期间内。

（六）实施“选择应付账款的重要项目函证其余额和交易条款，对未回函的再次发函或实施替代检查“程序

1．选择应付账款的重要项目（包括零账户）函证其余额和交易条款。

进行函证时，应选择较大金额的债权人，以及那些在资产负债表日金额不大甚至为零，但为企业重要供货人的债权人，作为函证对象。函证最好采用肯定形式，并具体说明应付金额。

需要说明的是：向供应商函证应付账款不是一个必需的审计程序，因为函证不能保证查出未记录的应付账款，况且注册会计师能够取得购货发票等外部凭证来证实应付账款的余额。但如果控制风险较高、某应付账款明细账户金额较大或被审计单位处于财务困难阶段，则应进行应付账款的函证，以确定应付账款的真实性、计价的正确性及一定程度上的完整性。

2．对未回函的再次发函。同应收账款的函证一样，注册会计师必须对函证的过程进行控制，要求债权人直接回函，并根据回函情况编制与分析函证结果汇总表；对未回函的，应考虑是否再次函证。或实施替代检查程序。检查原始凭单，如合同、发票、验收单等。

3．对未回函的重大项目，应实施替代审计程序，检查原始凭单，如合同、发票、验收单等。比如，可以检查决算日后应付账款明细账，及现金和银行存款日记账，核实其是否已支付，同时检查该笔债务的相关资料，核实交易事项的真实性。

4．编制《审计工作底稿——应付账款替代测试表》（索引号 4204-3）。

5．审计证据：应付账款询证函回函；相关记账凭证及原始凭证（合同、发票、验收单等）；现金及银行存款日记账；银行对账单；银行付款单据等。

（七）实施“针对已偿付的应付账款，检查其是否在资产负债表日后偿付”程序

1．针对已偿付的应付账款，追查至银行对账单、银行付款单据和其他原始凭证，检查其是否在资产负债表日后偿付。

2．编制《审计工作底稿——应付账款检查情况表》（索引号 4204-4）。

3．审计证据：应付账款明细账、相关记账凭证及原始凭证；现金及银行存款日记账；银行对账单；银行付款单据等。

（八）实施“检查资产负债表日后应付账款明细账贷方发生额，确认其入账时间是否合理”程序

1．检查资产负债表日后应付账款明细账贷方发生额的相应凭证，关注购货发票的日期，确认其入账时间是否合理。

2．编制《审计工作底稿——应付账款检查情况表》（索引号 4204-4）。

3．审计证据：应付账款明细账；相关记账凭证及原始凭证；购货发票；现金及银行存款日记账等。

（九）实施“检查资产负债表日前后的存货入库资料，确认应付账款是否计入了正确的会计期间”程序

结合存货监盘程序，检查被审计单位资产负债表日前后的存货入库资料，如验收报告、入库单等，检查是否有大额料到单未到的情况，确认应付账款是否计入了正确的会计期间。

（十）实施“检查异常或大额交易及重大调整事项”程序

1．针对异常或大额交易及重大调整事项，如：（1）大额的购货折扣或退回；（2）会计处理异常的交易；（3）未经授权的交易；（4）缺乏支持性凭证的交易等。检查其相关原始凭证和会计记录，分析交易的真实性、合理性。

2．编制《审计工作底稿——应付账款检查情况表》（索引号 4204-4），或通用凭证检查表。

3．审计证据：应付账款明细账；相关的记账凭证及原始凭证等。

（十一）实施“检查带有现金折扣的应付账款”程序

1．检查带有现金折扣的应付账款，是否按发票上记载的全部应付金额入账，在实际获得现金折扣时再冲减财务费用。

2．编制《审计工作底稿——应付账款检查情况表》（索引号 4204-4）；或通用凭证检查表。

3．审计证据：应付账款明细账；相关的记账凭证及原始凭证等。

（十二）实施“检查不同债务重组方式下的会计处理是否正确”程序

1．被审计单位与债权人进行债务重组的，检查不同债务重组方式下的会计处理是否正确。

2．审计证据：应付账款明细账；债务重组相关的记账凭证及原始凭证等。

（十三）实施“执行关联方及其交易审计程序”

标明应付关联方的款项，执行关联方及其交易审计程序。

（十四）实施“针对评估的舞弊风险等因素增加的审计程序”

略。

（十五）实施“检查应付账款是否按照《企业会计准则》的规定恰当列报”程序

1．检查应付账款是否按照《企业会计准则》的规定恰当列报。最后，汇总应付账款的审计结果，审定应付账款的期末余额；作出审计结论。

2．编制《审计工作底稿——应付账款审定表》（索引号 4204-1）。

五、应付账款审计的工作要点及审计案例

（一）应付账款审计的工作要点

在购货业务中的请购、订货、验收、付款等一系列业务程序，以及在购货程序中所涉及

的凭证和账簿都是应付账款的审计范围。审查应付账款应结合购货业务来进行。

1．应付账款常见错弊。主要有以下几个方面：

（1）将应付账款账户作为隐匿收入的“防空洞”，隐匿收入，偷漏税费；

（2）应付账款长期挂账，应处置的未进行处置；

（3）将预付货款列入应付账款，重分类错误。

2．运用职业判断，重点关注和审计长期挂账的、大额的、余额内容异常的或重大调整事项的应付账款账户，审计其发生额、余额的真实性、合理性。

3．结合对货币资金、存货的审计以及截至测试来审计应付账款，检查应付账款核算是否真实、正确，是否记录与正确的会计期间。

（二）审计案例

【案例 1】应付账款重分类调整的案例。

诚信达会计师事务所审计人员李华在对广州飞达工业有限公司 2010 年度会计报表应付账款项目进行审计时，获取了企业的应付账款明细表，对照应付账款明细账、会计凭证，发现飞达公司于 12 月 1 日预付给 B 公司的购料款 100 万元，由于与 B 公司业务来往频繁，该笔业务通过应付账款核算。会计分录为：

借：应付账款——B公司　　1000000

　　贷：银行存款　　1000000

要求：根据上述情况，写出审计人员李华进一步工作的过程，发现存在的问题并提出调整意见。

解析：

步骤1：与被审计单位会计人员进一步沟通，了解与B公司业务交易的详细情况，确认这笔业务的交易性质，支付的款项是否确系预付。

步骤2：指出该笔业务在会计报表上应在资产事项的预付账款反映，反映在应付账款有低估负债之嫌，建议被审计单位作如下重分类调整：

借：预付账款——B公司　　1000000

　　贷：应付账款——B公司　　1000000

步骤3：将调整结果记录于《审计工作底稿——应付账款明细表》，在“审计说明栏中”反映。

【案例 2】检查应付账款长期挂账的原因的案例。

诚信达会计师事务所审计人员在审查广州飞达工业有限公司 2010 年应付账款明细账时，发现“应付账款——A 公司”贷方余额 230000 元，账龄已超过 3 年。经查证有关凭证，是 2007 年 6 月，向 A 公司购买材料的货款。

解析：根据题意，该公司该笔应付账款已形成3年尚未支付，很可能存在下列问题：

（1）该企业与 A 公司在业务上有纠纷，故拒付货款；

（2）该企业故意拖欠 A 公司货款，占用 A 公司资金；

（3）可能是记账差错；

（4）可能是 A 公司倒闭，企业无法支付货款。

要查明真相，应进一步审查，采用面询和函询的方法到A公司进行调查。根据不同情况，作出不同处理。若是纠纷，双方协商解决；若是拖欠，应尽快归还。若是记账差错，要及时加以更正；若是A公司倒闭，无法偿还，则应列入营业外收入。

根据审计情况，编制《审计工作底稿——应付账款检查表》（索引号 4204-4）。

【案例 3】检查债务形成的相关原始凭证，确定应付账款金额是否准确的案例。

诚信达会计师事务所审计人员在审查广州飞达工业有限公司 2010 年应付账款明细账时，发现 8 月 9 日的一张反映应付账款业务的记账凭证，其会计分录为：

借：银行存款　　180000

　　贷：应付账款——C公司　　180000

所附原始凭证为银行进账单及一份销售合同，合同载明付款期为 8 月 9 日，而该笔应付账款到 12 月份尚未结转。对此，审计人员认为存在截留收入的嫌疑，于是调阅库存商品明细账，发现 8 月 15 日发出库存商品 1000 件，每件成本 120 元。相关的承运单表明该批库存商品已发往 B 公司，其会计分录为：

借：应收账款——C公司　　120000

　　贷：库存商品　　120000

要求：指出上述业务存在的问题，并提出处理意见。

解析：根据题意，上述业务实际为已完成的销售业务，应该确认销售收入的实现。该企业存在的问题是利用应付账款账户隐匿收入，发出库存商品时不反映销售收入，以达到隐瞒收入、偷漏税金的目的。

查清后，审计人员要求该企业在发出商品时确认销售收入。调整会计分录如下：

（1）借：应付账款——C公司　　180000

　　　　贷：主营业务收入　　153846

　　　　应交税费——应交增值税（销项税额）　　26154

（2）借：主营业务成本　　120000

　　　　贷：应收账款——C公司　　120000

根据审计情况，编制《审计工作底稿——应付账款检查表》（索引号 4204-4）。

【案例 4】审计无法付出的应付账款会计处理的案例。

诚信达会计师事务所审计人员在审查广州飞达工业有限公司2010年应付账款明细账时，发现该企业一笔金额为120000元的应付账款，因债权单位撤销，无法支付，经领导批准予以核销。企业所作会计处理为：

借：应付账款　　120000

　　贷：应付职工薪酬——职工福利　　120000

要求：指出上述处理存在的问题，说明对报表的影响，并作账务调整。

解析：根据会计制度的规定，无法付出的应付账款经批准后应转为营业外收入。企业以上的账务处理是错误的。应调整的会计分录为：

借：应付职工薪酬——职工福利　　120000

　　贷：营业外收入　　120000

附：

应付账款实质性程序

被审计单位：	索引号：4204
项目：应付账款	截止日：
编制：	复核：
日期：	日期：

一、需从实质性程序获取的保证程度

项　　目	财务报表认定				
	存在	完整性	权利和义务	计价和分摊	列报
1．审计目标	A	B	C	D	E
2．需从实质性程序获取的保证程度					

注：根据财务报表项目的重要性、评估的各认定的重大错报风险以及控制测试（如有）的结果填写。

二、实质性程序

审计目标	可供选择的实质性程序	是否选择	索引号
D	1．获取或编制应付账款明细表： （1）复核加计正确，并与报表数、总账数和明细账合计数核对是否相符； （2）非记账本位币应付账款折算汇率及折算是否正确； （3）分析出现借方余额的项目，查明原因，必要时，提请被审计单位进行重分类调整； （4）结合预付账款等往来项目的明细余额，检查异常余额或与购货无关的其他款项。		4204-2
AD	2．检查债务形成的相关原始凭证，如供应商发票、验收报告或入库单等，确定应付账款金额是否准确。		略
AE	3．检查应付账款长期挂账的原因，关注是否可能无须支付；对确实无须支付的应付账款的会计处理是否正确，依据是否充分；关注账龄超过 3 年的大额应付账款，是否已作披露，并检查在资产负债表日后是否偿还。		略
BA	4．针对资产负债表日后付款项目，检查银行对账单及有关付款凭证（如银行划款通知、供应商收据等），询问被审计单位内部或外部的知情人员，查找有无未及时入账的应付账款。		略
B	5．复核截至审计日全部未处理的供应商发票，询问是否存在其他未处理的供应商发票，确认所有的负债都记录在正确的会计期间内。		略
ACD	6．选择应付账款的重要项目（包括零账户）函证其余额和交易条款，对未回函的再次发函或实施替代检查程序（检查原始凭单，如合同、发票、验收单）。		4204-3
B	7．针对已偿付的应付账款，追查至银行对账单、银行付款单据和其他原始凭证，检查其是否在资产负债表日后偿付。		4204-3
B	8．检查资产负债表日后应付账款明细账贷方发生额的相应凭证，关注购货发票的日期，确认其入账时间是否合理。		略
BA	9．结合存货监盘程序，检查被审计单位资产负债日前后的存货入库资料（验收报告或入库单），检查是否有大额料到单未到的情况，确认应付账款是否计入了正确的会计期间。		略
AB	10．针对异常或大额交易及重大调整事项（如大额的购货折扣或退回，会计处理异常的交易，未经授权的交易，或缺乏支持性凭证的交易等），检查相关原始凭证和会计记录，分析交易的真实性、合理性。		略
D	11．检查带有现金折扣的应付账款是否按发票上记载的全部应付金额入账，在实际获得现金折扣时再冲减财务费用。		略
D	12．被审计单位与债权人进行债务重组的，检查不同债务重组方式下的会计处理是否正确。		略
	13．标明应付关联方的款项，执行关联方及其交易审计程序。		略
	14．针对评估的舞弊风险等因素增加的审计程序。		略
E	15．检查应付账款是否按照企业会计准则的规定恰当列报。		略

应付账款审定表

<table>
<tr><td colspan="4">被审计单位：</td><td colspan="5">索引号：4204-1</td></tr>
<tr><td colspan="4">项目：应付账款</td><td colspan="5">截止日：</td></tr>
<tr><td colspan="4">编制：</td><td colspan="5">复核：</td></tr>
<tr><td colspan="4">日期：</td><td colspan="5">日期：</td></tr>
<tr><td rowspan="2">项目名称</td><td rowspan="2">期末
未审数</td><td colspan="2">账项调整</td><td colspan="2">重分类调整</td><td rowspan="2">期末
审定数</td><td rowspan="2">上期末
审定数</td><td rowspan="2">索引号</td></tr>
<tr><td>借方</td><td>贷方</td><td>借方</td><td>贷方</td></tr>
<tr><td>一、关联方</td><td></td><td></td><td></td><td></td><td></td><td></td><td></td><td></td></tr>
<tr><td></td><td></td><td></td><td></td><td></td><td></td><td></td><td></td><td></td></tr>
<tr><td></td><td></td><td></td><td></td><td></td><td></td><td></td><td></td><td></td></tr>
<tr><td></td><td></td><td></td><td></td><td></td><td></td><td></td><td></td><td></td></tr>
<tr><td>小　计</td><td></td><td></td><td></td><td></td><td></td><td></td><td></td><td></td></tr>
<tr><td>二、非关联方</td><td></td><td></td><td></td><td></td><td></td><td></td><td></td><td></td></tr>
<tr><td></td><td></td><td></td><td></td><td></td><td></td><td></td><td></td><td></td></tr>
<tr><td></td><td></td><td></td><td></td><td></td><td></td><td></td><td></td><td></td></tr>
<tr><td></td><td></td><td></td><td></td><td></td><td></td><td></td><td></td><td></td></tr>
<tr><td></td><td></td><td></td><td></td><td></td><td></td><td></td><td></td><td></td></tr>
<tr><td></td><td></td><td></td><td></td><td></td><td></td><td></td><td></td><td></td></tr>
<tr><td></td><td></td><td></td><td></td><td></td><td></td><td></td><td></td><td></td></tr>
<tr><td>小　计</td><td></td><td></td><td></td><td></td><td></td><td></td><td></td><td></td></tr>
<tr><td>合　计</td><td></td><td></td><td></td><td></td><td></td><td></td><td></td><td></td></tr>
<tr><td colspan="9">审计结论：</td></tr>
</table>

应付账款明细表

被审计单位：	索引号：4204-2
项目：应付账款	截止日：
编制：	复核：
日期：	日期：

单位名称（项目）	期末余额			账　龄				备注
	原币	汇率	折合人民币	1年以内	1～2年	2～3年	3年以上	
一、关联方								
小　计								
二、非关联方								
小　计								
合　计								

审计说明：

应付账款替代测试表

被审计单位：	索引号：4204-3
项目：应付账款	截止日：
编制：	复核：
日期：	日期：

一、资产负债表日前贷方金额检查

单位名称	期末余额	测试内容				占余额比例①	检查内容②			
		日期	凭证号	摘要	金额		①	②	③	④
检查内容说明：①原始凭证是否齐全；②记账凭证与原始凭证是否相符；③账务处理是否正确；④是否记录于恰当的会计期间										

二、资产负债表日后的付款检查

单位名称	期末余额	测试内容				占余额比例	检查内容③			
		日期	凭证号	摘要	金额		①	②	③	④
检查内容说明：①原始凭证是否齐全；②记账凭证与原始凭证是否相符；③账务处理是否正确；④是否记录于恰当的会计期间										
审计说明：										
① 根据替代测试的审计目标，替代测试金额应能够涵盖该单位期末余额，即占余额比例不低于100%，一般不需要对借方发生额进行替代测试。										
②根据审计目标，检查内容主要包括支持被审计单位向被询证单位支付款项义务审计证据。										
③根据审计目标，检查内容主要包括支持已于期后向被询证单位支付询证款项的审计证据。										

应付账款检查情况表

被审计单位：					索引号：4204-4					
项目：应付账款					截止日：					
编制：					复核：					
日期：					日期：					
记账日期	凭证编号	业务内容	对应科目	金额	核对内容（用“√”、“×”表示）					备注
					1	2	3	4	5	
核对内容说明：（1）原始凭证是否齐全；（2）记账凭证与原始凭证是否相符；（3）账务处理是否正确；（4）是否记录于恰当的会计期间；（5）……										
审计说明：										

任务2　预收账款审计

预收账款是指企业按销售合同的规定，向购货单位预先收取的款项。在企业产品未交付之前，它构成企业的一项负债。由于预收账款是在企业的销售环节中产生的，所以对它的审计可以结合销售业务来进行。

一、预收账款核算的规定及内部控制要求

（一）预收账款核算的有关规定

根据《企业会计准则——应用指南》及会计制度有关预收账款的规定，预收账款核算企业按照合同预收的款项。如果企业预收货款情况不多的，也可以不设置“预收账款”科目，将预收的款项直接记入“应收账款”的贷方进行核算。

（二）预收账款的内部控制要求

1．单位应定期与往来客户核对预收账款。如有不符，应查明原因，及时处理。

2．预收账款的控制测试可考虑与销售的控制测试一并进行。重点分析销售政策，防止人为调节收入等作弊行为的发生。

二、预收款项的审计目标

1．确定期末预收款项是否存在。是否为被审单位所应履行的偿还义务。

2．确定预收账款增减变动的记录是否完整；期末余额是否正确。

3．确定预收账款的披露是否恰当。

三、预收账款审计的实质性程序及应编制的审计工作底稿

	可供选择的实质性程序	应编制的审计工作底稿	索引号
	选择实质性程序	预收账款实质性程序	4205
一	获取或编制预收账款明细表	预收账款明细表	4205-2
二	检查预收账款长期挂账的原因	（略）	（略）
三	检查已实现销售的商品是否及时转销预收账款，确定预收账款期末余额是否正确	（略）	（略）
四	对预收账款的重要项目进行函证，对未回函的再次发函或实施替代检查程序	预收账款替代测试表	4205-3
五	结合货币资金的期后测试，以确定预收账款是否已计入恰当期间	（略）	
六	执行关联方及其交易审计程序	（略）	
七	针对评估的舞弊风险等因素增加审计程序	（略）	
八	检查预收账款是否按照企业会计准则的规定恰当列报 对预收账款进行审定	预收账款审定表	4205-1

四、预收账款审计的实质性程序

选择实质性程序，编制《工作底稿——预收账款实质性程序》（索引号 4205）。

（一）实施“获取或编制预收账款明细表”程序

1．向客户取得预收账款明细表，复核加计是否正确，并与报表数、总账数和明细账合计数核对是否相符；以非记账本位币结算的预收账款，检查采用的折算汇率及折算是否正确。

2．检查是否存在借方余额，必要时提请被审计单位进行重分类调整。

3．标识重要客户。

4．编制《审计工作底稿——预收账款明细表》（索引号 4205-2）。

（二）实施“检查预收账款长期挂账的原因”程序

检查预收账款长期挂账的原因，必要时提请被审计单位予以调整。

（三）实施“检查已实现销售的商品是否及时转销预收账款，确定预收账款期末余额是否正确”程序

抽查预收账款有关的销货合同、仓库发货记录、货运单据和收款凭证，检查已实现销售的商品是否及时转销预收账款，确定预收账款期末余额是否正确。

（四）实施“对预收账款的重要项目进行函证，对未回函的再次发函或实施替代检查程序”

1．选择预收账款的重要项目（包括零账户）函证其余额和交易条款。

2．对未回函的再次发函，或实施替代检查程序，检查原始凭证，如合同、发票、验收单等。

3．编制《审计工作底稿——预收账款替代测试表》（索引号 4205-3）。

（五）实施“结合货币资金的期后测试，以确定预收账款是否已计入恰当期间”。

略

（六）实施“标明预收关联方的款项，执行关联方及其交易审计程序”

略

（七）实施“针对评估的舞弊风险等因素增加的审计程序”

略

（八）实施“检查预收账款是否按照企业会计准则的规定恰当列报”程序

1．检查预收账款是否按照《企业会计准则》的规定恰当列报。最后，汇总预收账款的审计结果，审定预收账款的期末余额；做出审计结论。

2．编制《审计工作底稿——预收账款审定表》（索引号 4205-1）。

五、预收账款审计的工作要点及审计案例

（一）预收账款审计的工作要点

1. 预收账款与企业的销售业务有关。形成预收账款的前提条件是先收款、后发货，发货时才能确认收入。审计的主要工作就是要确认这一事实。

2. 预收账款常见的主要错弊有以下几个方面：

（1）收入确认不正确。预收账款后，尚未发货，就确认了销售收入；或者预收账款后，已发货应确认收入而没有确认；列入了销货款。

（2）重分类错误。将已预收的货款应列入“预收账款”贷方的金额，误列入“应收账款”的贷方。

（3）将已实现的收入挂在“预收账款”账户，隐瞒收入，偷漏税收，人为调节收入。

3. 审计人员要运用职业判断，重点关注和审计长期挂账的、余额及内容异常，或缺乏支持性凭证的预收账款账户。

（二）审计案例

【案例 1】利用“预收账款”账户隐瞒收入的案例。

诚信达会计师事务所 2011 年 1 月对广州飞达工业有限公司 2010 年财务报表进行审计。在审查预收账款明细账时，发现 11 月 12 日反映预收账款的 48 号凭证。

会计分录为：

借：银行存款　　292500

　　贷：预收账款——海信公司　　292500

所附的原始凭证为一张银行进账单。该笔预收账款一直到 12 月 31 日尚未结转。审计人员认为有隐瞒收入的嫌疑。于是调阅库存商品明细账，发现 11 月 15 日发出库存商品甲产品 1000 件，每件成本 180 元。会计分录为：

借：应收账款——海信公司　　180000

　　贷：库存商品——海信公司　　180000

审计人员继续追查相关的记账凭证和原始凭证，查明该批商品的发运单表明甲产品已发给海信公司，但销售明细账上没有这笔销售记录。所取的审计证据证明了审计人员的判断，属于企业利用预收账款账户隐瞒收入，偷漏税收。提请企业调整账务。会计分录为：

借：预付账款——海信公司　　292500

　　贷：主营业务收入　　250000

　　　　应交税费——应交增值税（销）　　42500

同时：

借：主营业务成本　　180000

　　贷：应收账款——海信公司　　180000

【案例 2】重分类错误案例。

诚信达会计师事务所审计人员在审计飞达工业有限公司 2010 年 12 月 31 日预收账款明

细账余额时，发现“预收账款——欣欣公司”的余额为借方余额234000元。会计分录为：

借：预收账款——欣欣公司　　234000

　　贷：主营业务收入　　200000

　　　　应交税费——应交增值税（销）　　34000

而企业并没有收欣欣公司预付的货款。审计人员分析为重分类错误。经对该笔预收账款的记账凭证、原始凭证的审计和经办人员的询问，查明是会计人员业务不熟，记账错误。提请企业作调整账户：

借：应收账款——欣欣公司　　234000

　　贷：预收账款——欣欣公司　　234000

附：

预收账款实质性程序

被审计单位：	索引号：4205
项目：预收账款	截止日：
编制：	复核：
日期：	日期：

一、需从实质性程序获取的保证程度

项目	财务报表认定				
	存在	完整性	权利和义务	计价和分摊	列报
1．审计目标	A	B	C	D	E
2．需从实质性程序获取的保证程度					
注：根据财务报表项目的重要性、评估的各认定的重大错报风险以及控制测试（如有）的结果填写。					

二、实质性程序

审计目标	可供选择的审计程序	是否选择	索引号
D	1．获取或编制预收账款明细表。		4205-2
	（1）复核加计是否正确，并与报表数、总账数和明细账合计数核对是否相符；		
	（2）以非记账本位币结算的预收账款，检查采用的折算汇率及折算是否正确；		
	（3）检查是否存在借方余额，必要时提请被审计单位进行重分类调整；		
	（4）标识重要客户。		
A	2．检查预收账款长期挂账的原因，必要时提请被审计单位予以调整。		略
ABD	3．抽查预收账款有关的销货合同、仓库发货记录、货运单据和收款凭证，检查已实现销售的商品是否及时转销预收账款，确定预收账款期末余额是否正确。		略
ACD	4．选择预收账款的重要项目（包括零账户）函证其余额和交易条款，对未回函的再次发函或实施替代检查程序（检查原始凭证，如合同、发票、验收单）。		4205-3
BA	5．结合货币资金的期后测试，以确定预收账款是否已计入恰当期间。		略
	6．标明预收关联方的款项，执行关联方及其交易审计程序。		略
	7．针对评估的舞弊风险等因素增加的审计程序。		略
E	8．检查预收账款是否按照企业会计准则的规定恰当列报。		略

预收账款审定表

被审计单位：	索引号：4205-1
项目：预收账款	截止日：
编制：	复核：
日期：	日期：

项目名称	期末未审数	账项调整		重分类调整		期末审定数	上期末审定数	索引号
		借方	贷方	借方	贷方			
一、关联方								
小　计								
二、非关联方								
小　计								
合　计								

审计结论：

预收账款明细表

被审计单位：				索引号：4205-2		
项目：预收账款				截止日：		
编制：				复核：		
日期：				日期：		

单位名称	期末余额			账　龄			
	原币	汇率	折合本位币	1年以内	1～2年	2～3年	3年以上
一、关联方							
小　计							
二、非关联方							
小　计							
合　计							

审计说明：

预收账款替代测试表

被审计单位：	索引号：4205-3
项目：预收账款	截止日：
编制：	复核：
日期：	日期：

一、资产负债表日前贷方金额检查

单位名称	期末余额	测试内容				占余额比例[①]	检查内容[②]			
		日期	凭证号	摘要	金额		①	②	③	④
检查内容说明：①原始凭证是否齐全；②记账凭证与原始凭证是否相符；③账务处理是否正确；④是否记录于恰当的会计期间										

二、资产负债表日后的转销情况检查

单位名称	期末余额	测试内容				占余额比例	检查内容[③]			
		日期	凭证号	摘要	金额		①	②	③	④
检查内容说明：①原始凭证是否齐全；②记账凭证与原始凭证是否相符；③账务处理是否正确；④是否记录于恰当的会计期间										

审计说明：

① 根据替代测试的审计目标，替代测试金额应能够涵盖该单位期末余额，即占余额比例不低于100%；一般不需要对借方发生额进行替代测试。

②根据审计目标，检查内容主要包括支持被审计单位预收被询证单位款项的审计证据。

③根据审计目标，检查内容主要包括支持已于期后转销预收款项的审计证据。

预收账款检查情况表

被审计单位：	索引号：4205-4
项目：预收账款	截止日：
编制：	复核：
日期：	日期：

记账日期	凭证编号	业务内容	对应科目	金额	核对内容（用“√”、“×”表示）					备注
					1	2	3	4	5	

核对内容说明：（1）原始凭证是否齐全；（2）记账凭证与原始凭证是否相符；（3）账务处理是否正确；（4）是否记录于恰当的会计期间；（5）……

审计说明：

任务3 其他应付款审计

其他应付款主要是非购销行为形成的债务。包括押金、保证金、租金、保险费、产品责任保证、集资款等。其他应付款是企业流动负债的一个重要项目。在企业其他应付款年末余额较大、期末余额变动较大或相关内部控制薄弱时，审计人员应将其他应付款作为审计的重点项目。

一、其他应付款核算的规定及内部控制要求

（一）其他应付款核算的有关规定

根据《企业会计准则——应用指南》及会计制度有关其他应付款核算的规定，其他应付款核算企业除应付票据、应付账款、预收账款、应付职工薪酬、应付利息、应付股利、应交税费、长期应付款等以外的其他各项应付、暂收款项。

（二）其他应付款的内部控制要求

1．单位应定期核对其他应付款账户余额，如有问题及时处理。
2．对长期挂账未结的其他应付款，应按审批权限妥善处理。

二、其他应付款的审计目标

1．确定其他应付款是否存在。是否为被审单位应履行的义务。
2．确定其他应付款的发生及偿还记录是否完整。
3．确定其他应付款期末余额是否正确；披露是否恰当。

三、其他应付款审计的实质性程序及应编制的审计工作底稿

	可供选择的实质性程序	应编制的审计工作底稿	索引号
	选择实质性程序	其他应收款实质性程序	4210
一	获取或编制其他应付款明细表	其他应付款明细表	4210-2
二	检查金额较大和异常的明细余额	其他应付款替代测试检查表	4210-3
三	检查有无未及时入账的其他应付款	其他应付款替代测试检查表	4210-3
四	检查长期未结的其他应付款	（略）	
五	执行关联方及其交易审计程序	（略）	
六	根据评估的舞弊风险等因素增加的其他审计程序	（略）	（略）
七	检查其他应付款是否按照《企业会计准则》的规定恰当列报 对其他应付款进行审定	其他应付款审定表	4210-1

四、其他应付款审计的实质性程序

选择实质性程序，编制《工作底稿——其他应付款实质性程序》（索引号 4210）。

（一）实施“获取或编制其他应付款明细表”程序

1．向客户取得其他应付款明细表。复核加计是否正确，并与总账数和明细账合计数核对是否相符，结合坏账准备科目与报表核对是否相符；检查非记账本位币其他应收款的折算汇率及折算是否正确。

2．分析有借方余额的项目，查明原因，必要时提请被审计单位进行重分类调整。

3．结合应付账款、其他应收款等往来项目的明细余额，调查异常余额或与本项目核算无关的其他款项。

4．标示重要明细项目。

编制《审计工作底稿——其他应付款明细表》（索引号 4210-2）。

（二）实施“判断选择金额较大和异常的明细余额，检查原始凭证”程序

1．判断选择金额较大和异常的明细余额，检查原始凭证，并考虑向债权人函证。

2．对未回函的重要债权人，编制应付该债权人的增减变动表；必要时，收集该债权人资料分析其变动的合理性。

3．编制《审计工作底稿——其他应付款替代测试检查表》（索引号 4210-3）。

（三）实施“检查有无未及时入账的其他应付款”程序

1．请被审计单位协助，在其他应付款明细表上标出截至审计日已支付的金额较大的其他应付款项，确定有无未及时入账的其他应付款。抽查付款凭证、银行对账单等，并注意入账日期的合理性。

2．编制《审计工作底稿——其他应付款替代测试检查表》（索引号 4210-3）。

（四）实施“检查长期未结的其他应付款”程序

检查长期未结的其他应付款，提请被审计单位妥善处理。

（五）实施“执行关联方及其交易审计程序”

标明应付关联方的款项，执行关联方及其交易审计程序。

（六）实施“根据评估的舞弊风险等因素增加的其他审计程序”

略。

（七）实施“检查其他应付款是否按照《企业会计准则》的规定恰当列报”程序

1．检查其他应付款是否按照《企业会计准则》的规定恰当列报。最后，汇总其他应付款的审计结果，审定其他应付款的期末余额；做出审计结论。

2．编制《审计工作底稿——其他应付款审定表》（索引号 4210-1）。

五、其他应付款审计的工作要点及案例分析

（一）其他应付款审计的工作要点

1．运用职业判断，判断选择金额较大和异常的明细余额，检查原始凭证。

2．重点关注其他应付款的异常项目，包括（但不限于）账龄长、发生额大、余额大的项目，审计其经济业务的真实性、合理性。首先要检查各明细账的性质是否属于“其他”，其次要检查其存在性和完整性。

（二）审计案例

利用“其他应付款”账户隐瞒收入的案例。

诚信达会计师事务所审计人员在审计广州飞达工业有限公司“其他应付款”明细账时，发现10月7日37号凭证在明细账上的摘要是“出售废旧物资款”，金额68500元。审计人员怀疑有隐瞒收入行为，调阅了10月7日37号凭证，其会计分录为：

借：库存现金　　68500

　　贷：其他应付款——其他　　68500

所附原始凭证为本单位开出的收款收据，收款内容是“收废旧物资款”。经进一步调查询问，得知该笔收入实为厂部清理废旧物资的废品收入。查明了这是利用“其他应付款”隐瞒收入的作弊行为。提请企业调整账务：

借：其他应付款——其他　　68500

　　贷：其他业务收入　　68500

附：

其他应付款实质性程序

被审计单位：	索引号：4210
项目：其他应付款	截止日：
编制：	复核：
日期：	日期：

一、需从实质性程序获取的保证程度

项目	财务报表认定				
	存在	完整性	权利与义务	计价和分摊	列报
1．审计目标	A	B	C	D	E
2．需从实质性程序获取的保证程度					

注：根据财务报表项目的重要性、评估的各认定的重大错报风险以及控制测试（如有）的结果填写。

二、实质性程序

审计目标	可供选择的实质性程序	是否选择	索引号
D	1．获取或编制其他应付款明细表：		4210-2
	（1）复核加计是否正确，并与报表数、总账数和明细账合计数核对是否相符；		
	（2）检查非记账本位币其他应付款的折算汇率及折算是否正确；		
	（3）分析有借方余额的项目，查明原因，必要时，提请被审计单位进行重分类调整；		
	（4）结合应付账款、其他应收款等往来项目的明细余额，调查异常余额或与本项目核算无关的其他款项；		
	（5）标示重要明细项目。		
ACD	2．判断选择金额较大和异常的明细余额，检查原始凭证，并考虑向债权人函证。对未回函的重要债权人，编制应付该债权人的增减变动表；必要时，收集该债权人资料分析其变动的合理性。		4210-3
BA	3．请被审计单位协助，在其他应付款明细表上标出截至审计日已支付的金额较大的其他应付款项，确定有无未及时入账的其他应付款。抽查付款凭证、银行对账单等，并注意入账日期的合理性。		4210-3
AC	4．检查长期未结的其他应付款，提请被审计单位妥善处理。		（略）
	5．标明应付关联方的款项，执行关联方及其交易审计程序。		（略）
	6．针对评估的舞弊风险等因素增加的审计程序。		（略）
E	7．检查其他应付款是否按照《企业会计准则》的规定恰当列报。		（略）

其他应付款审定表

被审计单位：	索引号：4210-1
项目：其他应付款	截止日：
编制：	复核：
日期：	日期：

项目名称	款项性质或内容	期末未审数	账项调整		重分类调整		期末审定数	上期末审定数	索引号
			借方	贷方	借方	贷方			
一、关联方：									
小　计									
二、非关联方：									
小　计									
合　计									

审计结论：

其他应付款明细表

被审计单位：	索引号：4210-2
项目：其他应付款	截止日：
编制：	复核：
日期：	日期：

单位名称	期末余额			账龄				备注
	原币	汇率	折合人民币	1年以内	1～2年	2～3年	3年以上	
一、关联方：								
小 计								
二、非关联方：								
小 计								
合 计								

审计结论：

其他应付款替代测试检查表

被审计单位	索引号：4210-3	
项目：其他应付款	截止日：	
编制：	复核：	
日期：	日期：	

一、资产负债表日前贷方金额检查

单位名称	期末余额	测试内容				占余额比例[①]	检查内容[②]			
		日期	凭证号	摘要	金额		①	②	③	④
检查内容说明：①原始凭证是否齐全；②记账凭证与原始凭证是否相符；③账务处理是否正确；④是否记录于恰当的会计期间。										

二、资产负债表日后的付款检查

单位名称	期末余额	测试内容				占余额比例%	检查内容[③]			
		日期	凭证号	摘要	金额		①	②	③	④
检查内容说明：①原始凭证是否齐全；②记账凭证与原始凭证是否相符；③账务处理是否正确；④是否记录于恰当的会计期间。										
审计说明：										

注：①根据替代测试的审计目标，替代测试金额应能够涵盖该单位期末余额，即占余额比例不低于100%；一般不需要对借方发生额进行替代测试。

②根据审计目标，检查内容主要包括支持被审计单位向被询证单位支付款项义务的审计程序。

③根据审计目标，检查内容主要包括支持已于期后向被询证单位支付询证款项的审计证据。

项目四　损益审计

利润表上的损益类项目包括营业收入（主营业务收入、其他业务收入）、营业成本（主营业务成本、其他业务成本）、营业税金及附加、销售费用、管理费用、财务费用、资产减值损失、公允价值变动损益、投资收益、营业外收入、营业外支出、所得税费用等。对损益类项目的审计，实际上就是对利润表的审计，是对被审计单位的收入、费用以及利润形成等进行的实质性测试。

利润表项目的审计与资产负债表项目的审计既有联系又有区别。资产负债表项目的审计往往要结合审查利润表中的收入与费用项目。通过资产负债表项目的审计，大致可验证该期间的损益情况。但是，进行利润表项目的审计仍具有其独立作用，绝不是资产负债表审计的附带工作。这是因为，与收入和费用有关的一些记录发生差错、遗漏、分类不当、前后期处理不一致，乃至徇私舞弊等情况不可能均在资产负债表审计中发现，而必须对利润表中收入和费用有关各账户进行更加细致深入的审计。本教程重点学习营业收入、营业成本、期间费用（销售费用、管理费用、财务费用）、营业外收入、营业外支出审计的实质性程序。

任务1　营业收入审计

营业收入是指企业在销售商品、提供劳务等主营业务活动中所产生的收入，以及企业确认的除主营业务活动以外的其他经营活动实现的收入。营业收入是否正确，直接影响利润和资产的真实性。企业的虚增利润或隐匿利润大多与营业收入有关，因此营业收入的审计在财务报表审计中具有重要的意义。

一、营业收入核算的规定及内部控制要求

（一）营业收入核算的有关规定

1．营业收入的核算内容。营业收入是企业在销售商品或者提供劳务等经营业务中实现的营业收入，包括主营业务收入和其他业务收入。

主营业务收入包括销售商品收入、提供的劳务收入、让渡资产使用权收入等。

其他业务收入包括销售材料、出租包装物和商品、出租固定资产、出租无形资产等实现的收入，以及用材料进行非货币性交换或债务重组等实现的收入。

2．营业收入的确认。企业应当合理确认营业收入的实现，并将已实现的收入按时入账。被审计单位采取的销售方式不同，确认销售的时点也是不同的，因此主营业务收入审计的重要程序之一是测试企业是否依据《企业会计准则》中的收入确认条件，确认产品销售收入。

（1）采用交款提货方式销售。以货款已经收到或取得收取货款的权利，同时发票账单和提货单已交给购货方时确认收入实现。

（2）采用预收账款方式销售。在商品已经发出时确认收入实现。

（3）采用托收承付方式销售。在商品已经发出，并办妥托收手续时确认收入实现。

（4）采用委托其他单位代销方式销售。应在代销商品已经销售，并收到代销清单时确认收入实现。

（5）采用分期收款方式销售。应按合同约定的收款日期分期确认收入。

（6）长期工程合同收入。如果合同的结果能够可靠估计，应当根据完工百分比法确认合同收入。

3．销售退回、销售折让和销售折扣，应当作为营业收入的抵减项目记账。

（二）营业收入主要内部控制要求

1．适当的职责分离。

赊销批准职能与销售职能的分离；办理销售、发货、收款三项业务的部门（或岗位）分别设立；单位在销售合同订立前，应当指定专门人员就销售价格、信用政策、发货及收款方式等具体事项与客户进行谈判，谈判人员至少应有两人以上，并与订立合同的人员相分离；编制销售发票通知单的人员与开具销售发票的人员应相互分离；销售人员应当避免接触销货现款；单位应收票据的取得和贴现必须经由保管票据以外的主管人员的书面批准。

2．正确的授权审批。在销售发生之前，赊销已经正确审批；非经正当审批，不得发出货物；销售价格、销售条件、运费、折扣等必须经过审批；审批人应当根据销售与收款授权批准制度的规定，在授权范围内进行审批，不得超越审批权限；对于超过单位既定销售政策和信用政策规定范围的特殊销售交易，单位应当进行集体决策。

3．凭证的预先编号。对凭证预先进行编号，以防止销售以后忘记向顾客开具账单或登记入账，也可防止重复开具账单或重复记账。

4．内部核查程序。由内部审计人员或其他独立人员核查销售交易的处理和记录。对各项收入应取得合法的凭证并及时登记记入有关的总账和明细账。

5．营业收入一般的销售业务程序如下：

（1）业务部门应根据合同和有关主管人员的批准开具销货发票；

（2）仓库部门应根据业务部门开具的销货发票填制产品出库单，并据以点验产品连同销货发票的随货同行联转交发运部门；

（3）发运部门于发运后填制或取得运单，并将结算联送交财会部门；

（4）财会部门根据业务部门转来的销货发票结算联和发运部门转来的运单，与合同副本核对后，向银行办理货款结算，并据以记账；

（5）销货退回业务程序：主要包括对退货原因的确认、退货批准、业务部门开具退货凭单、仓库据以验收退货并开具入库单、财会部门依据退货凭证和入库单办理退款和记账；

（6）定期进行业务账、保管账和会计账的核对。

二、营业收入的审计目标

1．确定营业收入的内容、数量是否合理、正确、完整；

2．确定对销售退回、销售折扣与折让的处理是否适当；
3．确定营业收入的会计处理是否正确；
4．确定营业收入的披露是否恰当。

三、营业收入审计的实质性程序及应编制的审计工作底稿

主营业务收入审计的实质性程序及应编制的审计工作底稿

	可供选择的实质性程序	应编制的审计工作底稿	索引号
	选择实质性程序	营业收入实质性程序	4401
一	获取或编制营业收入明细表	营业收入明细表	4401-2
二	检查营业收入的分类	营业收入明细表	4401-2
三	实施实质性分析程序	营业收入明细表 业务/产品销售分析表 月度毛利率分析表	4401-2 4401-4 4401-5
四	检查主营业务收入的确认方法	（略）	
五	抽查售价是否符合价格政策	（略）	
六	抽审发货单是否与会计记录一致	（略）	
七	抽审会计记录是否与发货记录一致	（略）	
八	结合对应收账款项目的审计，选择主要客户函证	（略）	
九	检查出口销售	（略）	
十	对销售的截止测试	主营业务收入截止测试 主营业务收入截止测试	4401-6 4401-7
十一	检查以非记账本位币结算汇率及金额	（略）	
十二	检查销货退回的会计处理	（略）	
十三	检查销售折扣与折让	（略）	
十四	执行关联方及其交易审计程序	（略）	
十五	针对评估的舞弊风险等因素增加的审计程序	（略）	
十六	检查主营业务收入是否按照《企业会计准则》的规定恰当列报 审定主营业务收入	营业收入审定表	4401-1

其他业务收入审计的实质性程序及应编制的审计工作底稿

	可供选择的实质性程序	应编制的审计工作底稿	索引号
一	获取或编制其他业务收入明细表	其他业务收入明细表	4401-3
二	检查是否符合收入确认的条件	（略）	
三	检查废料处理情况	（略）	
四	检查用材料进行非货币性资产交换	（略）	
五	检查收入是否存在跨期现象	（略）	
六	针对评估的舞弊风险等因素增加的审计程序	（略）	
七	检查其他业务收入是否按照《企业会计准则》的规定恰当列报 审定其他业务收入	营业收入审定表	4401-1

四、主营业务收入审计的实质性程序

选择实施的审计程序。编制《工作底稿——营业收入实质性程序》（索引号 4401）。

（一）实施“获取或编制营业收入明细表”、“检查营业收入的分类”程序

1．向客户取得或编制主营业务明细表，复核加计是否正确，并与报表数、总账数和明细账合计数核对是否相符。

2．检查营业收入的分类是否准确，前后期是否一致。

3．编制《审计工作底稿——营业收入明细表》（索引号 4401-2）。

（二）实施“实质性分析程序”

1．将本期的主营业务收入与上期的主营业务收入进行比较，分析产品销售的结构和价格变动是否异常，并分析异常变动的原因。

要关注大额客户的销售情况，条件允许，对主要品种进行单品种的成本和收入测试分析，关注其对总体的影响。

编制《审计工作底稿——业务 / 产品销售分析表》（索引号 4401-4）。

2．计算本期重要产品的毛利率，与上期比较，检查是否存在异常，各期之间是否存在重大波动，查明原因。

编制《审计工作底稿——月度毛利率分析表》（索引号 4401-5）。

3．比较本期各月各类主营业务收入的波动情况，分析其变动趋势是否正常，是否符合被审计单位季节性、周期性的经营规律，查明异常现象和重大波动的原因。

4．将本期重要产品的毛利率与同行业企业进行对比分析，检查是否存在异常；编制《审计工作底稿——月度毛利率分析表》（索引号 4401-5）。

5．结合应交税费项目的审计，根据增值税纳税申报表，估算全年收入，与实际收入金额比较。可在应交税金科目中的税金计算复核表中查验。

如发现以上实施分析程序波动或差异较大，差异原因应在客户叙述的基础上，通过相关查验，在取得依据综合分析确认的基础上才予以认可。而非仅由客户提供或记录客户的叙述。

（三）实施“检查主营业务收入的确认方法”程序

1．了解企业收入确认原则，对企业的销售流程进行调查。应从相关部门获取公司的收入循环流程图，或在了解的基础上画出流程图，请客户确认。按流程图进行调查并作记录。

2．检查主营业务收入的确认方法是否符合《企业会计制度》的规定，前后期是否一致；关注周期性、偶然性的收入是否符合既定的收入确认方法。

3．应注意检查有无特殊的销售行为，如委托代销、分期收款销售、商品需要安装和检验的销售、附有退回条件的销售、售后租回、售后回购、以旧换新、出口销售等，其会计处理是否符合《企业会计准则》的规定。

（四）实施"抽审发货单是否与会计记录一致"、"抽审记账凭证是否与销售凭据一致"的程序，对主营业务收入进行符合性测试

1．抽取一定数量的发货单，审查出库日期、品名、数量等是否与发票、发运单、销售合同、记账凭证等一致（从发票到明细账）。

（注意：仓库发货单（送货单）必须是经收货方签字的回执，未有签收的无效。）

2．抽取一定数量的记账凭证，审查入账日期、品名、数量、单价、金额等是否与发票、发货单、销售合同一致（从明细账到发票）。

（五）实施"获取产品价格目录，抽查售价是否符合价格政策"程序

获取产品价格目录，抽查售价是否符合价格政策。注意销售给关联方或关系密切的重要客户的产品价格是否合理，相互之间有无转移利润的现象。对产品售价的审计可以在收入符合性测试时予以关注并记录。

（六）实施"对销售的截止测试"程序

1．通过测试资产负债表日前后若干天且金额大于若干元的发货单据，与主营业务收入明细账进行核对；同时从主营业务收入明细账选取在资产负债表日前后若干天且金额大于若干元的凭证，与发货单据核对，以确定销售是否存在跨期现象。

2．复核资产负债表日前后销售和发货水平，确定业务活动水平是否异常（如与正常水平相比），并考虑是否有必要追加截止测试程序。

3．取得资产负债表日后所有的销售退回记录，检查是否存在提前确认收入情况。

4．结合对资产负债表日应收账款的函证程序，检查有无未取得对方认可的大额销售。

5．对销售的截止期是否正确，还需要在收入的符合性测试中和在期末存货监盘中关注，并在审计时追踪已开票未出库的货物出库情况。防止企业为了调节各会计期间的经营业绩，往往对销售期间进行不恰当的划分，提前或延后确认收入。对跨年度的重大销售项目应予以调整。

6．编制《审计工作底稿——主营业务收入截止测试》（索引号 4401-6）。

（七）实施"检查销货退回的会计处理"程序

存在销货退回的，结合原始销售凭证检查其会计处理是否正确。

（八）实施"检查销售折扣与折让"程序

1．获取或编制折扣与折让明细表，复核加计正确，并与明细账合计数核对相符。

2．取得被审计单位有关折扣与折让的具体规定和其他文件资料，并抽查较大的折扣与折让发生额的授权批准情况，与实际执行情况进行核对，检查其是否经授权批准，是否合法、真实。

3．销售折让与折扣是否及时足额提交对方，有无虚设中介、转移收入、私设账外"小金库"等情况。

4．实施检查折扣与折让的会计处理是否正确。

（九）实施“执行关联方及其交易审计程序”程序

1. 编制关联方查验记录表；标明对关联方销售的金额。

2. 分析关联方本期销售额对总体的影响；确定合并报表范围内的关联方和非合并报表的关联方。

3. 综合分析关联方销售的回款情况，期末资金占用情况及应收账款的变动情况，以确认关联方销售的真实性。

4. 核对关联方的销售与对方的采购记录是否一致，应收与对方的应付记录是否一致，在核对一致的基础上进行抵销（合并报表关联方）和披露（非合并报表关联方）。

如发现显失公允的关联销售，应按财务会计法规规定处理及披露。

（十）实施“针对评估的舞弊风险等因素增加的审计程序”

1. 按月份或分部门从更细致的数据层面上实施分析程序。

2. 通过函证或更直接的沟通方式向被审计单位的客户证实销售合同的部分或全部条款，以及是否存在附加协议。

3. 就审计期间的销售和发货情况，特别是异常交易，询问除财务人员以外的其他人员。

4. 在期末或接近期末，现场观察被审计单位的销售及发货情况，同时实施适当的截止测试，关注被审计单位对退货情形的处理及会计记录。

5. 识别并区分异常的销售折扣，确定其得到批准。

6. 针对大宗或异常销售，就销售价格、付款方式、信用条件、批准过程及合同其他条款分析其合理性。

（十一）实施“检查营业收入是否按照《企业会计准则》的规定恰当列报”程序

1. 检查营业收入是否按照《企业会计准则》的规定恰当列报。最后，汇总营业收入的审计结果，审定营业收入的期末余额；作出审计结论。

2. 编制《审计工作底稿——营业收入审定表》（索引号 4401-1）。

其他业务收入审计的实质性程序（略）。

五、营业收入审计的工作要点及审计案例

（一）营业收入审计的工作要点

1. 运用职业判断，根据企业实际情况分析营业收入方面可能存在的错弊，突出审计重点，实施有关审计程序取得证据。营业收入常见的错弊如下。

（1）将已确认实现的营业收入不记入“营业收入”科目，而是挂在“应付账款”、“其他应付款”、“预收账款”等往来科目，隐瞒或调节收入、利润，偷漏税收。

（2）虚增营业收入。通过虚列销售收入、报表日后再冲销或虚假的销货退回等手段，虚增营业收入，掩盖经营亏损或虚增利润，粉饰财务报表。因此应关注临近报表日有大额收

入，却无出库记录或无发货单；关注已实现的销售在报表日后办理销售退回，且无正常理由的情况。

（3）人为地调节各会计期间的经营业绩，对销售期间进行不恰当的划分，提前或延后确认收入。这是企业财务报表反映不真实，存在潜亏或潜盈。

（4）通过关联方虚假交易或关联方的价格异常等手段，虚增或虚减收入和利润，转移利润（转进或转出）。

（5）截留营业收入或营业收入不入账，个人从中私分、贪污或形成账外“小金库”资金，非法支出。

（6）在销售折让与折扣方面，未及时足额提交对方，虚设中介、转移收入、私设账外“小金库”。

2. 对营业收入的确认的审计。这是营业收入审计的重要的方面。应重点检查收入的计算、确认方法是否合乎规定，并核对应计收入与实际收入是否一致，注意查明有无随意确认收入、虚增或虚减本期收入的情况。

（1）采用交款提货方式销售的，审计人员应审查被审计单位是否收到货款或取得收取货款的权利，并已将发票账单和提货单交付购货单位，特别注意有无扣压结算凭证，将当期收入转入下期入账，或者开假发票，将虚列的收入记账，在下期予以冲销的情况。

（2）采用预收账款方式销售的，审计人员应审查被审计单位是否收到了货款，是否在货物发出之后确认收入，是否存在开具虚假出库凭证，提前确认收入的情况。

（3）采用托收承付方式销售的，审计人员应审查被审计单位是否发货，托收手续是否办妥，发运凭证是否真实，托收承付结算回单是否正确。

（4）采用委托其他单位代销方式销售的，审计人员应查明有无编制虚假代销清单、虚增本期收入的情况。

（5）采用分期收款方式销售的，审计人员应审查本期是否收到货款，查明合同约定的本期应收款日期是否真实，是否存在已实现的收入不入账、少入账或缓入账的情况。

（6）长期工程合同收入。如果合同的结果能够可靠估计，应当根据完工百分比法确认合同收入。

3. 主营业务收入审计应与应收账款审计相结合，在检查应收账款明细发生额、抽查原始凭证时，应当充分关注收入的真实性。

（1）从销售合同、销售发票、销售会计记录等查起。必要时与销售人员、仓库管理人员进行核实。

（2）如合同约定由销售方负责发货的，应检查委托运输部门代办运输的托运单、提货单及垫付费用的原始单据。

（3）如由销售方送货致购货方的，应检查发货单、送货回单等；

（4）如由购货方自行提货，还应检查提货人提供的证件、装卸费单证、准许放行单证等原始凭据，以此确认销售业务和应收账款的真实性、正确性。

4. 营业收入审计所涉及的主要凭证和会计记录有：计划和合同；顾客订货单；销售单；发运凭证；销售发票、商品价目表；主营业务收入明细账；折扣与折让明细账；应收账款明细账；顾客月末对账单；转账凭证；收款凭证；库存现金日记账和银行存款日记账等。

（二）审计案例

【案例 1】将营业收入挂在“应付账款”，隐瞒营业收入、偷漏税收的案例。

诚信达会计师事务所审计人员陈强、刘伟于 2011 年 1 月在审计广州飞达工业有限公司 2010 年产品销售业务时，对企业 2010 年的销售收入进行分析性复核，发现本年度的销售收入比上年明显减少，对照在前期调查中了解到该公司本年度生产销售情况是历史上最好的实际情况，陈强、刘伟认为其销售收入的真实性值得怀疑。

于是，他们抽查了9月份和12月份相关的会计凭证，发现其原始凭证中有销货发票的记账联，而记账凭证中反映的是“应付账款”，共计120万元。陈强、刘伟为此询问了有关的当事人，并向应付账款的对方企业进行函证。结果发现该公司是将企业正常的销售收入反映在应付账款中，作为其他企业的暂存款处理。陈强、刘伟对此业务的审计处理为：

（1）扩大抽查原始凭证的比例，检查其他月份是否存在将正常销售收入反映在应付账款中的事项。

（2）提请被审计单位作相应的会计调整，并调整财务报表相关的数额。

（3）如果被审计单位拒绝接受调整，则把查证金额与重要性水平进行比较，选择相应的审计报告类型。

要求：

（1）飞达公司将企业正常的销售收入反映在应付账款中，其错误的会计分录是什么？应该提请企业怎样调整账务？

（2）通过此案例，分析注册会计师进行收入审计时应该关注的内容有哪些？

【案例 2】销售收入的确认期间不正确的案例。

广州飞达工业有限公司于 2010 年 12 月 28 日售给外地某厂 A 产品 500 件，每件售价 800 元，计 400 000 元。商品于当日发运并已向银行办理了托收手续。2010 年未作会计处理。该产品的单位成本为 700 元

要求：根据上述情况，说明审计程序，指出存在的问题，并提出处理意见。

解析：审计人员首先审查了销售合同、发货运单和银行托收凭证，证实该企业已经全面履行了合同，并向银行办理了托收手续。根据《企业会计准则》的规定，采用托收承付结算方式销售商品，应于产品已经发出，并已将发票账单提交并办妥了托收手续时，确认收入的实现，由此认定该厂的产品销售收入已经实现。审计人员审阅了该厂的主营业务收入明细账、应收账款明细账和应交税费明细账，证实此项业务未作任何账务处理。经询问有关会计人员，系年终较忙造成的疏漏。

根据上述情况，审计人员认为该厂违反了《企业会计准则》的有关规定，责成该厂调整有关账簿记录。调整分录如下：

（1）补记收入和应交的增值税：

借：应收账款　　468000

　　贷：主营业务收入　　400000

　　　　应交税费——应交增值税（销）　　68000

（2）结转商品销售成本

借：主营业务成本　　350000
　　贷：库存商品——A产品　　350000

【案例3】误将预收账款列入销售收入的案例。

诚信达会计师事务所审计人员2011年1月在抽查飞达公司2010年11月份“银行存款”明细账时，发现11月23日摘要中注明预收某产品货款，但对方科目的名称是“主营业务收入”，金额计240 000元。经查阅2010年11月23日127号记账凭证，其会计分录如下：

借：银行存款　　240000
　　贷：主营业务收入　　240000

该凭证所附的原始凭证仅是一张信汇收账通知，无发票记账联，询问当事人并调阅有关销售合同，确定该企业预收C公司产品预购款240000元，但因对会计制度规定不熟悉，会计人员已在收到预购款当日作了收入处理。

要求：指出该企业存在的问题，并提出处理意见。

解析：《企业会计准则》规定：在采用预收账款销售方式下，应于商品、产品发出时，确认收入的实现。从本案例来看，该企业已预收了某单位购货款，但尚未发出产品、商品，不能作为销售收入的实现。因此，认定该企业违反了《企业会计制度》中关于采用预收账款方式销售产品时入账时间的规定，使当期销售收入虚列，影响了有关资料的真实性。

应编制调账分录如下：

借：主营业务收入　　240000
　　贷：预收账款——C公司　　240000

【案例4】将加工收入挂在往来账，隐瞒收入、偷漏税收的案例。

审计人员在审查某企业收入业务时，发现该企业与其他单位签订了来料加工合同。合同中规定，加工费60000元通过银行转账支付。审查该企业银行存款收款凭证时，发现其会计分录如下：

借：银行存款　　60000
　　贷：其他应付款　　60000

要求：指出该企业存在的问题，并提出改进意见。

解析：《企业会计制度》规定，企业接受来料加工业务所取得的加工费收入，作为主营业务收入。该企业将加工费收入记入“其他应付款”账户的贷方，而不通过“主营业务收入”账户核算，必然减少当年销售收入，偷漏销售税金，也必然虚减利润，偷漏所得税。因此，该企业存在的主要问题是：违反国家财务制度，隐瞒收入，偷漏税金。该企业应作如下调整会计分录：

借：其他应付款　　60000
　　贷：主营业务收入　　51280
　　　　应交税费——应交增值税　　8720

【案例5】将材料销售收入计入营业外收入，偷漏增值税案例分析。

诚信达会计师事务所审计人员在审查广州飞达工业有限公司2010年财务报表时，发现

2010 年 8 月份“营业外收入”一笔收入计 160000 元。其会计分录为：

借：银行存款　　160000

　　贷：营业外收入　　160000

所附原始凭证3张：一张为进账单，一张为增值税专用发票，一张为材料出库单。

要求：根据上述情况，指出存在的问题，并提出处理意见。

解析：要想判断这笔收入的性质，除了看它所列的账户外，更要看这笔业务的原始凭证。从本例中所给资料可知，该企业销售材料，其收入应记入“其他业务收入”，但企业却记入了“营业外收入”账户，企业这样做，不仅混淆了其他业务收入和营业外收入的界限，而且造成了偷漏税金，因此，该企业存在的主要问题是：将材料销售收入记入了“营业外收入”，少记了增值税，违反了国家有关规定。

处理意见：根据《企业会计制度》规定，要求企业调整有关账簿记录，并根据税法的有关规定进行纳税。

借：营业外收入　　160000

　　贷：其他业务收入　　136752.14

　　　　应交税费——应交增值税（销）　　2347.86

附：

营业收入实质性程序

被审计单位：	索引号：4401
项　　目：	期间：
编　　制：	复核：
日　　期：	日期：

一、需从实质性程序获取的保证程度

项目	财务报表认定					
	存在	完整性	准确性	截止	分类	列报
1．审计目标	A	B	C	D	E	F
2．需从实质性程序获取的保证程度						

注：根据财务报表项目的重要性、评估的各认定的重大错报风险以及控制测试（如有）的结果填写。

二、实质性程序

审计目标	可供选择的实质性程序	是否选择	索引号
（一）主营业务收入			
C	1．获取或编制营业收入明细表，复核加计是否正确，并与报表数、总账数和明细账合计数核对是否相符。		4401-2
E	2．检查营业收入的分类是否准确，前后期是否一致。		4401-2

续表

审计目标	可供选择的实质性程序	是否选择	索引号
AB	3．实施实质性分析程序：		
	（1）将本期的主营业务收入与上期的主营业务收入进行比较，分析产品销售的结构和价格变动是否异常，并分析异常变动的原因；		4401-4
	（2）计算本期重要产品的毛利率，与上期比较，检查是否存在异常，各期之间是否存在重大波动，查明原因；		4401-5
	（3）比较本期各月各类主营业务收入的波动情况，分析其变动趋势是否正常，是否符合被审计单位季节性、周期性的经营规律，查明异常现象和重大波动的原因；		4401-2
	（4）将本期重要产品的毛利率与同行业企业进行对比分析，检查是否存在异常；		4401-5
	（5）结合应交税费项目的审计，根据增值税纳税申报表估算全年收入，与实际收入金额比较。		
AB	4．检查主营业务收入的确认方法是否符合《企业会计制度》的规定，前后期是否一致；关注周期性、偶然性的收入是否符合既定的收入确认方法。应注意检查有无特殊的销售行为，如委托代销、分期收款销售、商品需要安装和检验的销售、附有退回条件的销售、售后租回、售后回购、以旧换新、出口销售等，其会计处理是否符合《企业会计准则》的规定。		略
C	5．获取产品价格目录，抽查售价是否符合价格政策，并注意销售给关联方或关系密切的重要客户的产品价格是否合理，相互之间有无转移利润的现象。		略
B	6．抽取____张发货单，审查出库日期、品名、数量等是否与发票、销售合同、记账凭证等一致。		略
AC	7．抽取____张记账凭证，审查入账日期、品名、数量、单价、金额等是否与发票、发货单、销售合同等一致。		略
AC	8．结合对应收账款项目的审计，选择主要客户函证本期销售额。		略
A	9．对于出口销售，应当将销售记录与出口报关单、货运提单、销售发票等出口销售单据进行核对，必要时向海关函证。		略
D	10．实施对销售的截止测试：		4401-6 4401-7
	（1）通过测试资产负债表日前后____天且金额大于____的发货单据，与主营业务收入明细账进行核对；同时，从主营业务收入明细账选取在资产负债表日前后____天且金额大于____的凭证，与发货单据核对，以确定销售是否存在跨期现象；		
	（2）复核资产负债表日前后销售和发货水平，确定业务活动水平是否异常（如与正常水平相比），并考虑是否有必要追加截止测试程序；		
	（3）取得资产负债表日后所有的销售退回记录，检查是否存在提前确认收入的情况；		
	（4）结合对资产负债表日应收账款的函证程序，检查有无未取得对方认可的大额销售；		
C	11．检查以非记账本位币结算的主营业务收入的折算汇率及折算金额是否正确。		略
C	12．存在销货退回的，结合原始销售凭证检查其会计处理是否正确。		略

续表

审计目标	可供选择的实质性程序	是否选择	索引号
C	13．检查销售折扣与折让：		略
	（1）获取或编制折扣与折让明细表，复核加计正确，并与明细账合计数核对相符；		
	（2）取得被审计单位有关折扣与折让的具体规定和其他文件资料，并抽查较大的折扣与折让发生额的授权批准情况，与实际执行情况进行核对，检查其是否经授权批准，是否合法、真实；		
	（3）销售折让与折扣是否及时足额提交对方，有无虚设中介、转移收入、私设账外“小金库”等情况；		
	（4）检查折扣与折让的会计处理是否正确。		
	14．标明对关联方销售的金额，执行关联方及其交易审计程序。		略
	15．针对评估的舞弊风险等因素增加的审计程序。		略
	（1）按月份或分部门从更细致的数据层面上实施分析程序；		
	（2）通过函证或更直接的沟通方式向被审计单位的客户证实销售合同的部分或全部条款，以及是否存在附加协议；		
	（3）就审计期间的销售和发货情况，特别是异常交易，询问除财务人员以外的其他人员；		
	（4）在期末或接近期末，现场观察被审计单位的销售及发货情况，同时实施适当的截止测试，关注被审计单位对退货情形的处理及会计记录；		
	（5）识别并分异常的销售折扣，确定其得到批准；		
	（6）针对大宗或异常销售，就销售价格、付款方式、信用条件、批准过程及合同其他条款分析其合理性；		
（二）其他业务收入			
C	16．获取或编制其他业务收入明表，复核加计是否正确，并与总账数和明细账合计数核对是否相符，结合主营业务收入科目与营业收入报表数核对是否相符。		4401-3
ACE	17．检查会计凭证等相关资料，分析交易的实质，确定其是否符合收入确认的条件，并检查其会计处理是否正确。		
B	18．询问被审计单位废料处理情况，关注其销售废料收入是否按照规定进行了会计处理。		
AC	19．用材料进行非货币性资产交换的，检查确定其是否具有商业实质且公允价值能够可靠计量。		
D	20．必要时，从其他业务收入明细账选取在资产负债表日前后____天且金额大于____的凭证，与发货单核对，以确定其他业务收入是否存在跨期现象。		
	21．针对评估的舞弊风险等因素增加的审计程序。		
（三）列报			
F	22．检查营业收入是否按照《企业会计准则》的规定恰当列报。		

主营业务收入审定表

<table>
<tr><td colspan="4">被审计单位：</td><td colspan="3">索引号：4401-1</td></tr>
<tr><td colspan="4">项目：</td><td colspan="3">期间：</td></tr>
<tr><td colspan="4">编制：</td><td colspan="3">复核：</td></tr>
<tr><td colspan="4">日期：</td><td colspan="3">日期：</td></tr>
<tr><td rowspan="2">项目类别</td><td rowspan="2">本期
未审数</td><td colspan="2">账项调整</td><td rowspan="2">本期
审定数</td><td rowspan="2">上期
审定数</td><td rowspan="2">索引号</td></tr>
<tr><td>借方</td><td>贷方</td></tr>
<tr><td>一、主营业务收入</td><td></td><td></td><td></td><td></td><td></td><td></td></tr>
<tr><td></td><td></td><td></td><td></td><td></td><td></td><td></td></tr>
<tr><td></td><td></td><td></td><td></td><td></td><td></td><td></td></tr>
<tr><td></td><td></td><td></td><td></td><td></td><td></td><td></td></tr>
<tr><td></td><td></td><td></td><td></td><td></td><td></td><td></td></tr>
<tr><td></td><td></td><td></td><td></td><td></td><td></td><td></td></tr>
<tr><td>小　计</td><td></td><td></td><td></td><td></td><td></td><td></td></tr>
<tr><td>二、其他业务收入</td><td></td><td></td><td></td><td></td><td></td><td></td></tr>
<tr><td></td><td></td><td></td><td></td><td></td><td></td><td></td></tr>
<tr><td></td><td></td><td></td><td></td><td></td><td></td><td></td></tr>
<tr><td></td><td></td><td></td><td></td><td></td><td></td><td></td></tr>
<tr><td></td><td></td><td></td><td></td><td></td><td></td><td></td></tr>
<tr><td>小　计</td><td></td><td></td><td></td><td></td><td></td><td></td></tr>
<tr><td>营业收入合计</td><td></td><td></td><td></td><td></td><td></td><td></td></tr>
<tr><td></td><td></td><td></td><td></td><td></td><td></td><td></td></tr>
<tr><td colspan="7">审计结论：</td></tr>
</table>

主营业务收入明细表

<table>
<tr><td colspan="6">被审计单位：</td><td colspan="3">索引号：4401-2</td></tr>
<tr><td colspan="6">项目：</td><td colspan="3">期间：</td></tr>
<tr><td colspan="6">编制：</td><td colspan="3">复核：</td></tr>
<tr><td colspan="6">日期：</td><td colspan="3">日期：</td></tr>
<tr><td rowspan="2">月份</td><td colspan="8">主营业务收入明细项目</td></tr>
<tr><td>合计</td><td></td><td></td><td></td><td></td><td></td><td></td><td></td></tr>
<tr><td>1</td><td></td><td></td><td></td><td></td><td></td><td></td><td></td><td></td></tr>
<tr><td>2</td><td></td><td></td><td></td><td></td><td></td><td></td><td></td><td></td></tr>
<tr><td>3</td><td></td><td></td><td></td><td></td><td></td><td></td><td></td><td></td></tr>
<tr><td>4</td><td></td><td></td><td></td><td></td><td></td><td></td><td></td><td></td></tr>
<tr><td>5</td><td></td><td></td><td></td><td></td><td></td><td></td><td></td><td></td></tr>
<tr><td>6</td><td></td><td></td><td></td><td></td><td></td><td></td><td></td><td></td></tr>
<tr><td>7</td><td></td><td></td><td></td><td></td><td></td><td></td><td></td><td></td></tr>
<tr><td>8</td><td></td><td></td><td></td><td></td><td></td><td></td><td></td><td></td></tr>
<tr><td>9</td><td></td><td></td><td></td><td></td><td></td><td></td><td></td><td></td></tr>
<tr><td>10</td><td></td><td></td><td></td><td></td><td></td><td></td><td></td><td></td></tr>
<tr><td>11</td><td></td><td></td><td></td><td></td><td></td><td></td><td></td><td></td></tr>
<tr><td>12</td><td></td><td></td><td></td><td></td><td></td><td></td><td></td><td></td></tr>
<tr><td>合　计</td><td></td><td></td><td></td><td></td><td></td><td></td><td></td><td></td></tr>
<tr><td>上期数</td><td></td><td></td><td></td><td></td><td></td><td></td><td></td><td></td></tr>
<tr><td>变动额</td><td></td><td></td><td></td><td></td><td></td><td></td><td></td><td></td></tr>
<tr><td>变动比例</td><td></td><td></td><td></td><td></td><td></td><td></td><td></td><td></td></tr>
<tr><td colspan="9">审计说明：</td></tr>
</table>

其他业务收入明细表

<table>
<tr><td colspan="3">被审计单位：</td><td colspan="2">索引号：4401-3</td></tr>
<tr><td colspan="3">项目：</td><td colspan="2">期间：</td></tr>
<tr><td colspan="3">编制：</td><td colspan="2">复核：</td></tr>
<tr><td colspan="3">日期：</td><td colspan="2">日期：</td></tr>
<tr><td rowspan="2">种 类</td><td colspan="2">本期数</td><td colspan="2">上期数</td></tr>
<tr><td>金额</td><td>结构比</td><td>金额</td><td>结构比</td></tr>
<tr><td>出租固定资产</td><td></td><td></td><td></td><td></td></tr>
<tr><td>出租无形资产</td><td></td><td></td><td></td><td></td></tr>
<tr><td>出租包装物和商品</td><td></td><td></td><td></td><td></td></tr>
<tr><td>销售材料</td><td></td><td></td><td></td><td></td></tr>
<tr><td>用材料进行非货币性资产交换</td><td></td><td></td><td></td><td></td></tr>
<tr><td>用材料进行债务重组</td><td></td><td></td><td></td><td></td></tr>
<tr><td></td><td></td><td></td><td></td><td></td></tr>
<tr><td></td><td></td><td></td><td></td><td></td></tr>
<tr><td></td><td></td><td></td><td></td><td></td></tr>
<tr><td></td><td></td><td></td><td></td><td></td></tr>
<tr><td></td><td></td><td></td><td></td><td></td></tr>
<tr><td></td><td></td><td></td><td></td><td></td></tr>
<tr><td></td><td></td><td></td><td></td><td></td></tr>
<tr><td>合 计</td><td></td><td></td><td></td><td></td></tr>
<tr><td colspan="5"></td></tr>
<tr><td colspan="5">审计说明：</td></tr>
</table>

业务/产品销售分析表

被审计单位：							索引号：4401-4					
项目：							期间：					
编制：							复核：					
日期：							日期：					
收入类/产品名称	本期数				上期数				变动幅度			
	数量	主营业务收入	主营业务成本	毛利率	数量	主营业务收入	主营业务成本	毛利率	数量	主营业务收入	主营业务成本	毛利率
合　计												

审计说明：

月度毛利率分析表

被审计单位：					索引号：4401-5				
项目：					期间：				
编制：					复核：				
日期：					日期：				
月份	本期数				上期数				
	主营业务收入	主营业务成本	毛利	毛利率	主营业务收入	主营业务成本	毛利	毛利率	变动幅度
1									
2									
3									
4									
5									
6									
7									
8									
9									
10									
11									
12									
合　计									
审计说明：									

主营业务收入截止测试

被审计单位：							索引号：4401-6					
项目：							期间：					
编制：							复核：					
日期：							日期：					
从发货单到明细账												
编号	发货单		发票内容					明细账				是否跨期（√或×）
	日期	号码	日期	客户名称	货物名称	销售额	税额	日期	凭证号	主营业务收入	应交税金	
截止日前												
截止日期：　年　月　日												
截止日后												
审计说明：												

主营业务收入截止测试

<table>
<tr><td colspan="9">被审计单位：</td><td colspan="4">索引号：4401-7</td></tr>
<tr><td colspan="9">项目：</td><td colspan="4">期间：</td></tr>
<tr><td colspan="9">编制：</td><td colspan="4">复核：</td></tr>
<tr><td colspan="9">日期：</td><td colspan="4">日期：</td></tr>
<tr><td colspan="13">从明细账到发货单</td></tr>
<tr><td rowspan="2">编号</td><td colspan="4">明细账</td><td colspan="5">发票内容</td><td colspan="2">发货单</td><td rowspan="2">是否跨期（√或×）</td></tr>
<tr><td>日期</td><td>凭证号</td><td>主营业务收入</td><td>应交税金</td><td>日期</td><td>客户名称</td><td>货物名称</td><td>销售额</td><td>税额</td><td>日期</td><td>号码</td></tr>
<tr><td></td><td></td><td></td><td></td><td></td><td></td><td></td><td></td><td></td><td></td><td></td><td></td><td></td></tr>
<tr><td></td><td></td><td></td><td></td><td></td><td></td><td></td><td></td><td></td><td></td><td></td><td></td><td></td></tr>
<tr><td></td><td></td><td></td><td></td><td></td><td></td><td></td><td></td><td></td><td></td><td></td><td></td><td></td></tr>
<tr><td></td><td></td><td></td><td></td><td></td><td></td><td></td><td></td><td></td><td></td><td></td><td></td><td></td></tr>
<tr><td colspan="13">截止日前</td></tr>
<tr><td colspan="13">截止日期　　年　　月　　日</td></tr>
<tr><td colspan="13">截止日后</td></tr>
<tr><td></td><td></td><td></td><td></td><td></td><td></td><td></td><td></td><td></td><td></td><td></td><td></td><td></td></tr>
<tr><td></td><td></td><td></td><td></td><td></td><td></td><td></td><td></td><td></td><td></td><td></td><td></td><td></td></tr>
<tr><td></td><td></td><td></td><td></td><td></td><td></td><td></td><td></td><td></td><td></td><td></td><td></td><td></td></tr>
<tr><td></td><td></td><td></td><td></td><td></td><td></td><td></td><td></td><td></td><td></td><td></td><td></td><td></td></tr>
<tr><td colspan="13">审计说明：</td></tr>
</table>

任务2 营业成本审计

营业成本是指企业在确认销售商品、提供劳务、其他经营活动等业务收入时应结转的成本，包括主营业务成本和其他业务成本。营业成本与营业收入有严格的匹配关系。营业成本的计算结转是否真实正确，直接影响利润和资产的真实性。

一、营业成本核算的规定及内部控制要求

（一）营业成本核算的有关规定

1．营业成本的核算内容。主营业务成本是指企业确认销售商品、提供劳务等主营业务收入时应结转的成本。其他业务成本是指除主营业务活动以外的其他经营活动所发生的支出，包括销售材料的成本、出租固定资产的折旧额、出租无形资产的摊销额、出租包装物的成本或摊销额等。

2．营业收入与相关的成本、费用应当相互配比。

3．成本核算应当按照规定的处理方法进行，会计核算应当口径一致，相互可比。成本核算方法前后各期应当一致，不得随意变更。

（二）营业成本的内部控制要求

1．合理选用成本计算结转方法；按规定设置成本项目。

2．成本的分配和结转，应以权责发生制为基础。

3．营业成本计算结转是否正确要与生产成本、存货相核对。

二、营业成本的审计目标

（1）确定营业成本是否已发生，并与被审计单位有关。

（2）确定营业成本的记录是否完整、正确。

（3）确定营业成本是否已记录恰当，内容是否正确，与营业收入是否配比。

（4）确定营业成本的披露是否恰当。

三、营业成本审计的实质性程序及应编制的审计工作底稿

主营业务成本审计的实质性程序及应编制的审计工作底稿

	可供选择的实质性程序	应编制的审计工作底稿	索引号
	选择实质性程序	营业成本实质性程序	4402
一	获取或编制主营业务成本明细表	营业成本明细表	4402-2
二	实质性分析程序	主营业务成本与上年度比较分析表 主要产品单位主营业务成本分析表	4402-4 4402-5
三	检查主营业务成本的内容和计算方法是否正确	（略）	
四	编制生产成本与主营业务成本倒轧表	主营业务成本倒轧表	4402-6
五	抽查主营业务成本结转明细清单	（略）	
六	检查主营业务成本中的重大调整事项（如销售退回）、非常规项目	（略）	
七	检查是否通过期间费用调节主营业务成本	（略）	
八	检查收入与成本是否配比	（略）	
九	针对评估的舞弊风险等因素增加的审计程序	（略）	
十	检查主营业务成本是否按照《企业会计准则》的规定恰当列报 审定主营业务成本	营业成本审定表	4402-1

其他业务成本审计的实质性程序及应编制的审计工作底稿

	可供选择的实质性程序	应编制的审计工作底稿	索引号
一	获取或编制其他业务成本明细表	其他业务成本明细表	4402-3
二	与上期其他业务收入/成本比较，检查是否有重大波动	其他业务成本明细表	4402-3
三	抽查其他业务成本的原始凭证，检查其会计处理、相关税费是否正确	（略）	
四	结合对其他业务收入的截止测试，检查其他业务成本是否存在跨期。	（略）	
五	针对评估的舞弊风险等因素增加的审计程序。	（略）	
六	检查其他业务成本是否按照《企业会计准则》的规定恰当列报 审定其他业务成本	营业成本审定表	4402-1

四、主营业务成本的实质性程序

选择实施的审计程序。编制《审计工作底稿——营业成本实质性程序》（索引号 4402）。

（一）实施“获取或编制营业成本明细表”程序

1．向客户索取或编制主营业务成本明细表，复核加计是否正确，并与总账数和明细账

合计数核对是否相符，结合其他业务成本科目与报表数核对是否相符。

2．编制《审计工作底稿——营业成本明细表》（索引号4402-2）。

（二）实施“实质性分析”程序

1．比较本期与上期各月主营业务成本的波动趋势，并查明异常情况的原因。

2．编制《审计工作底稿——主营业务成本与上年度比较分析表》（索引号4402-4）。

3．编制《审计工作底稿——主要产品单位主营业务成本分析表》（索引号4402-5）。

（三）实施“检查主营业务成本的内容和计算方法是否正确”程序

检查主营业务成本的内容和计算方法是否符合《企业会计准则》的规定，前后期是否一致。

（四）实施“编制生产成本与主营业务成本倒轧表”程序

1．编制生产成本与主营业务成本倒轧表，并与相关科目交叉索引。

2．编制《审计工作底稿——主营业务成本倒轧表》（索引号4402-6）。

（五）实施“抽查主营业务成本结转明细清单”程序

抽查____月主营业务成本结转明细清单，比较记入主营业务成本的品种、规格、数量和主营业务收入的口径是否一致。

（六）实施“检查主营业务成本中的重大调整事项（如销售退回）、非常规项目”程序

针对主营业务成本中的重大调整事项（如销售退回）、非常规项目，检查相关原始凭证以及会计处理是否正确。

（七）实施“检查是否通过期间费用调节主营业务成本”程序

结合期间费用的审计，判断被审计单位是否通过将应计入生产成本的支出计入期间费用，或将应计入期间费用的支出计入生产成本等手段调节生产成本，从而调节主营业务成本。

（八）实施“检查收入与成本是否配比”程序

结合对主营业务收入和存货项目实施的截止测试，检查是否存在已发货并确认收入，但未结转主营业务成本，或未发货亦未确认收入，但已结转主营业务成本的情况。

（九）实施“针对评估的舞弊风险等因素增加的审计程序”

略。

（十）实施“检查营业成本是否按照《企业会计准则》的规定恰当列报”程序

1．检查营业成本是否按照《企业会计准则》的规定恰当列报。最后，汇总营业成本的

审计结果，审定营业成本的期末余额；做出审计结论。

2. 编制《审计工作底稿——营业成本审定表》(索引号 4402-1)。

其他业务成本的实质性程序（略）。

五、营业成本审计的工作要点及审计案例

（一）营业成本审计的工作要点

1. 营业成本与营业收入有严格的匹配关系，即营业成本与营业收入的范围应一致。不同时期的收入与成本总金额的比例以及明细项目的比例应大致相同，否则有可能形成重大错报，一些细节测试也是必不可少的。

2. 关注成本结转的方法是否合理，前后各期应当一致，不得随意变更。防止人为地调节成本、调节利润。

3. 重视实质性分析程序的运用；通过各类成本前后期变动的对比，对成本波动幅度较大或异常的，运用职业判断，分析出现问题的环节，抓住重点实施审计程序取得审计证据，查明原因。

4. 关注销货退回、非常规项目等重大调整事项，追查其原始凭证及有关证据。

5. 在对存货、生产成本进行审计时，同时进行营业成本的测试。将存货审计及营业成本审计有机地结合起来。相关的审计工作底稿可以交叉引用。

（二）审计案例

【案例 1】将存货的计价测试审计与营业成本的审计结合进行。

如在本教程存货的审计案例中，诚信达会计师事务所对广州飞达工业有限公司的发出产品价格的审计。2010 年 12 月 31 日，该公司甲产品期末结存数量为 1200 件，期末余额为 5210 万元，公司 2010 年度甲产品的相关明细资料（发出产品成本计算方法为先进性出法，如下：(金额：万元))

日期	摘要	入库			出库（先进先出法）			结存		
		数量	单价	金额	数量	单价	金额	数量	单价	金额
1.1	期初余额							500	5.00	2500
3.1	入库	600	5.20	3120				1100		5620
4.1	销售				500	5.20	2600	600		3020
8.1	入库	2000	5.50	11000				2600		14020
10.3	销售				500	5.50	2750	2100		11270
12.25	入库	100	5.00	500				2200	5.35	11770
	本月合计	2700		14620	1000		5350	2200	5.35	11770

审计人员按先进先出法进行甲产品发出成本测试。结果如下：

日期	摘要	入库			出库（先进先出法）			结存		
		数量	单价	金额	数量	单价	金额	数量	单价	金额
1.1	期初余额							500	5.00	2500
3.1	入库	600	5.20	3120				1100		5620
4.1	销售				500	5.00	2500	600		3120
8.1	入库	2000	5.50	11000				2600		14120
10.3	销售				500	5.20	2600	2100		11520
12. 25	入库	100	5.00	500				2200	5.35	12020
	本月合计	2700		14620	1000		5100	2200	5.46	12020

审计计算的当期发出甲产品的成本应 =500×5+500×5.2=5100（万元）

企业计算的发出存货的成本 =500×5.2+500×5.5=5350（万元）

审计查出，发出存货成本的差异 =5350-5100=250（万元）

建议调整账务，调整分录为：

借：库存商品——甲产品　　2500000

　　贷：主营业务成本　　2500000

根据以上审计过程及结果，编制《审计工作底稿——存货计价测试表》（索引号 4109-9）。

在审计营业成本时，可在“营业成本审定表”中引用 4109-9 号工作底稿的审计结果，作为主营业务成本账项调整的记录。

【案例 2】销售退货冲转原来结转的营业成本。

诚信达会计师事务所2011年1月在检查广州飞达工业有限公司财务报表审计时，发现2010年12月30日，大新公司将2010年11月向飞达公司购入的丙产品500件因质量问题（每件不含税销售单价1000元，产品成本单价800元）退给飞达公司，飞达公司当日收到了退货商品，但2010年未作会计账务处理。

要求：分析这笔经济业务存在的问题，并提出账务调整意见。

解析：销售退回未作会计账务处理，当期营业收入和营业成本不正确。会计账务调整意见：

借：主营业务收入　　500000

　　应交税费——应交增值税（销）　　85000

　　贷：应收账款——大新公司　　585000

同时冲转已结转的营业成本：

借：库存产品——丙产品　　400000

　　贷：主营业务成本　　400000

附：

营业成本实质性程序

被审计单位：	索引号：4402
项　目：	期间：
编　制：	复核：
日　期：	日期：

一、需从实质性程序获取的保证程度

项　目	财务报表认定					
	存在	完整性	准确性	截止	分类	列报
1．审计目标	A	B	C	D	E	F
2．需从实质性程序获取的保证程度						

注：根据财务报表项目的重要性、评估的各认定的重大错报风险以及控制测试（如有）的结果填写。

二、实质性程序

审计目标	可供选择的实质性程序	是否选择	索引号
（一）主营业务成本			
C	1．获取或编制主营业务成本明细表，复核加计是否正确，并与总账数和明细账合计数核对是否相符，结合其他业务成本科目与报表数核对是否相符。		4402-2
AB	2．比较本期与上期各月主营业务成本的波动趋势，并查明异常情况的原因。		4402-4 4402-5
CE	3．检查主营业务成本的内容和计算方法是否符合《企业会计准则》的规定，前后期是否一致。		（略）
C	4．编制生产成本与主营业务成本倒轧表，并与相关科目交叉索引。		4402-6
AB	5．抽查____月主营业务成本结转明细清单，比较计入主营业务成本的品种、规格、数量和主营业务收入的口径是否一致。		（略）
ABC	6．针对主营业务成本中的重大调整事项（如销售退回）、非常规项目，检查相关原始凭证以及会计处理是否正确。		（略）
E	7．结合期间费用的审计，判断被审计单位是否通过将应计入生产成本的支出计入期间费用，或将应计入期间费用的支出计入生产成本等手段调节生产成本，从而调节主营业务成本。		（略）
D	8．结合对主营业务收入和存货项目实施的截止测试，检查是否存在已发货并确认收入，但未结转主营业务成本，或未发货亦未确认收入，但已结转主营业务成本的情况。		（略）
	9．针对评估的舞弊风险等因素增加的审计程序。		（略）
（二）其他业务成本			
C	10．获取或编制其他业务成本明细表，复核加计正确，并与总账数和明细账合计数核对相符，结合主营业务成本科目与报表数核对相符。		4402-3
AB	11．与上期其他业务收入/成本比较，检查是否有重大波动，如有，应查明原因。		4402-3
ACE	12．抽查其他业务成本的原始凭证，检查其会计处理是否正确。关注与其他业务收入的相关税费是否计入该科目。		
D	13．结合对其他业务收入的截止测试，检查其他业务成本是否存在跨期。		
	14．针对评估的舞弊风险等因素增加的审计程序。		
（三）列报			
F	15．检查营业成本是否已按照《企业会计准则》的规定恰当列报。		（略）

营业成本审定表

被审计单位：	索引号：4402-1
项目：	期间：
编制：	复核：
日期：	日期：

项目名称	本期未审数	账项调整		本期审定数	上期审定数	索引号
		借方	贷方			
一、主营业务成本						
小　计						
二、其他业务成本						
小　计						
合　计						

审计结论：

主营业务成本明细表

被审计单位：						索引号：4402-2						
项目：						期间：						
编制：						复核：						
日期：						日期：						
月份	主营业务成本明细项目											
	合　计											
1												
2												
3												
4												
5												
6												
7												
8												
9												
10												
11												
12												
合计												
上期数												
变动额												
变动比例												
审计说明：												

其他业务成本明细表

被审计单位：			索引号：4402-3	
项目：			期间：	
编制：			复核：	
日期：			日期：	
种类	本期数		上年同期数	
	金额	结构比	金额	结构比
出租固定资产				
出租无形资产				
出租包装物和商品				
销售材料				
用材料进行非货币性资产交换				
用材料进行债务重组				
……				
合　计				
审计说明：				

主营业务成本与上年度比较分析表

被审计单位：							索引号：4402-4				
项目：							期间：				
编制：							复核：				
日期：							日期：				
产品类别	本年度			上年度			差额			索引号	备注
	数量	总成本	平均单位成本	数量	总成本	平均单位成本	数量	总成本	平均单位成本		

审计说明：

主要产品单位主营业务成本分析表

被审计单位：					索引号：4402-5			
项目：					期间：			
编制：					复核：			
日期：					日期：			
月份	产品A		产品B		产品C		产品……	
	单位营业成本	与全年平均数差额	单位营业成本	与全年平均数差额	单位营业成本	与全年平均数差额	单位营业成本	与全年平均数差额
1								
2								
3								
4								
5								
6								
7								
8								
9								
10								
11								
12								
全年平均								
审计说明：								

主营业务成本倒轧表

被审计单位：		索引号：4402-6	
项目：		期间：	
编制：		复核：	
日期：		日期：	
存货种类	未审数	审定数	索引号
期初原材料余额			
加：本期购货净额			
减：期末原材料余额			
减：其他原材料发出额			
直接材料成本			
加：直接人工成本			
加：制造费用			
产品生产成本			
加：在产品期初余额			
减：在产品期末余额			
减：其他在产品发出额			
库存商品成本			
加：库存商品期初余额			
减：库存商品期末余额			
减：其他库存商品发出额			
主营业务成本			
审计说明：			

任务3　期间费用的审计

期间费用是指企业本期发生的不能直接或间接归入营业成本而是直接计入当期损益的各种费用，包括销售费用、管理费用和财务费用。

一、期间费用核算的规定及内部控制要求

（一）期间费用核算的有关规定

期间费用直接计入当期损益。企业应当按实际发生额核算费用。

1. 销售费用是企业销售商品和材料、提供劳务的过程中发生的各种费用，包括：保险费、展览费、广告费、商品维修费、预计产品质量保证损失、运输费、装卸费等，以及企业专设的销售机构的费用。

2. 管理费用是企业为组织和管理企业的生产经营所发生的费用，一般与企业的生产业务和销售业务无直接的关系。包括：企业在筹建期间内发生的开办费；董事会和行政管理部门在企业的经营管理中发生的或者应由企业统一负担的公司经费、工会经费、董事会费、聘请中介机构费、咨询费（含顾问费）、诉讼费、业务招待费、房产税、车船税、土地使用税、印花税、技术转让费、矿产资源补偿费、研究费用、排污费、企业生产车间和行政管理部门等发生的固定资产修理费用等。

3. 财务费用是为企业筹集生产经营所需资金而发生的费用，包括：利息支出（利息收入）、汇兑损益、手续费等，以及企业发生的现金折扣支出（减现金折扣收入）。不包括为构建或生产满足资本化条件的资产发生的应予资本化的借款费用。

（二）期间费用的内部控制要求

1. 企业应建立健全期间费用预算制度、管理制度和审批制度，合理控制各项费用的支出。

2. 期间费用明细项目的设置需符合规定的核算内容和范围。期间费用的核算应符合权责发生制原则。

3. 各项费用支出应当真实、合规。正确划分成本与费用的界限。

二、期间费用的审计目标

1. 确定利润表中的销售费用、管理费用、财务费用是否已发生，且与被审计单位有关。

2. 确定销售费用、管理费用、财务费用是否均已恰当记录，记录是否完整。

3. 确定销售费用、管理费用、财务费用内容是否正确，是否记录于正确的会计期间。

4. 确定销售费用、管理费用、财务费用是否在账务报表中正确的列报；披露是否恰当。

三、期间费用审计的实质性程序及工作底稿的编制

销售费用审计的实质性程序及应编制的审计工作底稿

	可供选择的实质性程序	应编制的工作底稿	索引号
	选择实质性程序	销售费用实质性程序	4404
一	获取或编制销售费用明细表	销售费用明细表	4404-2
二	实施实质性分析程序		
三	检查销售费用明细项目	销售费用明细表	4404-2
四	检查销售佣金支出	（略）	
五	检查广告费、宣传费、业务招待费	（略）	
六	检查由产品质量保证产生的预计负债	（略）	
七	检查重要或异常的销售费用	（略）	
八	销售费用的截止测试	销售费用截止测试	4404-3
九	针对评估的舞弊风险等因素增加的审计程序	（略）	
十	检查主营业务收入是否按照《企业会计准则》的规定恰当列报 审定主营业务收入	销售费用审定表	4404-1

管理费用审计的实质性程序及应编制的审计工作底稿

	可供选择的实质性程序	应编制的工作底稿	索引号
	选择实质性程序	费用管理实质性程序	4405
一	获取或编制管理费用明细表	管理费用明细表	4405-2
二	实施实质性分析程序	（略）	
三	检查管理费用的明细项目的设置	管理费用明细表	4405-2
四	检查公司经费	（略）	
五	检查董事会费	（略）	
六	检查聘请中介机构费、咨询费	（略）	
七	检查诉讼费用是否有合法原始凭证支持	（略）	
八	检查业务招待费	（略）	
九	复核矿产资源补偿费、房产税、土地使用税、印花税等税费	（略）	
十	检查筹建期间发生的开办费	（略）	
十一	针对特殊行业，检查排污费等环保费用	（略）	
十二	检查重要或异常的管理费用	（略）	
十三	管理费用截止性测试	管理费用截止测试	4405-3
十四	针对评估的舞弊风险等因素增加的审计程序	（略）	
十五	检查管理费用是否按照《企业会计准则》的规定恰当列报 审定管理费用	管理费用审定表	4405-1

财务费用审计的实质性程序及应编制的审计工作底稿

	可供选择的实质性程序	应编制的工作底稿	索引号
	选择实质性程序	财务费用实质性程序	4406
一	获取或编制财务费用明细表	财务费用明细表	4406-2
二	实施实质性分析程序		
三	检查财务费用明细项目的设置	财务费用明细表	4406-2
四	检查利息支出	（略）	
五	检查利息收入原始凭证	（略）	
六	检查汇兑损益计算方法和所用汇率	（略）	
七	检查“财务费用——其他”项目的原始凭证	（略）	
八	财务费用的截止测试	财务费用截止测试	4406-3
九	针对评估的舞弊风险等因素增加的审计程序	（略）	
十	检查财务费用是否按照《企业会计准则》的规定恰当列报审定财务费用	财务费用审定表	4406-1

四、期间费用审计的实质性程序

（一）销售费用审计的实质性程序

选择实施的审计程序。编制《审计工作底稿——销售费用实质性程序》（索引号 4404）。

1．实施“获取或编制销售费用明细表”程序。

（1）获取客户提供的销售费用明细表，复核其加计数是否正确，并与报表数、总账数和明细账合计数核对是否相符。

（2）将销售费用中的工资、折旧等与相关的资产、负债科目核对，检查其勾稽关系的合理性。

（3）编制《审计工作底稿——销售费用明细表》（索引号 4404-2）。

2．实施“实质性分析程序”。

（1）计算分析各个月份销售费用总额及主要项目金额占主营业务收入的比率，并与上期进行比较，判断变动的合理性。

（2）计算分析各个月份销售费用中主要项目发生额及占销售费用总额的比率，并与上期进行比较，判断其变动的合理性。

3．实施“检查销售费用明细项目”程序。

检查销售费用明细项目：

（1）是否与被审计单位销售商品和材料的各种费用有关。

（2）是否与被审计单位提供劳务的各种费用有关。

（3）是否与专设的销售机构发生的各种费用有关。

（4）编制《审计工作底稿——销售费用明细表》（索引号 4404-2）。

4．实施“检查销售佣金支出”程序。

检查销售佣金支出是否符合规定，是否取得有效的原始凭证；如超过规定，是否按规定进行了纳税调整。

5．实施“检查广告费、宣传费、业务招待费”程序。

检查广告费、宣传费、业务招待费的支出是否合理，审批手续是否健全，是否取得有效的原始凭证；如超过规定限额，应在计算应纳税所得额时调整。

6．实施“检查由产品质量保证产生的预计负债”程序。

结合预计负债项目审计，检查由产品质量保证产生的预计负债，是否按确定的金额进行会计处理。

7．实施“检查重要或异常的销售费用”程序。

选择重要或异常的销售费用进行检查：

（1）检查销售费用各项目开支标准是否符合有关规定。

（2）开支内容是否与被审计单位的产品销售或专设销售机构的经费有关。

（3）计算是否正确，原始凭证是否合法，会计处理是否正确。

8．实施“销售费用的截止测试”程序。

（1）抽取资产负债表日前后若干天的若干张凭证，实施截止测试，若存在异常迹象，应考虑是否有必要追加审计程序。

（2）编制《审计工作底稿——销售费用截止测试》（索引号 4404-3）。

9．实施“针对评估的舞弊风险等因素增加的审计程序”。

略。

10．实施“检查销售费用是否按照《企业会计准则》的规定恰当列报”程序。

（1）检查销售费用是否按照《企业会计准则》的规定恰当列报。最后，汇总销售费用的审计结果，审定销售费用的期末余额；作出审计结论。

（2）编制《审计工作底稿——销售费用审定表》（索引号 4404-1）。

（二）管理费用审计的实质性程序

选择实施的审计程序，编制《审计工作底稿——管理费用实质性程序》（索引号 4405）

1．实施“获取或编制管理费用明细表”程序。

（1）向客户取得管理费用明细表，复核其加计数是否正确，并与报表数、总账数和明细账合计数核对是否相符。

（2）将管理费用中的职工薪酬、无形资产摊销等项目与各有关账户进行核对，分析其勾稽关系的合理性，并作出相应记录。

（3）编制《审计工作底稿——管理费用明细表》（索引号 4405-2）。

2．实施“实质性分析程序”。

（1）计算分析管理费用中各项目发生额及占费用总额的比率，将本期、上期管理费用各主要明细项目作比较分析，判断其变动的合理性。

（2）将管理费用实际金额与预算金额进行比较。

（3）比较本期各月份管理费用，对有重大波动和异常情况的项目应查明原因，必要时作适当处理。

（4）编制《审计工作底稿——管理费用明细表》（索引号 4405-2）。

3．实施“检查管理费用的明细项目”程序。

（1）检查管理费用的明细项目的设置是否符合规定的核算内容与范围，结合成本费用的审计，检查是否存在费用分类错误。

（2）编制《审计工作底稿——管理费用明细表》（索引号 4405-2）。

4．实施“检查公司经费”程序。

检查公司经费（包括行政管理部门职工薪酬、物料消耗、低值易耗品摊销、办公费和差旅费）是否系经营管理中发生或应由公司统一负担，检查相关费用报销内部管理办法，是否有合法原始凭证支持。

5．实施“检查董事会费”程序。

查阅相关董事会及股东会决议，检查董事会费（包括董事会成员津贴、会议费和差旅费等），是否在合规范围内开支，是否有合法原始凭证支持。

6．实施“检查聘请中介机构费、咨询费”程序。

检查相关合同，检查聘请中介机构费、咨询费（含顾问费）是否按合同规定支付。

7．实施“检查诉讼费用”程序。

检查诉讼费用是否有合法原始凭证支持。

8．实施“检查业务招待费”程序。

检查业务招待费的支出是否合理，审批手续是否健全，是否取得有效的原始凭证；如超过规定限额，是否在计算应纳税所得额时调整。

9．实施“复核本期发生的矿产资源补偿费、房产税、土地使用税、印花税等税费是否正确”程序。

10．实施“检查筹建期间发生的开办费”程序。

结合相关资产的检查，确认筹建期间发生的开办费（包括人员工资、办公费、培训费、差旅费、印刷费、注册登记费以及不计入固定资产成本的借款费用等）是否直接计入管理费用。

11．实施“针对特殊行业，检查排污费等环保费用是否合理计提”程序。

12．实施“检查重要或异常的管理费用”程序。

选择重要或异常的管理费用，检查费用的开支标准是否符合有关规定，计算是否正确，原始凭证是否合法，会计处理是否正确。

13．实施“管理费用截止性测试”程序。

（1）抽取资产负债表日前后若干天的若干张凭证，实施截止性测试，若存在异常迹象，考虑是否有必要追加审计程序。

（2）编制《审计工作底稿——管理费用截止测试》（索引号 4405-3）。

14．实施“针对评估的舞弊风险等因素增加的审计程序”。

15．实施“检查管理费用是否按照《企业会计准则》的规定恰当列报”程序。

（1）检查管理费用是否按照《企业会计准则》的规定恰当列报。最后汇总管理费用的审计结果，审定管理费用的期末余额；作出审计结论。

（2）编制《审计工作底稿——管理费用审定表》（索引号 4405-1）。

（三）财务费用审计的实质性程序

选择实施的审计程序，编制《审计工作底稿——财务费用实质性程序》（索引号 4406）。

1．实施“获取或编制财务费用明细表”程序。

（1）获取客户提供的财务费用明细表，复核其加计数是否正确，并与报表数、总账数和明细账合计数核对是否相符。

（2）编制《审计工作底稿——财务费用明细表》（索引号 4406-2）。

2．实施“实质性分析”程序。

（1）将本期财务费用各明细项目与上期进行对比，必要时比较本期各月份财务费用，如有重大波动和异常情况应追查原因。

（2）计算借款平均实际利率并同以前年度及市场平均利率相比较。

（3）根据借款平均余额、平均利率测算当期利息费用和应付利息，并与账面记录进行比较。

（4）根据银行存款平均余额和存款平均利率复核利息收入。

3．实施“检查财务费用明细项目的设置”程序。

（1）检查财务费用明细项目的设置是否符合规定的核算内容与范围，是否划清财务费用与其他费用的界限。

（2）编制《审计工作底稿——财务费用明细表》（索引号 4406-2）。

4．实施“检查利息支出”程序。

（1）结合长短期借款审计、检查各项借款期末应计利息有无入账，财务费用中是否包括为购建或生产满足资本化条件的资产发生的应予资本化的借款费用。

（2）审查现金折扣的会计处理是否正确。

（3）结合长期应付款等项目的审计，针对融资租入固定资产，购入价款超过正常信用条件延期支付，实质上具有融资性质的有关资产，检查财务费用的金额是否正确。

（4）检查应收票据贴现息的计算与会计处理是否正确。

5．实施“检查利息收入原始凭证”程序。

检查利息收入原始凭证，特别应注意检查：

（1）采用递延方式分期收款，实质上具有融资性质的销售商品或提供劳务，采用实际利率法按期计算确定的利息收入是否正确。

（2）从其他企业或非银行金融机构取得的利息收入是否按规定计缴营业税。

6．实施“检查汇兑损益计算方法和所用汇率”程序。

检查汇兑损益计算方法和所用汇率是否正确，前后期是否一致。

7．实施“检查‘财务费用——其他’项目的原始凭证”程序。

8．实施“财务费用的截止测试”程序。

（1）抽取资产负债表日前后若干天的若干张凭证，实施截止测试，若存在异常迹象，考虑是否有必要追加审计程序。

（2）编制《审计工作底稿——财务费用截止测试》（索引号 4406-3）。

9．实施“针对评估的舞弊风险等因素增加的审计”程序。

10．实施“检查财务费用是否按照《企业会计准则》的规定恰当列报”程序。

（1）检查财务费用是否按照《企业会计准则》的规定恰当列报。最后汇总财务费用的审计结果，审定财务费用的期末余额；做出审计结论。

（2）编制《审计工作底稿——财务费用审定表》（索引号 4406-1）。

五、期间费用审计的工作要点及审计案例

（一）期间费用审计的工作要点

1. 重视实质性分析程序的运用；通过各类费用与预算比较、与上年同期比较的增减变动情况，运用职业判断进行分析；对波动较大、数额也较大的费用项目进行重点审计。

2. 审计人员要熟悉各项期间费用的支出范围和核算规定，识别混淆各种费用界限的错报。

3. 审计各项期间费用支出真实性、合规性，要非常重视对原始凭证的审计，防止虚假费用支出报账，或不应列入期间费用的支出挤占费用。

（二）审计案例

【案例 1】销售费用审计案例。

诚信达会计师事务审计人员在审查广州飞达工业有限公司2010年度销售费用明细账时，发现如下记录：

（1）公司分管销售的副总经理的差旅费30000元；

（2）招待客户的费用26000元；

（3）专设销售机构人员的工资、奖金50000元；

（4）支付产品的包装费9000元。

要求：指出存在的问题，并提出处理意见。

解析：按照《企业会计制度》的规定，分管销售的副总经理的差旅费30000元，招待客户的费用26000元应记入“管理费用”科目。提请企业调整账务：

借：管理费用　　56000

　　贷：销售费用　　56000

【案例 2】管理费用审计案例。

诚信达会计师事务审计人员在审查广州飞达工业有限公司2010年度管理费用明细账时，发现如下记录：

（1）为购货单位垫付的运杂费16000元；

（2）支付未完工工程借款利息20000元；

（3）购入材料的外地运杂费15000元；

（4）支付短期借款利息 27000元。

解析：

按照《企业会计制度》的规定：

（1）为购货单位垫付的运杂费应记入“应收账款”账户；

（2）支付未完工工程借款利息应记入“在建工程”账户；

（3）购入材料的外地运杂费应记入“材料采购”账户；

（4）支付短期借款利息应记入“财务费用”账户。

上述已记入“管理费用”账户的各项支出，应调整账务。建议调整分录：

借：应收账款 16000
　　在建工程 20000
　　材料采购 15000
　　财务费用 27000
　　贷：管理费用 78000

【案例 3】财务费用审计案例。

诚信达会计师事务审计人员在审查广州飞达工业有限公司 2010 年度财务费用明细账时，发现如下记录：

（1）财务科人员的工资及奖金96000元；

（2）支付未完工工程借款利息80000元；

（3）支付短期借款利息23000元；

（4）支付金融机构手续费3500元。

解析：

根据《企业会计制度》规定，下列支出不应列入财务费用：

（1）财务科人员的工资及奖金应记入“管理费用”账户。

（2）支付未完工工程借款利息应记入“在建工程”账户。

审计人员提请企业调整账务：

借：管理费用 96000
　　在建工程 80000
　　贷：财务费用 176000

附：

1. 销售费用审计工作底稿格式。

销售费用实质性程序

被审计单位：	索引号：4404
项目：	截止日：
编制：	复核：
日期：	日期：

一、需从实质性程序获取的保证程度

项　目	财务报表认定					
	发生	完整性	准确性	截止	分类	列报
1. 审计目标	A	B	C	D	E	F
2. 需从实质性程序获取的保证程度						

注：根据财务报表项目的重要性、评估的各认定的重大错报风险以及控制测试（如有）的结果填写。

二、实质性程序

审计目标	可供选择的审计程序	是否选择	索引号
C	1.获取或编制销售费用明细表： （1）复核其加计数是否正确，并与报表数、总账数和明细账合计数核对是否相符； （2）将销售费用中的工资、折旧等与相关的资产、负债科目核对，检查其勾稽关系的合理性。		4404-2
AB	2.实施实质性分析程序： （1）计算分析各个月份销售费用总额及主要项目金额占主营业务收入的比率，并与上期进行比较，判断变动的合理性； （2）计算分析各个月份销售费用中主要项目发生额及占销售费用总额的比率，并与上期进行比较，判断其变动的合理性。		
E	3. 检查销售费用明细项目是否与被审计单位销售商品和材料、提供劳务以及专设的销售机构发生的各种费用有关。		4404-2
AC	4. 检查销售佣金支出是否符合规定，是否取得有效的原始凭证；如超过规定，是否按规定进行了纳税调整。		
AC	5. 检查广告费、宣传费、业务招待费的支出是否合理，审批手续是否健全，是否取得有效的原始凭证；如超过规定限额，应在计算应纳税所得额时调整。		
BC	6. 结合预计负债项目审计，检查由产品质量保证产生的预计负债，是否按确定的金额进行会计处理。		
AC	7. 选择重要或异常的销售费用，检查销售费用各项目开支标准是否符合有关规定，开支内容是否与被审计单位的产品销售或专设销售机构的经费有关，计算是否正确，原始凭证是否合法，会计处理是否正确。		
D	8. 抽取资产负债表日前后____天的____张凭证，实施截止测试，若存在异常迹象，应考虑是否有必要追加审计程序。		4404-3
	9. 根据评估的舞弊风险等因素增加相应的审计程序。		
F	10. 检查销售费用是否已按照《企业会计准则》的规定恰当列报。		

销售费用审定表

被审计单位：				索引号：4404-1		
项目：				期间：		
编制：				复核：		
日期：				日期：		
项目类别	本期未审数	账项调整		本期审定数	上期审定数	索引号
		借方	贷方			
专设销售机构职工薪酬						
业务费						
折旧费						
保险费						
包装费						
展览费						
广告费						
商品维修费						
预计产品质量保证损失						
运输费						
装卸费						
……						
合计						
审计结论：						

销售费用明细表

被审计单位：	索引号：4404-2
项目：	期间：
编制：	复核：
日期：	日期：

月份	销售费用明细项目											
	合计											
1												
2												
3												
4												
5												
6												
7												
8												
9												
10												
11												
12												
合计												
上期数												
变动额												
变动比例												

审计说明：

销售费用截止测试

被审计单位：	索引号：4404-3
项目：	期间：
编制：	复核：
日期：	日期：

日期	凭证号	内容	对应科目	金额	是否跨期 是（√）否（×）
截止日前					
截止日期：20××年×月×日					
截止日后					
审计说明：					

2．管理费用审计工作底稿格式。

管理费用实质性程序

被审计单位：	索引号：4405
项目：	截止日：
编制：	复核：
日期：	日期：

一、需从实质性程序获取的保证程度

项　目	财务报表认定					
	发生	完整性	准确性	截止	分类	列报
1．审计目标	A	B	C	D	E	F
2．需从实质性程序获取的保证程度						

注：根据财务报表项目的重要性、评估的各认定的重大错报风险以及控制测试（如有）的结果填写。

二、实质性程序

审计目标	可供选择的审计程序	是否选择	索引号
C	1．获取或编制管理费用明细表： （1）复核加计是否正确，并与报表数、总账数及明细账合计数核对是否相符。		4405-2
	（2）将管理费用中的职工薪酬、无形资产摊销等项目与各有关账户进行核对，分析其勾稽关系的合理性，并作出相应记录。		
AB	2．实施实质性分析程序：		4405-2
	（1）计算分析管理费用中各项目发生额及占费用总额的比率，将本期、上期管理费用各主要明细项目作比较分析，判断其变动的合理性；		
	（2）将管理费用实际金额与预算金额进行比较；		
	（3）比较本期各月份管理费用，对有重大波动和异常情况的项目应查明原因，必要时作适当处理。		
E	3．检查管理费用的明细项目的设置是否符合规定的核算内容与范围，结合成本费用的审计，检查是否存在费用分类错误。		4405-2
AC	4．检查公司经费（包括行政管理部门职工薪酬、物料消耗、低值易耗品摊销、办公费和差旅费）是否系经营管理中发生或应由公司统一负担，检查相关费用报销内部管理办法，是否有合法原始凭证支持。		
AC	5．查阅相关董事会及股东会决议，检查董事会费（包括董事会成员津贴、会议费和差旅费等），是否在合规范围内开支，是否有合法原始凭证支持。		
ABC	6．检查相关合同，检查聘请中介机构费、咨询费（含顾问费）是否按合同规定支付。		
AC	7．检查诉讼费用是否有合法原始凭证支持。		
AC	8．检查业务招待费的支出是否合理，审批手续是否健全，是否取得有效的原始凭证；如超过规定限额，是否在计算应纳税所得额时调整。		
C	9．复核本期发生的矿产资源补偿费、房产税、土地使用税、印花税等税费是否正确。		
B	10．结合相关资产的检查，确认筹建期间发生的开办费（包括人员工资、办公费、培训费、差旅费、印刷费、注册登记费以及不计入固定资产成本的借款费用等）是否直接记入管理费用。		
BAC	11．针对特殊行业，检查排污费等环保费用是否合理计提。		
ACE	12．选择重要或异常的管理费用，检查费用的开支标准是否符合有关规定，计算是否正确，原始凭证是否合法，会计处理是否正确。		
D	13．抽取资产负债表日前后____天的____张凭证，实施截止性测试，若存在异常迹象，考虑是否有必要追加审计程序。		4405-3
	14．针对评估的舞弊风险等因素增加的审计程序。		
F	15．检查管理费用是否按照企业会计准则的规定恰当列报。		

管理费用审定表

被审计单位：				索引号：4405-1		
项目：				期间：		
编制：				复核：		
日期：				日期：		
项目名称	本期 未审数	账项调整		本期 审定数	上期 审定数	索引号
		借方	贷方			
1．公司经费						
（1）职工薪酬						
（2）物料消耗						
（3）低值易耗品摊销						
（4）办公费						
（5）差旅费						
（6）其他						
2．董事会费						
3．聘请中介机构费						
4．咨询费（含顾问费）						
5．诉讼费						
6．业务招待费						
7．房产税						
8．车船税						
9．土地使用税						
10．印花税						
11．技术转让费						
12．矿产资源补偿费						
13．排污费						
14．筹建期开办费						
……						
合　计						
审计结论：						

管理费用明细表

被审计单位：	索引号：4405-2
项目：	期间：
编制：	复核：
日期：	日期：

月份	管理费用明细项目											
	合计											
1												
2												
3												
4												
5												
6												
7												
8												
9												
10												
11												
12												
合计												
上期数												
变动额												
变动比例												

审计说明：

管理费用截止测试

被审计单位：				索引号：4405-3	
项目：				期间：	
编制：				复核：	
日期：				日期：	
日期	凭证号	内容	对应科目	金额	是否跨期 是（√）否（×）
截止日前					
截止日期：20××年×月×日					
截止日后					
审计说明：					

3．财务费用工作底稿格式。

财务费用实质性程序

被审计单位：	索引号：4406
项目：	截止日：
编制：	复核：
日期：	日期：

一、需从实质性程序获取的保证程度

项 目	财务报表认定					
	发生	完整性	准确性	截止	分类	列 报
1．审计目标	A	B	C	D	E	F
2．需从实质性程序获取的保证程度						

注：根据财务报表项目的重要性、评估的各认定的重大错报风险以及控制测试（如有）的结果填写。

二、实质性程序

审计目标	可供选择的审计程序	是否选择	索引号
C	1．获取或编制财务费用明细表，复核其加计数是否正确，并与报表数、总账数和明细账合计数核对是否相符。		4406-2
AB	2．实质性分析程序：		
	（1）将本期财务费用各明细项目与上期进行对比，必要时比较本期各月份财务费用，如有重大波动和异常情况应追查原因；		
	（2）计算借款平均实际利率并同以前年度及市场平均利率相比较；		
	（3）根据借款平均余额、平均利率测算当期利息费用和应付利息，并与账面记录进行比较；		
	（4）根据银行存款平均余额和存款平均利率复核利息收入。		
E	3．检查财务费用明细项目的设置是否符合规定的核算内容与范围，是否划清财务费用与其他费用的界限。		4406-2
ABC	4．检查利息支出：		
	（1）结合长短期借款审计、检查各项借款期末应计利息有无入账，财务费用中是否包括为购建或生产满足资本化条件的资产发生的应予资本化的借款费用；		
	（2）审查现金折扣的会计处理是否正确；		
	（3）结合长期应付款等项目的审计，针对融资租入固定资产，购入价款超过正常信用条件延期支付，实质上具有融资性质的有关资产，检查财务费用的金额是否正确；		
	（4）检查应收票据贴现利息的计算与会计处理是否正确；		
	（5）检查存在资产弃置费用义务的固定资产或有期资产，在其使用寿命内，按期计算确定应负担的利息费用的金额是否正确；		
	（6）辞退工作在一年内实施完毕，补偿款项超过一年支付的辞退福利，采用实际利率法分歧摊销未确认融资费用时计入财务费用的金额是否正确。		
AC	5．检查利息收入原始凭证，特别应注意检查：		
	（1）采用递延方式分期收款，实质上具有融资性质的销售商品或提供劳务，采用实际利率法按期计算确定的利息收入是否正确；		
	（2）从其他企业或非银行金融机构取得的利息收入是否按规定计缴营业税。		
C	6．检查汇兑损益计算方法和所用汇率是否正确，前后期是否一致。		
AC	7．检查“财务费用——其他”项目的原始凭证。		
D	8．抽取资产负债表日前后____天的____张凭证，实施截止测试，若存在异常迹象，考虑是否有必要追加审计程序。		4406-3
	9．针对评估的舞弊风险等因素增加的其他审计程序。		
F	10．检查财务费用是否已按照《企业会计制度》的规定恰当列报。		

财务费用审定表

被审计单位：	索引号：4406-1
项目：	期间：
编制：	复核：
日期：	日期：

项目名称	本期未审数	账项调整		本期审定数	上期审定数	索引号
		借方	贷方			
利息支出						
减：利息收入						
利息净支出						
汇兑损失						
减：汇兑收益						
汇兑净损失						
银行手续费						
其他						
合计						

审计结论：

财务费用明细表

被审计单位：				索引号：4406-2				
项目：				期间：				
编制：				复核：				
日期：				日期：				

月份	合计	利息支出	利息收入	利息净支出	汇兑损失	汇兑收益	汇兑净损失	银行手续费	其他
	①=④+⑦+⑧+⑨	②	③	④=②-③	⑤	⑥	⑦=⑤-⑥	⑧	⑨
1									
2									
3									
4									
5									
6									
7									
8									
9									
10									
11									
12									
合计									
上期数									
变动额									
变动比例									

审计说明：

财务费用截止测试

被审计单位：	索引号：4406-3
项目：	期间：
编制：	复核：
日期：	日期：

日期	凭证号	内容	对应科目	金额	是否跨期 是（√）否（×）
截止日前					
截止日期：20××年 × 月 × 日					
截止日后					
审计说明：					

任务 4 营业外收入审计

营业外收入是指企业发生的与日常经营活动无直接关系的各项收入。营业外收入虽然与企业的生产经营活动的收入没有多大的关系，但也是增加或减少利润的因素，对企业的利润总额及净利润产生较大的影响。

一、营业外收入核算的规定及内部控制要求

（一）营业外收入核算的有关规定

1．营业外收入是指企业发生的与日常经营活动无直接关系的各项利得。主要包括：非流动资产处置利得、非货币性资产交换利得、债务重组利得、政府补助、盘盈利得、捐赠利得等。

2．营业外收入与营业收入截然不同。营业外收入不是由企业经营资金耗费所产生的，不需要企业付出成本代价，实际上是一种纯收入，不可能也不需要与有关费用进行配比。因此，在会计核算上，应严格划分营业外收入与营业收入的界限。

（二）营业外收入核算的内部控制要求

1．企业应建立营业外收入的管理制度，合理设置营业外收入项目。

2．在会计核算上，分清营业外收入与营业收入、资本收入的界限。

3．营业外收入应按实际发生额核算和反映，不得直接将营业外支出冲减营业外收入。

二、营业外收入的审计目标

1．确定利润表中的营业外收入是否完整。

2．确定营业外收入的计算是否正确。

3．确定营业外收入的披露是否恰当。

三、营业外收入审计的实质性程序及应编制的审计工作底稿

	可供选择的实质性程序	应编制的工作底稿	索引号
	选择实质性程序	营业外收入实质性程序	4410
一	获取或编制营业外收入明细表		
二	检查营业外收入明细项目的设置		
三	检查非流动资产处置利得		
四	检查非货币性资产交换利得		
五	检查债务重组利得		
六	检查各项政府补助		
七	检查盘盈利得		
八	检查相关捐赠利得		
九	其他营业外收入		
十	实施截止测试		
十一	根据评估的舞弊风险等因素增加的审计程序		
十二	检查营业外收入是否已按照《企业会计准则》的规定恰当列报 审定营业外收入	营业外收入审定表	4410-1

四、营业外收入审计的实质性程序

选择实施的实质性程序。编制《审计工作底稿——营业外收入实质性程序》(索引号 4410)。

(一)实施“获取或编制营业外收入明细表”程序

向客户取得(或编制)营业外收入明细表,复核其加计数是否正确,并与报表数、总账数和明细账合计数核对是否相符。

(二)实施“检查营业外收入明细项目的设置”程序

检查营业外收入明细项目的设置是否符合规定的核算内容与范围,是否划清营业外收入与其他收入的界限。

(三)实施“检查非流动资产处置利得”程序

结合相关非流动资产的审计,检查非流动资产处置利得,是否在授权范围内履行了必要的批准程序;抽查相关原始凭证,审核其内容的真实性和依据的充分性;检查会计处理是否符合相关规定。

(四)实施“检查非货币性资产交换利得”程序

结合非货币性资产交换的审计,检查非货币性资产交换利得,是否在授权范围内履行了必要的批准程序;抽查相关原始凭证,审核其内容的真实性和依据的充分性;检查会计处理是否符合相关规定。

(五)实施“检查债务重组利得”程序

结合债务重组的审计,检查债务重组利得,是否在授权范围内履行了必要的批准程序;并抽查相关原始凭证,审核其内容的真实性和依据的充分性;检查会计处理是否符合相关规定。

(六)实施“检查各项政府补助”程序

结合递延收益的审计,检查各项政府补助的批准文件,复核收入的性质、金额、入账时间是否正确。

(七)实施“检查盘盈利得”程序

结合相关资产的盘点及监盘资料,检查盘盈利得金额计算是否正确,是否履行了必要的审批程序;检查相关原始凭证,审核其内容的真实性和依据的充分性;检查会计处理是否符合相关规定。

(八)实施“检查捐赠利得”程序

检查捐赠利得相关的原始凭证,相应的税金是否提取,金额计算及账务处理是否正确。

（九）实施“检查其他营业外收入”程序

结合相关项目审计，检查其他营业外收入的入账金额及会计处理是否正确。

（十）实施“截止测试”程序

必要时，抽取资产负债表日前后若干天的若干张凭证，实施截止测试，如存在异常迹象，考虑是否有必要追加审计程序。

（十一）实施“针对评估的舞弊风险等因素增加的审计”程序

略。

（十二）实施“检查营业外收入是否按照《企业会计准则》的规定恰当列报”程序

1．根据营业外收入的审计过程和审计记录，审定营业外收入，做出审计结论。

2．编制《审计工作底稿——营业外收入审定表》（索引号 4410-1）。

五、营业外收入审计的工作要点及审计案例

（一）营业外收入审计的工作要点

1．审计人员要分析营业外收入发生的原因，核对有关凭证和账簿，注意是否将营业外收入与营业收入混淆，营业外收入的确认和划分是否合理。

2．特别要注意有无将不属于营业外收入的某些收入（如商品销售、包装物销售、材料销售、加工收入等）列入营业外收入以此偷税的行为。

3．营业外收入是否及时、足额记入“营业外收入”账户，有无截留、隐瞒情况。

（二）审计案例

诚信达会计师事务在审计广州飞达工业有限公司 2010 年营业外收入明细账时，发现有一笔收入，摘要是“销售 B 材料”，审计人员抽查了该笔业务的记账凭证和原始凭证，其会计分录是：

借：银行存款　　175500

　　贷：营业外收入　　175500

附件是一张银行收款凭据，没有销售发票。

要求：分析该笔会计处理的问题，并提出处理意见。

解析：审计人员通过向经办人员询问并向收款单位调查，查明这是一笔废旧材料销售款，企业未开出增值税发票，并记入“营业外收入”，其目的是偷漏增值税。

会计账务调整建议：

借：营业外收入　　175500

　　贷：其他业务收入　　150000

　　　　应交税费——应交增值税（销）　　25500

附：

营业外收入实质性程序

被审计单位：	索引号：4410
项目：	期间：
编制：	复核：
日期：	日期：

一、审计目标与认定对应关系表

审计目标	财务报表认定					
	发生	完整性	准确性	截止	分类	列报
A．利润表中记录的营业外收入已发生，且与被审计单位有关	√					
B．所有应当记录的营业外收入均已记录		√				
C．与营业外收入有关的金额及其他数据已恰当记录			√			
D．营业外收入已记录于正确的会计期间				√		
E．营业外收入已记录于恰当的账户					√	
F．营业外收入已按照企业会计准则的规定在财务报表中作出恰当的列报						√

营业外收入实质性程序

被审计单位：	索引号：4410
项目：	期间：
编制：	复核：
日期：	日期：

项　　目	财务报表认定					
	发生	完整性	准确性	截止	分类	列报
1．审计目标	A	B	C	D	E	F
2．需从实质性程序获取的保证程度						

注：根据财务报表项目的重要性、评估的各认定的重大错报风险以及控制测试（如有）的结果填写。

二、实质性程序

审计目标	可供选择的审计程序	是否选择	索引号
C	1．获取或编制营业外收入明细表，复核其加计数是否正确，并与报表数、总账数和明细账合计数核对是否相符。		
E	2．检查营业外收入明细项目的设置是否符合规定的核算内容与范围，是否划清营业外收入与其他收入的界限。		
ABC	3．结合相关非流动资产的审计，检查非流动资产处置利得，是否在授权范围内履行了必要的批准程序，抽查相关原始凭证，审核其内容的真实性和依据的充分性，检查会计处理是否符合相关规定。		
ABC	4．结合非货币性资产交换的审计，检查非货币性资产交换利得，是否在授权范围内履行了必要的批准程序，并抽查相关原始凭证，审核其内容的真实性和依据的充分性，检查会计处理是否符合相关规定。		
ABC	5．结合债务重组的审计，检查债务重组利得，是否在授权范围内履行了必要的批准程序，并抽查相关原始凭证，审核其内容的真实性和依据的充分性，检查会计处理是否符合相关规定。		
ABC	6．结合递延收益的审计，检查各项政府补助的批准文件，复核收入的性质、金额、入账时间是否正确。		

续表

审计目标	可供选择的审计程序	是否选择	索引号
ABC	7．结合相关资产的盘点及监盘资料，检查盘盈利得金额计算是否正确，是否履行了必要的审批程序，检查相关原始凭证，审核其内容的真实性和依据的充分性，检查会计处理是否符合相关规定。		
ABC	8．检查捐赠利得相关的原始凭证，相应的税金是否提取，金额计算及账务处理是否正确。		
ABC	9．结合相关项目审计，检查其他营业外收入的入账金额及会计处理是否正确。		
D	10．必要时，抽取资产负债表日前后____天的____张凭证，实施截止测试，如存在异常迹象，考虑是否有必要追加审计程序。		
	11．根据评估的舞弊风险等因素增加的审计程序。		
F	12．检查营业外收入是否已按照《企业会计准则》的规定恰当列报。		

营业外收入审定表

被审计单位：			索引号：4410-1			
项目：			期间：			
编制：			复核：			
日期：			日期：			
项目名称	本期未审数	账项调整		本期审定数	上期审定数	索引号
		借方	贷方			
1．处置非流动资产利得						
其中：处置固定资产利得						
处置无形资产利得						
2．非货币性资产交换利得						
3．债务重组利得						
4．政府补助						
5．盘盈利得						
6．捐赠利得						
7．其他						
……						
合　计						
审计结论：						

任务5　营业外支出审计

营业外支出是指企业发生的与日常经营活动无直接关系的各项支出。营业外支出虽然与企业的生产经营活动没有多大的关系，但也是增加或减少利润的因素，对企业的利润总额及净利润产生较大的影响。

一、营业外支出核算的规定及内部控制要求

（一）营业外支出核算的有关规定

1. 营业外支出是指企业发生的与日常经营活动无直接关系的各项支出。主要包括：非流动资产处置损失、非货币性资产交换损失、债务重组损失、公益性捐赠支出、非常损失、盘亏损失等。

2. 非公益性捐赠支出、税收滞纳金、罚金、罚款支出、各种赞助费支出等应进行应纳税所得额调整。

3. 在会计核算上，应按《企业会计制度》的规定设置营业外支出项目，严格划分营业外支出与生产经营成本及费用的界限。

（二）营业外收入核算的内部控制要求

1. 企业应建立营业外支出的管理制度，按《企业会计制度》的规定设置营业外支出项目。

2. 加强对营业外支出的内部控制，严格营业外支出的审批制度。

3. 营业外支出应按实际发生额核算和反映，不得直接将营业外支出冲减营业外收入。

二、营业外支出的审计目标

（1）确定利润表中的营业外支出是否完整。

（2）确定营业外支出的计算是否正确。

（3）确定营业外支出的披露是否恰当。

三、营业外支出审计的实质性程序及应编制的审计工作底稿

	可供选择的实质性程序	应编制的工作底稿	索引号
	选择实质性程序	营业外支出实质性程序	4411
一	获取或编制营业外支出明细表		
二	检查营业外支出明细项目的设置		4411-1
三	检查非流动资产处置损失		
四	检查非货币性资产交换损失	（略）	
五	检查债务重组损失	（略）	
六	检查公益性捐赠支出	（略）	
七	检查非常损失	（略）	
八	检查盘亏、毁损损失		
九	检查对外提供担保、未决诉讼、重组义务损失	（略）	
十	检查有关营业外支出是否进行应纳税所得额调整		
十一	对营业外支出的截止测试		
十二	根据评估的舞弊风险等因素增加的审计程序		
十三	检查营业外支出是否已按照《企业会计准则》的规定恰当列报 审定营业外支出	营业外支出审定表	4411-1

四、营业外支出审计的实质性程序

选择实施的实质性程序，编制《审计工作底稿——营业外支出实质性程序》（索引号4411）。

（一）实施“获取或编制营业外支出明细表”程序

获取或编制营业外支出明细表，复核其加计数是否正确，并与报表数、总账数和明细账合计数核对是否相符。

（二）实施“检查营业外支出明细项目的设置”程序

检查营业外支出明细项目的设置是否符合规定的核算内容与范围，是否划清营业外支出与其他费用的界限。

（三）实施“检查非流动资产处置损失”程序

结合固定资产清理、无形资产等的审计，检查非流动资产处置损失的金额和有关会计处理是否正确。

（四）实施“检查非货币性资产交换损失”程序

结合非货币性资产交换的审计，检查非货币性资产交换损失金额和有关会计处理是否正确。

（五）实施“检查债务重组损失”程序

结合债务重组的审计，检查债务重组损失的金额和有关会计处理是否正确。

（六）实施“检查公益性捐赠支出”程序

检查公益性捐赠支出的会计处理是否正确，注意公益性捐赠资产已计提的减值准备是否结转。检查公益救济性捐赠是否按税法规定进行企业所得税纳税调整。

（七）实施“检查非常损失”程序

对非常损失应详细检查有关资料、被审计单位实际损失和保险理赔情况及审批文件。检查会计处理是否正确。

（八）实施“检查盘亏、毁损损失”程序

对因盘亏、毁损的资产发生的净损失，检查是否按管理权限报经批准后处理，会计处理是否正确。

（九）实施“检查对外提供担保、未决诉讼、重组义务损失”程序

结合预计负债的审计，对由对外提供担保、未决诉讼、重组义务产生的预计负债，应取得担保合同、仲裁或法院判决书等，检查记入“营业外支出”的金额是否适当，有关会计处

理是否正确。

（十）实施“检查有关营业外支出是否进行应纳税所得额调整”程序

检查非公益性捐赠支出、税收滞纳金、罚金、罚款支出、各种赞助费支出是否进行应纳税所得额调整。

（十一）实施“营业外支出的截止测试”程序

必要时，抽取资产负债表日前后若干天的若干张凭证，实施截止测试，若存在异常迹象，应考虑是否有必要追加审计程序。

（十二）实施“根据评估的舞弊风险等因素增加的审计”程序

略。

（十三）实施“检查营业外支出是否按照《企业会计准则》的规定恰当列报”程序

1．根据营业外支出的审计过程和审计记录，审定营业外收入，做出审计结论。

2．编制《审计工作底稿——营业外支出审定表》（索引号（4411-1）。

五、营业外支出审计的工作要点及审计案例

（一）营业外支出审计的工作要点

1．审计人员要分析营业外支出的项目设置、营业外支出的确认是否合理。

2．认真审查营业外支出发生的原因，核对有关凭证和账簿，注意是否将营业外支出与生产经营成本及费用混淆。

3．关注有无将不属于营业外支出的某些支出（如职工福利、业务招待费、奖励补贴等）列入营业外支出，挤占营业外支出。

（二）审计案例

诚信达会计师事务所2011年1月审计广州飞达工业有限公司2010年财务报表时，发现营业外支出比上年增加了22%，其中“非常损失”比上年增加了近4倍。审计人员进一步审查了营业外支出的明细账，发现10月份增加了38万元，其中一笔为360000元；于是审计人员调阅了该月份对应的记账凭证，其会计分录是：

借：营业外支出——非常损失　　360000

　　贷：其他应付款　　360000

在该记账凭证后面未附任何原始凭证。会计人员解释是 2010 年 10 月发生水灾，造成在产品损失及长时间的停工损失。审计人员经过实地调查，了解到该企业 2010 年 10 月份确实遭受了水灾，但损失很小，也没有造成停工损失。

要求：分析该笔会计处理的问题，并提出处理意见。

解析：根据审计取证证实，水灾损失是虚假的，企业虚列营业外支出，截留利润，偷漏所得税。账务调整建议：

借：其他应付款　　360000

　　贷：营业外支出　　360000

附：

营业外支出实质性程序

被审计单位：	索引号：4411
项目：	期间：
编制：	复核：
日期：	日期：

一、需从实质性程序获取的保证程度

项　　目	财务报表认定					
	发生	完整性	准确性	截止	分类	列报
1．审计目标	A	B	C	D	E	F
2．需从实质性程序获取的保证程度						

注：根据财务报表项目的重要性、评估的各认定的重大错报风险以及控制测试（如有）的结果填写。

二、实质性程序

审计目标	可供选择的审计程序	是否选择	索引号
C	1．获取或编制营业外支出明细表，复核其加计数是否正确，并与报表数、总账数和明细账合计数核对是否相符。		略
E	2．检查营业外支出明细项目的设置是否符合规定的核算内容与范围，是否划清营业外支出与其他费用的界限。		4411-1
ABC	3．结合固定资产清理、无形资产等的审计，检查非流动资产处置损失的金额和有关会计处理是否正确。		略
ABC	4．结合非货币性资产交换的审计，检查非货币性资产交换损失金额和有关会计处理是否正确。		略
ABC	5．结合债务重组的审计，检查债务重组损失的金额和有关会计处理是否正确。		略
ABC	6．检查公益性捐赠支出的会计处理是否正确，注意公益性捐赠资产已计提的减值准备是否结转。检查公益救济性捐赠是否按税法规定进行企业所得税纳税调整。		略
ABC	7．对非常损失应详细检查有关资料、被审计单位实际损失和保险理赔情况及审批文件；检查会计处理是否正确。		略
ABC	8．对因盘亏、毁损的资产发生的净损失，检查是否按管理权限报经批准后处理，会计处理是否正确。		略
BAC	9．结合预计负债的审计，对由对外提供担保、未决诉讼、重组义务产生的预计负债，应取得担保合同、仲裁或法院判决书等，检查记入营业外支出的金额是否适当，有关会计处理是否正确。		略
A	10．检查非公益性捐赠支出、税收滞纳金、罚金、罚款支出、各种赞助费支出是否进行应纳税所得额调整。		略
D	11．必要时，抽取资产负债表日前后____天的____张凭证，实施截止测试，若存在异常迹象，应考虑是否有必要追加审计程序。		略
	12．根据评估的舞弊风险等因素增加的审计程序。		略
F	13．检查营业外支出是否已按照《企业会计准则》的规定恰当列报。		略

营业外支出审定表

被审计单位：	索引号：4411-1
项目：	期间：
编制：	复核：
日期：	日期：

项目名称	本期未审数	账项调整		本期审定数	上期审定数	索引号
		借方	贷方			
1．处置非流动资产损失						
其中：处置固定资产损失						
处置无形资产损失						
2．非货币性资产交换损失						
3．债务重组损失						
4．公益性捐赠支出						
5．非常损失						
6．盘亏损失						
7．其他						
合计						

审计结论：

项目五　业务完成阶段的审计工作及审计报告

注册会计师按业务程序完成各财务报表项目的审计后，进入审计的最后一个阶段——业务完成阶段。业务完成阶段最终要出具审计报告，通常也称为审计报告阶段。

任务1　业务完成阶段的审计工作

业务完成阶段是审计工作的最后一个阶段。业务完成阶段之前的审计实施阶段（外勤工作）主要是到现场取证，为发表审计意见打础。但是现场取得的证据是大量的、分散的，如何把它汇总、整理并进行分析判断，作成正确的审计结论，还要做大量的工作，这就是完成审计阶段的工作。这一阶段的工作通常称为“内勤工作”。

业务完成阶段与审计实施阶段不是截然划分的，有些整理、汇总工作可能在审计实施已经开始；在业务完成阶段进行汇总整理时，也有可能因发现某些问题取证不足，而到被审计单位继续补取证据。

一、业务完成阶段的审计工作及应编制的审计工作底稿

	业务完成阶段的审计工作	应编制的审计工作底稿	索引号
	业务完成阶段审计工作及执行人	业务完成阶段审计工作	6100
一	汇总审计过程中发现的审计差异及建议被审计单位调整的事项	资产负债表试算平衡表 利润表试算平衡表 账项调整分录汇总表 重分类调整分录汇总表 列报调整汇总表 未更错报汇总表	6110 6120 6130 6140 6150 6160
二	与被审计单位相关人员进行沟通	与治理层的沟通函	6200
三	编制正式的试算平衡表	资产负债表试算平衡表 利润表试算平衡表	6110 6120
四	对财务报表进行总体复核，评价财务报表总体合理性		
五	记录项目组成员间意见分歧的解决过程，汇总重大事项	专业意见分歧解决表 重大事项概要汇总表	6300 6400
六	评价审计结果，形成审计意见，并草拟审计报告		
七	由项目负责经理复核工作底稿		
八	由项目负责合伙人复核工作底稿		
九	必要时实施项目质量控制复核		
十	向适当的高级管理人员获取管理层声明书	管理层声明书	6500
十一	撰写审计总结	审计总结	6600
十二	完成审计工作情况的核对	审计工作情况核对表	6700

续表

	业务完成阶段的审计工作	应编制的审计工作底稿	索引号
十三	完成业务复核核对工作	业务复核核对表	6800
十四	正式签发审计报告		

二、业务完成阶段的审计工作步骤

当审计实施阶段结束后，审计工作进入业务完成阶段。审计小组明确业务完成阶段的审计工作步骤，明确每一项工作的执行人。

编制《审计工作底稿——业务完成阶段审计工作》(索引号 6100)。

(一)汇总审计过程中发现的审计差异及建议被审计单位调整的事项

根据错报的重要性确定建议被审计单位调整的事项，编制账项调整分录汇总表、重分类调整分录汇总表、列报调整汇总表、未更正错报汇总表及试算平衡表。应编制下列审计工作底稿：

(1)试算平衡表及审计调整表：资产负债表试算平衡表(索引号6110)；

(2)试算平衡表及审计调整表：利润表试算平衡表(索引号6120)；

(3)账项调整分录汇总表(索引号6130)；

(4)重分类调整分录汇总表(索引号6140)；

(5)列报调整汇总表(索引号6150)；

(6)未更正错报汇总表(索引号6160)。

(二)与被审计单位相关人员就有关事项进行沟通，并签字确认

1. 审计意见的类型及审计报告的措辞。

2. 账项调整分录汇总表、重分类调整分录汇总表、列报调整汇总表、未更正错报汇总表及试算平衡表。

3. 对被审计单位持续经营能力具有重大影响的事项。

4. 对完善内部控制的建议。

5. 执行该项审计业务的注册会计师的独立性。

通过沟通，获得被审计单位同意账项调整、重分类调整、列报调整事项的书面确认；如果被审计单位不同意调整，应要求其说明原因，根据未更正错报的重要性，确定是否在审计报告中予以反映，以及如何反映。

编制《审计工作底稿——与治理层的沟通函》(索引号 6200)。

(三)编制正式的试算平衡表

1. 资产负债表试算平衡表(索引号 6110)。

2. 利润表试算平衡表(索引号 6120)。

(四)对财务报表进行总体复核，评价财务报表总体合理性

如果识别出以前未识别的重大错报风险，应重新考虑对全部或部分交易、账户余额、列报评估的风险是否恰当，并就此基础上重新评价之前实施的审计程序是否充分，是否有必要

追加审计程序。

（五）将项目组成员间意见分歧的解决过程，记录于专业意见分歧解决表中。汇总重大事项，制编重大事项概要

1．编制审计工作底稿。

2．专业意见分歧解决表（索引号 6300）。

3．重大事项概要汇总表（索引号 6400）。

（六）评价审计结果，形成审计意见，并草拟审计报告

1．对重要性和审计风险进行最终评价，确定是否需要追加审计程序或提请被审计单位作出必要调整；

（1）按财务报表项目确定的可能错报金额；

（2）确定财务报表项目可能错报金额的汇总数（即可能错报总额）对财务报表层次重要性水平的影响程度。

2．对被审计单位已审财务报表形成审计意见并草拟审计报告。

（七）由项目负责经理复核工作底稿

略

（八）由项目负责合伙人复核工作底稿

略

（九）必要时实施项目质量控制复核

略

（十）向适当的高级管理人员获取经签署的管理层声明书，并确定其日期与审计报告的日期一致

编制《审计工作底稿——管理层声明书》（索引号 6500）。

（十一）撰写审计总结

编制《审计工作底稿——审计总结》（索引号 6600）。

（十二）完成审计工作情况核对表

编制《审计工作底稿——审计工作情况核对表》（索引号 6700）。

（十三）完成业务复核核对工作

编制《审计工作底稿——完成业务复核核对表》（索引号 6800）。

（十四）正式签发审计报告

略

附：

一、业务完成阶段审计工作

被审计单位名称：	索引号：
项目：	会计期间：
编制：	复核人：
日期：	日期：

审计工作	索引号	执行人
1．汇总审计过程中发现的审计差异，根据错报的重要性确定建议被审计单位调整的事项，编制账项调整分录汇总表、重分类调整分录汇总表、列报调整汇总表、未更正错报汇总表及试算平衡表。	6110 6120 6130 6140 6150 6160	
2．与被审计单位相关人员就下列事项进行沟通，并签字确认：		
（1）审计意见的类型及审计报告的措辞；		
（2）账项调整分录汇总表、重分类调整分录汇总表、列报调整汇总表、未更正错报汇总表及试算平衡表；		
（3）对被审计单位持续经营能力具有重大影响的事项；		
（4）对完善内部控制的建议；	6200	
（5）执行该项审计业务的注册会计师的独立性。		
获得被审计单位同意账项调整、重分类调整、列报调整事项的书面确认；如果被审计单位不同意调整，应要求其说明原因，根据未更正错报的重要性，确定是否在审计报告中予以反映，以及如何反映。		
在就上述问题与治理层沟通时，提交书面沟通函，并获得治理层的确认。		
3．编制正式的试算平衡表。	6112 6120	
4．对财务报表进行总体复核，评价财务报表总体合理性。如果识别出以前未识别的重大错报风险，应重新考虑对全部或部分交易、账户余额、列报评估的风险是否恰当，并就此基础上重新评价之前实施的审计程序是否充分，是否有必要追加审计程序。	2120	
5．将项目组成员间意见分歧的解决过程，记录于专业意见分歧解决表中。汇总重大事项，仿制重大事项概要。	6300 6400	
6．评价审计结果，形成审计意见，并草拟审计报告：		
（1）对重要性和审计风险进行最终评价，确定是否需要追加审计程序或提请被审计单位作出必要调整：		
①按财务报表项目确定的可能错报金额；		
②确定财务报表项目可能错报金额的汇总数（即可能错报总额）对财务报表层次重要性水平的影响程度。		
（2）对被审计单位已审财务报表形成审计意见并草拟审计报告。		
7．由项目负责经理复核工作底稿。		
8．由项目负责合伙人复核工作底稿。		
9．必要时实施项目质量控制复核。		
10．向适当的高级管理人员获取经签署的管理层声明书，并确定其日期与审计报告的日期一致。	6500	
11．撰写审计总结。	6600	
12．完成审计工作情况核对表。	6700	
13．完成业务复核表。	6800	
14．正式签发审计报告。		

二、试算平衡表及审计调整表

1. 资产负债表试算平衡表

被审计单位:							索引号:						
项目：资产负债表试算平衡表							截止日:						
编制:							复核:						
日期:							日期:						
项　　目	期末未审数	账项调整		重分类调整		期末审定数	项　　目	期末未审数	账项调整		重分类调整		期末审定数
		借方	贷方	借方	贷方				借方	贷方	借方	贷方	
货币资金							短期借款						
交易性金融资产							交易性金融负债						
							应付票据						
应收票据							应付账款						
应收账款							预收款项						
预付账款							应付职工薪酬						
应收利息							应交税费						
应收股利							应付利息						
其他应收款							应付股利						
存货							其他应付款						
一年内到期的非流动资产							一年内到期的非流动负债						
其他流动资产							其他流动负债						
可供出售金融资产							长期借款						
持有至到期投资							应付债券						
长期应收款							长期应付款						
长期股权投资							专项应付款						
投资性房地产							预计负债						
固定资产							递延所得税负债						
在建工程							其他非流动负债						
工程物资													
固定资产清理													
无形资产							实收资本（或股本）						
开发支出													
商誉													
长期待摊费用							资本公积						
递延所得税资产							盈余公积						
其他非流动资产							未分配利润						
资产合计							负债和所有者权益合计						

2．利润表试算平衡表

被审计单位：			索引号：6120			
项目：利润表试算平衡表			截止日：			
编制：			复核：			
日期：			日期：			
项　　目		未审数	调整金额		审定数	索引号
			借方	贷方		
一	营业收入					
	减：营业成本					
	营业税金及附加					
	销售费用					
	管理费用					
	财务费用					
	资产减值损失					
	加：公允价值变动收益					
	投资收益					
二	营业利润					
	加：营业外收入					
	减：营业外支出					
三	利润总额					
	减：所得税费用					
四	净利润					
五	未分配利润					

3．账项调整分录汇总表

<table>
<tr><td colspan="4">被审计单位：</td><td colspan="4">索引号：6130</td></tr>
<tr><td colspan="4">项目：账项调整分录汇总表</td><td colspan="4">截止日：</td></tr>
<tr><td colspan="4">编制：</td><td colspan="4">复核：</td></tr>
<tr><td colspan="4">日期：</td><td colspan="4">日期：</td></tr>
<tr><td rowspan="2">序号</td><td rowspan="2">内容及说明</td><td rowspan="2">索引号</td><td colspan="4">调整内容</td><td rowspan="2">影响利润表
（±）</td><td rowspan="2">影响资产负债表
（±）</td></tr>
<tr><td>借方项目</td><td>借方金额</td><td>贷方项目</td><td>贷方金额</td></tr>
<tr><td></td><td></td><td></td><td></td><td></td><td></td><td></td><td></td><td></td></tr>
<tr><td></td><td></td><td></td><td></td><td></td><td></td><td></td><td></td><td></td></tr>
<tr><td></td><td></td><td></td><td></td><td></td><td></td><td></td><td></td><td></td></tr>
<tr><td></td><td></td><td></td><td></td><td></td><td></td><td></td><td></td><td></td></tr>
<tr><td></td><td></td><td></td><td></td><td></td><td></td><td></td><td></td><td></td></tr>
<tr><td></td><td></td><td></td><td></td><td></td><td></td><td></td><td></td><td></td></tr>
<tr><td></td><td></td><td></td><td></td><td></td><td></td><td></td><td></td><td></td></tr>
<tr><td></td><td></td><td></td><td></td><td></td><td></td><td></td><td></td><td></td></tr>
<tr><td></td><td></td><td></td><td></td><td></td><td></td><td></td><td></td><td></td></tr>
<tr><td></td><td></td><td></td><td></td><td></td><td></td><td></td><td></td><td></td></tr>
<tr><td></td><td></td><td></td><td></td><td></td><td></td><td></td><td></td><td></td></tr>
<tr><td></td><td></td><td></td><td></td><td></td><td></td><td></td><td></td><td></td></tr>
<tr><td></td><td></td><td></td><td></td><td></td><td></td><td></td><td></td><td></td></tr>
<tr><td></td><td></td><td></td><td></td><td></td><td></td><td></td><td></td><td></td></tr>
<tr><td colspan="9">与被审计单位的沟通：</td></tr>
<tr><td colspan="9">参加人员：</td></tr>
<tr><td colspan="9">被审计单位：</td></tr>
<tr><td colspan="9">审计项目组：</td></tr>
<tr><td colspan="9">被审计单位意见：</td></tr>
<tr><td colspan="9"></td></tr>
<tr><td colspan="9">结论：</td></tr>
<tr><td colspan="9">是否同意上述审计调整：</td></tr>
<tr><td colspan="4">被审计单位授权代表签字：</td><td colspan="5">日期：</td></tr>
</table>

4. 重分类调整分录汇总表

被审计单位：	索引号：6140
项目：重分类调整分录汇总表	截止日：
编制：	复核：
日期：	日期：

序号	内容及说明	索引号	调整内容			
			借方项目	借方金额	贷方项目	贷方金额

与被审计单位的沟通：	
参加人员：	
被审计单位：	
审计项目组：	
被审计单位意见：	
结论：	
是否同意上述审计调整：	
被审计单位授权代表签字：	日期：

5．列报调整汇总表

被审计单位：	索引号：6150
项目：	截止日：
编制：	复核：
日期：	日期：

一、被审计单位财务报表附注中的漏报项目包括：

二、被审计单位财务报表附注中的错报项目包括：

与被审计单位的沟通：	
参加人员：	
被审计单位：	
审计项目组：	
被审计单位意见：	
结论：	
是否同意上述审计调整：	
被审计单位授权代表签字：	日期：

6．未更正错报汇总表

被审计单位：	索引号：6160
项目：	截止日：
编制：	复核：
日期：	日期：

序号	内容及说明	索引号	未调整内容				备注
			借方项目	借方金额	贷方项目	贷方金额	

未更正错报的影响：

序号	项　　目	金额	百分比	计划百分比
1	总资产			
2	负债总额			
3	净资产			
4	销售收入			
5	费用总额			
6	毛利			
7	净利润			

结论：

被审计单位授权代表签字：	日期：

与治理层的沟通函

索引号：6200

公司董事会：

根据《中国注册会计师审计准则第 1151 号——与治理层的沟通》的规定，在审计中，注册会计师应当就自身的独立性与治理层进行书面沟通。此外，注册会计师还应当就与财务报表审计相关且根据职业判断认为与治理层相关的重大事项，以适当的方式与治理层沟通。保持有效的双向沟通关系，有利于注册会计师与治理层履行各自的职责。

必须特别强调的是，除法律法规规定和审计准则另有规定的情形之外，这份书面沟通文件仅供贵公司治理层使用，我们对第三方不承担任何责任，未经我们事先书面同意，沟通文件不得被引用、提及或对其他人披露。

一、独立性问题

现就独立性问题声明如下：

（一）参与贵公司审计的审计项目组成员、本会计师事务所其他相关人员以及本会计师事务所按照法律法规和职业道德规范的规定保持了独立性。

（二）根据职业判断，我们认为本会计师事务所与贵公司之间不存在可能影响独立性的关系和事项。

（三）我们已经根据法律法规和职业道德规范的规定采取了必要的防护措施，以防止可能出现的对独立性的威胁。

二、重大事项

以下内容是我们对贵公司 20×× 年度财务报表进行审计相关的，按规定应予以沟通的重大事项：

（一）对贵公司所采用的会计政策、会计估计和财务报表披露的看法；

（二）审计工作中遇到的重大困难；

（三）未更正重大错报。

我们发现贵公司：

我们已于 20×× 年 × 月 × 日就上述事项与贵公司管理层沟通并提请更正，但至今尚未得到更正。如不更正，将会导致少记费用，从而虚增年度利润的后果。根据该笔业务的重要程度，我们对贵公司 20×× 年度的财务报表将不能出具标准无保留意见的审计报告。现再次提请贵公司予以更正。

（四）其他事项

公司的意见：

（是否同意上述所就独立性问题所作的声明以及就上述重大问题所作的说明）

贵公司授权代表签字：　　　　　　　　　　　　20×× 年 × 月 × 日

（注：本沟通函中有关独立性的声明仅限于被审计单位可能涉及重大的公众利益时，注册会计师需要就自身的独立性与被审计单位治理层沟通，并获取被审计单位治理层的确认。）

专业意见分歧解决表

被审计单位：	索引号：6300
项目：	截止日：
编制：	复核：
日期：	日期：
一、存在专业意见分歧有人员和职位	
姓名	职位
二、专业意见分歧	
（注：简述存在专业意见分歧的会计或审计问题）	
三、解决方式	
（注：简述为解决意见分歧采取的措施和获取的审计证据，包括查阅的专业文献和向专家咨询的意见等。如必要，记录与管理层或其他人员就该问题进行讨论的情况，包括讨论、讨论对象以及对方的回应等。）	
四、解决过程	
（注：记录最后形成的过程。记录对相与矛盾的审计证据或相与矛盾的观点的考虑，以及解决过程。）	
五、结论	
（注：记录最后形成的结论以及形成结论的基础。）	
最终结论批准人：	批准日期：
下列人员不同意最终形成的结论：	
姓名	日期

重大事项概要汇总表

<table>
<tr><td>被审计单位：</td><td>索引号：6300</td></tr>
<tr><td>项目：</td><td>截止日：</td></tr>
<tr><td>编制：</td><td>复核：</td></tr>
<tr><td>日期：</td><td>日期：</td></tr>
<tr><td colspan="2">一、引起特别风险的事项</td></tr>
<tr><td colspan="2">审计目标</td></tr>
<tr><td colspan="2">重大错报风险评估结果及得出评估结果的理由</td></tr>
<tr><td colspan="2">总体方案和发现</td></tr>
<tr><td colspan="2">采用____方案（综合性或实质性方案），具体审计程序包括：
有关具体审计程序的详细内容，见审计工作底稿。
审计发现：</td></tr>
<tr><td colspan="2">结论：</td></tr>
<tr><td colspan="2">二、实施审计程序的结果</td></tr>
<tr><td colspan="2">1．修正以前对重大错报风险的评估和对针对这些重大错报风险拟采取有对应措施</td></tr>
<tr><td colspan="2">对以前重大错报风险评估结果的修正及原因</td></tr>
<tr><td colspan="2"></td></tr>
<tr><td colspan="2">对修正后的重大错报风险评估结果的应对措施</td></tr>
<tr><td colspan="2">对进一步审计程序的总体方案的重大更正</td></tr>
<tr><td colspan="2"></td></tr>
<tr><td colspan="2">审计目标</td></tr>
<tr><td colspan="2">2．未更正错报汇总</td></tr>
<tr><td colspan="2"></td></tr>
<tr><td colspan="2">三、导致难以实施必要的审计程序的情形</td></tr>
<tr><td colspan="2">审计目标</td></tr>
<tr><td colspan="2">导致难以实施必要的审计程序的情形及解决方案</td></tr>
<tr><td colspan="2"></td></tr>
<tr><td colspan="2">四、可能导致出具非标准审计报告的事项</td></tr>
<tr><td colspan="2">事项及解决办法</td></tr>
<tr><td colspan="2"></td></tr>
</table>

未更正错报汇总表

序号	内容及说明	索引号	未调整内容				备注
			借方项目	借方金额	贷方项目	贷方金额	
本公司经考虑认为，上述未更正错报对公司财务报表整体不会产生重大影响，未予调整。							

审计总结

被审计单位：	索引号：6600
项目：	截止日：
编制：	复核：
日期：	日期：
一、审计基本情况	
二、审计中发现的重大事项及其处理	
（包括但不限于重大事项概要汇总表的事项）	
三、审计结论	
四、对下年度审计工作及今后相关业务的建议	

审计工作完成情况核对表

被审计单位：			索引号：6700
项目：			截止日：
编制：			复核：
日期：			日期：

审计工作	是/否/不适用	备注	索引号
1．是否执行业务承接或保持的相关程序？			
2．是否签订审计业务约定书？			
3．是否制订审计计划？			
4．审计计划制订过程中，是否了解被审计单位及其环境并评估重大错报风险，包括舞弊风险？			
5. 是否召开项目组会议对财务报表存在重大错报风险的可能性进行讨论，包括舞弊导致重大错报的可能性？			
6．审计计划是否经适当人员批准？			
7．是否与被审计单位就审计计划进行沟通？			
8．对审计计划的修改是否得到记录？			
9．是否已获取所有必要的来自银行、律师、债权人、债务人、持有存货的第三方等外部机构的询证函回函或确认函？			
10．所有重要实物资产是否均已实施监盘？			
11．当涉及利用其他注册会计师或专家的工作时，能否确信其他注册会计师或专家的工作可以满足审计的要求？			
12．计划执行的各项审计程序是否全部执行完毕，未能执行的审计程序是否实施了替代审计程序？			
13．审计范围是否受到限制？			
14．是否对风险评估的结果进行复核，已确定其是否仍然适当？如果应当修正风险评估结果，是否已修改？是否同步修改计划实施的进一步审计程序？			
15．是否恰当应对在审计过程中识别的舞弊导致的重大错报风险？			
16．是否对期后事项实施审计，并考虑对财务报表的影响？			
17．是否审查或有事项，并考虑对财务报表的影响？			
18．是否审查关联方及关联方交易，并考虑对财务报表的影响？			
19．是否审查对被审计单位持续经营能力具有重大影响的事项？			
20．是否已就审计中发现的重大错报及其他对财务报表产生重大影响的重大事项与适当层次的管理层或治理层沟通？			
21．是否在审计结束时或临近结束时对财务报表进行总体复核？			
22．是否召开项目组会议，并确定建议调整事项和试算平衡表？			
23．是否编制重大事项概要，是否所有重大事项均已得到满意解决？			
24．是否与被审计单位就建议调整事项进行沟通？并经被审计单位确认？			
25．是否累计所有未更正错报，包括错误和推断差异，并评估未更正错报对财务报表的影响？			
26．未更正错报汇总表是否经被审计单位确认？			
27．董事会是否已批准审计后的财务报表？			
28．项目负责经理是否已复核工作底稿？			
29．项目负责合伙人是否已复核工作底稿？			
30．是否已完成项目质量控制复核（必要时）？			
31．是否已获取管理层声明书原件，并确定其签署日期与审计准则规定的日期一致？			
32.是否完成审计总结？			

业务复核核对表

被审计单位：	索引号：6700
项目：	截止日：
编制：	复核：
日期：	日期：

一、项目负责经理复核

复核事项	是/否/不适用	备注
1．是否已复核已完成的审计计划，以及导致对审计计划作出重大修改的事项？		
2．是否已复核重要的财务报表项目？		
3．是否已复核特殊交易或事项，包括债务重组、关联方交易、非货币性交易、或有事项、期后事项、持续经营能力等？		
4．是否已复核重要会计政策、会计估计的变更？		
5．是否已复核重大事项概要？		
6．是否已复核建议调整事项？		
7．是否已复核管理层声明书，股东大会、董事会相关会议纪要，与客户的沟通记录及重要会谈记录，律师询证函复函？		
8．是否已复核审计小结？		
9．是否已复核已审计财务报表和拟出具的审计报告？		
10. 实施上述复核后，是否可以确定下列事项：		
（1）审计工作底稿提供了充分、适当的记录，作为审计报告的基础？		
（2）已按照《中国注册会计师审计准则》的规定执行了审计工作？		
（3）对重大错报风险的评估及采取的应对措施是恰当的，针对存在特别风险的审计领域，设计并实施了针对性的审计程序，且得出了恰当的审计结论？		
（4）作出的重大判断恰当合理？		
（5）提出的建议调整事项恰当，相关调整分录正确？		
（6）未更正错报无论是单独还是汇总起来对财务报表整体均不具有重大影响？		
（7）已审计财务报表的编制符合《企业会计准则》的规定，在所有重大方面公允反映了被审计单位的财务状况、经营成果和现金流量？		
（8）已按照《中国注册会计师审计准则》的规定发表了恰当的审计意见，拟出具的审计报告措辞恰当？		

签字：________________________ 日期：____________

续表

二、项目负责合伙人复核		
复核事项	是/否/不适用	备注
1．是否已复核已完成的审计计划，以及导致对审计计划作出重大修改的事项？		
2．是否已复核重大事项概要？		
3．是否已复核存在特别风险的审计领域，以及项目组采取的应对措施？		
4．是否已复核项目组作出的重大判断？		
5．是否已复核建议调整事项？		
6．是否已复核管理层声明书，股东大会、董事会相关会议纪要，与客户的沟通记录及重要会谈记录，律师询证函复函？		
7．是否已复核审计小结？		
8．是否已复核已审计财务报表和拟出具的审计报告？		
9．实施上述复核后，是否可以确定：		
（1）对项目负责经理实施的复核结果满意？		
（2）对重大错报风险的评估及采取的应对措施是恰当的，针对存在特别风险的审计领域，设计并实施了针对性的审计程序，且得出了恰当的审计结论？		
（3）项目组作出的重大判断恰当合理？		
（4）提出的建议调整事项恰当合理，未更正错报无论是单独还是汇总起来对财务报表整体均不具有重大影响？		
（5）已审计财务报表的编制符合《企业会计准则》的规定，在所有重大方面公允反映了被审计单位的财务状况、经营成果和现金流量？		
（6）已按照《中国注册会计师审计准则》的规定发表了恰当的审计意见，拟出具的审计报告措辞恰当？		
签字：__________ 日期：__________		

复核事项	是/否/不适用	备注
1．项目质量控制复核之前进行的复核是否均已得到满意的执行？		
2．是否已复核项目组针对本业务对本所独立性作出的评价，并认为该评价是恰当的？		
3．是否已复核项目组在审计过程中识别的特别风险以及采取的应对措施，包括项目组对舞弊风险的评估及采取的应对措施，认为项目组作出的判断和应对措施是恰当的？		
4．是否已复核项目组作出的判断，包括关于重要性和特别风险的判断，认为这些判断恰当合理？		
5．是否确定项目组已就存在的意见分歧、其他疑难问题或争议事项进行适当咨询，且咨询得出的结论是恰当的？		
6．是否已复核项目组与管理层和治理层沟通的记录以及拟与其沟通的事项，对沟通情况表示满意？		
7．是否认为所复核的审计工作底稿反映了项目组针对重大判断执行的工作，能够支持得出的结论？		
8．是否已复核审计后的财务报表和拟出具的审计报告，认为审计后的财务报表符合《企业会计准则》的规定，拟出具的审计报告已按照《中国注册会计师审计准则》的规定发表了恰当的审计意见？		
签字：__________ 日期：__________		

拟补充的审计资料清册

被审计单位：		索引号：
项目：		截止日：
编制：		复核：
日期：		日期：
序号	拟补充资料名称	责任人

任务2　审计报告

审计工作的最后一个环节是在实施审计工作的基础上对被审计单位的财务报表（或调整后的财务报表）发表审计意见，形成审计报告。业务完成阶段以完成审计报告为核心。审计报告是注册会计师的最后工作成果，在整个审计工作中处于特殊地位，决定了审计报告的编制是一项严格而细致的工作。

一、审计报告按形成审计意见的性质的分类

（一）无保留意见的审计报告

这是指当注册会计师认为财务报表在所有重大方面按照适用的财务报告编制基础编制并

实现公允反映时发表的审计意见。它包括以下几类：

1. 标准审计报告。

这是指不含有说明段、强调事项段、其他事项段或其他任何修饰性用语的无保留意见的审计报告。包含其他报告责任段，但不含有强调事项段或其他事项段的无保留意见的审计报告也被视为标准审计报告。

2. 带强调事项段或其他事项段的无保留意见的审计报告。

注册会计师在已获取充分、适当的审计证据证明该事项在财务报表中不存在重大错报的条件下出具该类型的审计报告。

（1）如果认为有必要提醒财务报表使用者关注已在财务报表中列报或披露，且根据职业判断认为对财务报表使用者理解财务报表至关重要的事项应当在审计报告中增加强调事项段。强调事项段应当仅提及已在财务报表中列报或披露的信息。

（2）对于未在财务报表中列报或披露的事项，根据注册会计师的职业判断，该事项与财务报表使用者理解审计工作、注册会计师的责任或审计报告相关。如果认为有必要沟通，注册会计师应当在审计报告中增加其他事项段。

如果拟在审计报告中增加强调事项段或其他事项段，注册会计师应当就该事项和拟使用的措辞与治理层沟通。

（二）非无保留意见的审计报告

存在下列情形之一时，对财务报表清楚地发表恰当的非无保留意见：① 根据获取的审计证据，得出财务报表整体存在重大错报的结论；② 无法获取充分、适当的审计证据，不能得出财务报表整体不存在重大错报的结论。

非无保留意见的审计报告包括以下几类：

1. 保留意见的审计报告。

当存在下列情形之一时，注册会计师应当发表保留意见：（1）在获取充分、适当的审计证据后，注册会计师认为错报单独或累计起来对财务报表影响重大，但不具有广泛性；（2）注册会计师无法获取充分、适当的审计证据以作为形成审计意见的基础，但认为未发现的错报（如存在）对财务报表可能产生的影响重大，但不具有广泛性。

2. 否定意见的审计报告。

在获取充分、适当的审计证据后，如果认为错报单独或累计起来对财务报表的影响重大且具有广泛性，注册会计师应当发表否定意见。

3. 无法表示意见的审计报告。

如果无法获取充分、适当的审计证据以作为形成审计意见的基础，但认为未发现的错报（如存在）对财务报表可能产生的影响重大且具有广泛性，注册会计师应当发表无法表示意见。

如果无法获取充分、适当的审计证据，注册会计师应当通过下列方式确定其影响：（1）如果未发现的错报（如存在）可能对财务报表产生的影响重大，但不具有广泛性，注册会计师应当发表保留意见；（2）如果未发现的错报（如存在）可能对财务报表产生的影响重大且具有广泛性，以至于发表保留意见不足以反映情况的严重性，注册会计师应当在可行时解除业务约定（除非法律法规禁止）；如果在出具审计报告之前解除业务约定被禁止或不可行，应当发表无法表示意见。

在极其特殊的情况下，可能存在多个不确定事项。尽管注册会计师对每个单独的不确定事项获取了充分、适当的审计证据，但由于不确定事项之间可能存在相互影响，以及可能对财务报表产生累积影响，注册会计师不可能对财务报表形成审计意见。在这种情况下，注册会计师应当发表无法表示意见。

拟在审计报告中发表非无保留意见时，注册会计师应当与治理层沟通导致拟发表非无保留意见的情况，以及拟使用的非无保留意见措辞。

二、各类型审计报告的参考格式

（一）标准审计报告的参考格式

审　计　报　告

ABC 股份有限公司全体股东：

我们审计了后附的 ABC 股份有限公司（以下简称 ABC 公司）的财务报表，包括 20×× 年 12 月 31 日的资产负债表，20×× 年度的利润表、股东权益变动表和现金流量表以及财务报表附注。

一、管理层对财务报表的责任

按照《企业会计准则》和《××会计制度》的规定编制财务报表是ABC公司管理层的责任。这种责任包括：（1）设计、实施和维护与财务报表编制相关的内部控制，以使财务报表不存在由于舞弊或错误而导致的重大错报；（2）选择和运用恰当的会计政策；（3）作出合理的会计估计。

二、注册会计师的责任

我们的责任是在实施审计工作的基础上对财务报表发表审计意见。我们按照《中国注册会计师审计准则》的规定执行了审计工作。《中国注册会计师审计准则》要求我们遵守职业道德规范，计划和实施审计工作以对财务报表是否不存在重大错报获取合理保证。

审计工作涉及实施审计程序，以获取有关财务报表金额和披露的审计证据。选择的审计程序取决于注册会计师的判断，包括对由于舞弊或错误导致的财务报表重大错报风险的评估。在进行风险评估时，我们考虑与财务报表编制相关的内部控制，以设计恰当的审计程序，但目的并非对内部控制的有效性发表意见。审计工作还包括评价管理层选用会计政策的恰当性和作出会计估计的合理性，以及评价财务报表的总体列报。

我们相信，我们获取的审计证据是充分、适当的，为发表审计意见提供了基础。

三、审计意见

我们认为，ABC 公司财务报表已经按照《企业会计准则》和《×× 会计制度》的规定编制，在所有重大方面公允反映了 ABC 公司 20×× 年 12 月 31 日的财务状况以及 20×× 年度的经营成果和现金流量。

×× 会计师事务所	中国注册会计师：××× （签名并盖章）
（盖章）	中国注册会计师：××× （签名并盖章）
中国 ×× 市	20×× 年 ×× 月 ×× 日

（二）带强调事项段的无保留意见的审计报告参考格式

审 计 报 告

ABC股份有限公司全体股东：

我们审计了后附的ABC股份有限公司（以下简称ABC公司）财务报表，包括20××年12月31日的资产负债表，20××年度的利润表、股东权益变动表和现金流量表以及财务报表附注。

一、管理层对财务报表的责任

按照《企业会计准则》和《××会计制度》的规定编制财务报表是ABC公司管理层的责任。这种责任包括：（1）设计、实施和维护与财务报表编制相关的内部控制，以使财务报表不存在由于舞弊或错误而导致的重大错报；（2）选择和运用恰当的会计政策；（3）作出合理的会计估计。

二、注册会计师的责任

我们的责任是在实施审计工作的基础上对财务报表发表审计意见。我们按照《中国注册会计师审计准则》的规定执行了审计工作。《中国注册会计师审计准则》要求我们遵守职业道德规范，计划和实施审计工作以对财务报表是否不存在重大错报获取合理保证。

审计工作涉及实施审计程序，以获取有关财务报表金额和披露的审计证据。选择的审计程序取决于注册会计师的判断，包括对由于舞弊或错误导致的财务报表重大错报风险的评估。在进行风险评估时，我们考虑与财务报表编制相关的内部控制，以设计恰当的审计程序，但目的并非对内部控制的有效性发表意见。审计工作还包括评价管理层选用会计政策的恰当性和作出会计估计的合理性，以及评价财务报表的总体列报。

我们相信，我们获取的审计证据是充分、适当的，为发表审计意见提供了基础。

三、审计意见

我们认为，ABC公司财务报表已经按照《企业会计准则》和《××会计制度》的规定编制，在所有重大方面公允反映了ABC公司20××年12月31日的财务状况以及20××年度的经营成果和现金流量。

四、强调事项

我们提醒财务报表使用者关注，如财务报表附注×所述，ABC公司在20××年发生亏损××万元，在20××年12月31日，流动负债高于资产总额××万元。ABC公司已在财务报表附注 充分披露了拟采取的改善措施，但其持续经营能力仍然存在重大不确定性。本段内容不影响已发表的审计意见。

××会计师事务所　　　　　　　　中国注册会计师：×××
（盖章）　　　　　　　　　　　　（签名并盖章）
　　　　　　　　　　　　　　　　中国注册会计师：×××
　　　　　　　　　　　　　　　　（签名并盖章）
中国××市　　　　　　　　　　　20××年××月××日

（三）保留意见的审计报告的参考格式（审计范围受到限制）

审　计　报　告

ABC股份有限公司全体股东：

我们审计了后附的ABC股份有限公司（以下简称ABC公司）财务报表，包括20××年12月31日的资产负债表，20××年度的利润表、股东权益变动表和现金流量表以及财务报表附注。

一、管理层对财务报表的责任

按照《企业会计准则》和《××会计制度》的规定，编制财务报表是ABC公司管理层的责任。这种责任包括：（1）设计、实施和维护与财务报表编制相关的内部控制，以使财务报表不存在由于舞弊或错误而导致的重大错报；（2）选择和运用恰当的会计政策；（3）作出合理的会计估计。

二、注册会计师的责任

我们的责任是在实施审计工作的基础上对财务报表发表审计意见。除本报告“三、导致保留意见的事项”所述事项外，我们按照《中国注册会计师审计准则》的规定执行了审计工作。《中国注册会计师审计准则》要求我们遵守职业道德规范，计划和实施审计工作以对财务报表是否不存在重大错报获取合理保证。

审计工作涉及实施审计程序，以获取有关财务报表金额和披露的审计证据。选择的审计程序取决于注册会计师的判断，包括对由于舞弊或错误导致的财务报表重大错报风险的评估。在进行风险评估时，我们考虑与财务报表编制相关的内部控制，以设计恰当的审计程序，但目的并非对内部控制的有效性发表意见。审计工作还包括评价管理层选用会计政策的恰当性和作出会计估计的合理性，以及评价财务报表的总体列报。

我们相信，我们获取的审计证据是充分、适当的，为发表审计意见提供了基础。

三、导致保留意见的事项

ABC公司20××年12月31日的应收账款余额××万元，占资产总额的×%。由于ABC公司未能提供债务人地址，我们无法实施函证以及其他审计程序，以获取充分、适当的审计证据。

四、审计意见

我们认为，除了前段所述未能实施函证可能产生的影响外，ABC公司财务报表已经按照《企业会计准则》和《××会计制度》的规定编制，在所有重大方面公允反映了ABC公司20××年12月31日的财务状况以及20××年度的经营成果和现金流量。

××会计师事务所　　　　　　　　　　中国注册会计师：×××
（盖章）　　　　　　　　　　　　　　（签名并盖章）
　　　　　　　　　　　　　　　　　　中国注册会计师：×××
　　　　　　　　　　　　　　　　　　（签名并盖章）
中国××市　　　　　　　　　　　　　20××年××月××日

（四）否定意见的审计报告的参考格式

审 计 报 告

ABC股份有限公司全体股东：

我们审计了后附的ABC股份有限公司（以下简称ABC公司）财务报表，包括20××年12月31日的资产负债表，20××年度的利润表、股东权益变动表和现金流量表以及财务报表附注。

一、管理层对财务报表的责任

按照《企业会计准则》和《××会计制度》的规定编制财务报表是ABC公司管理层的责任。这种责任包括：（1）设计、实施和维护与财务报表编制相关的内部控制，以使财务报表不存在由于舞弊或错误而导致的重大错报；（2）选择和运用恰当的会计政策；（3）作出合理的会计估计。

二、注册会计师的责任

我们的责任是在实施审计工作的基础上对财务报表发表审计意见。我们按照《中国注册会计师审计准则》的规定执行了审计工作。《中国注册会计师审计准则》要求我们遵守职业道德规范，计划和实施审计工作以对财务报表是否不存在重大错报获取合理保证。

审计工作涉及实施审计程序，以获取有关财务报表金额和披露的审计证据。选择的审计程序取决于注册会计师的判断，包括对由于舞弊或错误导致的财务报表重大错报风险的评估。在进行风险评估时，我们考虑与财务报表编制相关的内部控制，以设计恰当的审计程序，但目的并非对内部控制的有效性发表意见。审计工作还包括评价管理层选用会计政策的恰当性和作出会计估计的合理性，以及评价财务报表的总体列报。

我们相信，我们获取的审计证据是充分、适当的，为发表审计意见提供了基础。

三、导致否定意见的事项

如财务报表附注×所述，ABC公司的长期股权投资未按《企业会计准则》的规定采用权益法核算。如果按权益法核算，ABC公司的长期投资账面价值将减少××万元，净利润将减少××万元，从而导致ABC公司由盈利××万元变为亏损××万元。

四、审计意见

我们认为，由于受到前段所述事项的重大影响，ABC公司财务报表没有按照《企业会计准则》和《××会计制度》的规定编制，未能在所有重大方面公允反映ABC公司20××年12月31日的财务状况以及20××年度的经营成果和现金流量。

××会计师事务所　　　　　　　　　　中国注册会计师：×××
（盖章）　　　　　　　　　　　　　　（签名并盖章）
　　　　　　　　　　　　　　　　　　中国注册会计师：×××
　　　　　　　　　　　　　　　　　　（签名并盖章）
中国××市　　　　　　　　　　　　　20××年××月××日

（五）无法表示意见的审计报告参考格式

审 计 报 告

ABC股份有限公司全体股东：

我们接受委托，审计后附的ABC股份有限公司（以下简称ABC公司）财务报表，包括20××年12月31日的资产负债表，20××年度的利润表、股东权益变动表和现金流量表以及财务报表附注。

一、管理层对财务报表的责任

按照《企业会计准则》和《××会计制度》的规定编制财务报表是ABC公司管理层的责任。这种责任包括：（1）设计、实施和维护与财务报表编制相关的内部控制，以使财务报表不存在由于舞弊或错误而导致的重大错报；（2）选择和运用恰当的会计政策；（3）作出合理的会计估计。

二、导致无法表示意见的事项

ABC公司未对20××年12月31日的存货进行盘点，金额为××万元，占期末资产总额的40%。我们无法实施存货监盘，也无法实施替代审计程序，以对期末存货的数量和状况获取充分、适当的审计证据。

三、审计意见

由于上述审计范围受到限制可能产生的影响非常重大和广泛，我们无法对ABC公司财务报表发表意见。

××会计师事务所　　　　　　　　　　中国注册会计师：×××
（盖章）　　　　　　　　　　　　　　（签名并盖章）
　　　　　　　　　　　　　　　　　　中国注册会计师：×××
　　　　　　　　　　　　　　　　　　（签名并盖章）
中国××市　　　　　　　　　　　　　20××年××月××日

参考文献

1.《中国注册会计师审计准则》。

2. 中国注册会计师协会：《小型企业财务报表审计工作底稿编制指南》，中国财政经济出版社2008年版。

3. 傅丽：《审计基础与实务》，经济科学出版社2010年版。

4. 金宗友：《审计基础与实务》，武汉理工大学出版社2008年版。

5. 田钊平：《审计基础与实务》，清华大学出版社2008年版。

6. 王敏：《注册会计师财务报表审计实务》，中南大学出版社2010年版。

7. 夏焕秋：《审计》，中国财政经济出版社2009年版。

8. 中国注册会计师协会2011年度注册会计师全国统一考试辅导教材——《审计》，经济科学出版社2011年版。